REGARDS

SUR LA

MÉDITERRANÉE

CAHIERS DE LA VILLA « KÉRYLOS », N° 7
BEAULIEU-SUR-MER (ALPES-MARITIMES)

COLLOQUE

REGARDS SUR LA MÉDITERRANÉE

ACTES

PARIS

1997

Édité avec le soutien amical du Mécénat Technologique et Scientifique
de l'Electricité de France

ISSN : 1275-6229

REGARDS

SUR LA

MÉDITERRANÉE

Actes du 7ème colloque
de la Villa Kérylos
à
Beaulieu-sur-Mer
les 4 & 5 octobre 1996

sous la présidence et la direction de :

Monsieur Jean LECLANT
Conservateur de la Villa Kérylos
Secrétaire perpétuel de l'Académie
des Inscriptions et Belles-Lettres

PRÉAMBULE

Une nouvelle fois, dans les délais les plus brefs, un fascicule des Cahiers de la Villa Kérylos — le n° 7 — porte témoignage du Colloque qui s'est tenu en octobre de l'année précédente.

Le thème choisi pour les séances des vendredi 4 et samedi 5 octobre 1996 était « Regards sur la Méditerranée » : il s'agissait de confronter quelques-uns des points de vue qui peuvent être portés sur « la mère » par excellence de notre culture.

Vaste programme était le nôtre. Il ne s'agissait pas moins que de réfléchir aux aspects si divers : géographiques, historiques, humains d'une question sur laquelle Fernand Braudel avait tant apporté, avec son immense talent : « Qu'est-ce-que la Méditerranée ? » : « Milles choses à la fois », avait-il répondu. «Non pas un paysage, mais d'innombrables paysages. Non pas une mer, mais une succession de mers. Non pas une civilisation, mais des civilisations entassées les unes sur les autres ».

Ainsi se combinèrent et se croisèrent les regards du géographe, du préhistorien, des spécialistes de la Grèce et du monde romain, des médiévistes et des sociologues, dans une atmosphère de convivialité constructive.

Depuis lors est disparu notre confrère et ami le Professeur Michel Mollat du Jourdin, qui avait dressé un tableau brillant du rôle fondamental de la Méditerranée dans la formation du destin de l'Europe. Grâce à la bienveillance de Madame Mollat du Jourdin, à qui nous exprimons notre reconnaissance en même temps que nous renouvelons l'assurance de nos pensées émues, nous pouvons cependant faire paraître sa communication à partir des notes qu'elle a retrouvées.

Les réunions annuelles des Colloques de Kérylos et la publication régulière de la série des Cahiers ne constituent toutefois qu'un aspect des activités culturelles auxquelles se consacre la Villa grecque. Des aménagements considérables ont encore été réalisés au cours de la présente année, en particulier la création d'une longue galerie d'exposition au niveau même des flots qui reflètent sur elle leur magnifique lumière. Ainsi la Villa Kérylos, ouverte à la visite du public depuis trente ans, peut-elle s'affirmer désormais comme un centre touristique — mais aussi culturel — parmi les plus importants de la Côte d'Azur. Pour ne citer que quelques exemples, mentionnons deux expositions très différentes : au mois d'avril 1996, celle des sculptures d'Elisheva Copin sur le thème « Mythologie d'hier et d'aujourd'hui », puis en mai, les « Œuvres-Meubles » des lauréats du prix international du meuble contemporain ; la sixième édition du festival musical des « Nocturnes d'Euterpe » confirme ensuite cette vocation culturelle.

La parution du présent fascicule des Cahiers de Kérylos porte aujourd'hui le témoignage de la vigueur de la Fondation Théodore Reinach, fidèle à l'esprit et à l'érudition d'un grand savant, créateur avec l'architecte Emmanuel Pontremoli du monument unique qu'est la Villa grecque. Pour un tel Colloque, « Regards sur la Méditerranée » — qui devrait être suivi de plusieurs autres sur le même thème —, quel cadre aurait-il pu mieux convenir que celui de la pointe des Fourmis, sur ce rivage de Beaulieu, baigné par cette mère nourricière qui nous tient tant à cœur et nous fait l'appeler Mare nostrum.

Jean LECLANT
Secrétaire perpétuel
de l'Académie des Inscriptions
et Belles-Lettres
Conservateur de la Villa Kérylos

Régis VAN DES RIVES
Administrateur de la Fondation
Théodore REINACH

ALLOCUTION D'OUVERTURE

Mesdames et Messieurs les représentants des hautes autorités de l'État, de la Région et du Département,

Mesdames, Messieurs, chers Amis,

Je voudrais tout d'abord vous dire mon plaisir de vous accueillir ce matin à la Villa Kérylos pour ce colloque n° 7 de la Fondation Théodore Reinach. J'exprime en premier ma reconnaissance envers Monsieur le Préfet des Alpes-Maritimes Philippe Marland qui nous a accordé son bienveillant patronage. Je voudrais aussi vous dire les regrets de plusieurs hautes personnalités empêchées de nous rejoindre, et d'abord le Chancelier Marcel Landowski, un fervent de notre Villa. Il me faut aussi témoigner ma gratitude envers les confrères, les collègues et tous les amis, qui ont bien voulu répondre à mon appel et qui nous feront partager leur science, leur passion pour l'humanisme, leur amour pour la Méditerranée.

Car cette année, l'héroïne de notre colloque sera cette mer glorieuse qui, de son sourire éblouissant, éclaire le cap où se dresse, vigilante, notre Villa Kérylos. Ces années dernières, nous avions rendu hommage particulièrement à la Grèce, l'une des composantes les plus nobles du domaine d'excellence qu'est la Méditerranée. Nous voudrions, par le présent colloque, prolonger dans un cadre plus large ce dialogue franco-hellénique, dont la Villa grecque est en quelque sorte le symbole.

Pour situer nos analyses sur notre mère Méditerranée, j'avais choisi deux grands axes : les regards, qui, de divers points de vue, pouvaient se porter sur elle ; j'avais entrepris aussi de préciser le rôle qu'y jouent quelques grandes métropoles : Barcelone, Marseille, Gênes, les ports du Maghreb et du Mashreq. J'ai obtenu nombre de concours, des plus brillants et des plus autorisés ; d'autres en revanche m'ont fait défaut — mais il sera possible de reprendre ces interrogations dans un colloque ultérieur.

J'ai tout d'abord le grand plaisir de vous présenter le dernier paru de notre série des Colloques de Kérylos : celui qui porte le n° 6 et est consacré à la réunion de l'an dernier : « L'Académie des Inscriptions et Belles-Lettres et l'Académie des Beaux-Arts face au message de la Grèce ancienne ». Ce volume n'a pu sortir dans des délais très rapides que grâce au concours financier de nos deux Académies — et je tiens ici à remercier le Bureau de l'Académie des Beaux-Arts et sa secrétaire Madame Janine Merley, à saluer aussi la mémoire très chère d'un ami qui nous a été enlevé récemment, le Secrétaire perpétuel Bernard Zehrfuss. Nous avons également mis à profit le reliquat de l'aide apportée naguère par la Fondation Nahed Ojjeh. Pour l'organisation du présent collogue, j'exprime ma reconnaissance envers la banque Mallet-Neuflize-Schlumberger toujours très fidèle pour soutenir notre action, envers l'Électricité de France ici représentée par M. Brizemeur, collaborateur du contrôleur général M. Marc Albouy, envers l'Association des Amis de Kérylos, particulièrement à son Président, M. Fabrice Reinach.

Les fidèles de notre Villa y trouvent d'année en année quelques changements — des améliorations. Durant le dernier exercice, celles-ci ont été très considérables — et ceci grâce à des aides, des mécénats, qu'il me faut saluer. En entrant, vous avez vu le nouveau dispositif d'accueil et son très commode point de vente. Ici-même, le sous-sol a été aménagé en cette agréable salle de conférences. Tout cela n'a été possible qu'avec l'appui constant des services centraux, financiers et techniques de l'Institut de France ; nos réalisations doivent beaucoup à leur compréhension et à leur sympathie ; en premier lieu, une nouvelle fois, il me faut rendre hommage à l'attachement que porte à notre Villa mon éminent ami le Chancelier honoraire Édouard Bonnefous, président de la Commission des Fondations de l'Institut de France ; il a bien voulu ranger la Villa Kérylos parmi celles qu'il revenait d'aider en priorité ; dans un instant je m'emploierai à vous donner des précisions sur ce problème des Fondations.

Des mécènes ! il y a quelques années, des contributions avaient été reçues de la Communauté hellénique pour la restauration de peintures ; depuis, des liens nouveaux ont été établis, fructueux, avec le Ministère grec de la Culture et la Fondation pour la Culture hellénique ainsi qu'avec le Centre culturel hellénique. Nous n'oublions pas non plus que pour la restauration de plusieurs des vases de notre collection un concours était venu du Dr Dietrich von Bothmer, conservateur des Antiquités du Metropolitan Museum de New-York — et dans cette perspective on devrait songer peut-être à la mise en place d'un American Committee of the Friends of Kérylos.

Comment, dans la région même, ne pas citer des noms : celui de M. Ralph Winkelmann qui, de ce point de vue, a été un pionnier, et de Mme Marnier Lapostolle. Rappelons l'aide constante et généreuse du Conseil général, de ses Président et Vice-Président ainsi que des responsables culturels. Ajoutons — the last but not the least — la contribution importante de M. Michel Pastor, le mécène monégasque bien connu, à qui nous devons en particulier l'aménagement de cette salle ; pour certains des travaux, et en particulier ceux qui vont s'appliquer à la remise en état du patio, mentionnons aussi le concours si efficace de la Fondation Rhône-Poulenc.

Certes, il y a encore beaucoup à faire pour assurer un fonctionnement digne de la Villa Kérylos. Comme vous le savez, grâce à l'activité infatigable de notre Administrateur, M. Régis Vian des Rives, assisté de ses efficaces collaboratrices, la Fondation Théodore Reinach assure régulièrement des concerts, des conférences, des séances de poésie ; nous souhaiterions désormais que la grande galerie du bord de l'eau devienne le lieu de belles expositions qu'elle appelle tout naturellement.

L'année dernière notre Institut de France célébrait son Bicentenaire : il a été créé le 25 octobre 1795, date commémorée sous la Coupole, chaque année, par la séance des Cinq Académies. Est-il besoin de rappeler que l'Institut de France regroupe cinq Académies et coordonne leurs actions communes :

— l'Académie Française (fondée en 1635) ;
— l'Académie des Inscriptions et Belles-Lettres (fondée en 1663) ;
— l'Académie des Sciences (fondée en 1666) ;
— l'Académie des Beaux-Arts (créée en 1816 par la réunion de l'Académie de Peinture et de Sculpture, fondée en 1648, et de l'Académie d'Architecture, fondée en 1671) ;
— l'Académie des Sciences Morales et Politiques (fondée en 1795, supprimée en 1803 et rétablie en 1832).

Il y a ainsi six « entités » — dont le statut juridique précis pose plus d'une question aux juristes et aux administrateurs : l'Institut d'une part et d'autre part chacune des cinq Académies, qui ont leur autonomie.

Comme l'a écrit Ernest Renan, tout à la fois membre de notre Académie, qui l'accueillit en 1856, à l'âge de 33 ans, et de l'Académie Française, qui le choisit en 1878 : « L'Institut est une chose qui est propre à la France. Plusieurs pays ont des académies qui peuvent rivaliser avec les nôtres pour l'illustration des personnes qui les composent et l'importance de leurs travaux : la France, seule, a un Institut, où tous les efforts de l'esprit humain sont comme liés en un faisceau où le poète, le philosophe, l'historien, le critique, le mathématicien, le physicien, l'astronome, le naturaliste, l'économiste, le juriste, le sculpteur, le peintre, le musicien, peuvent s'appeler confrères ».

Les missions assignées à cette sorte de Parlement de la culture, de la science et des arts que constitut l'Institut de France sont nombreuses. Pour s'en tenir aux grandes lignes, disons qu'elle stimule les recherches et créations dans les lettres, les sciences et les arts ; encourage des travaux interacadémiques ; assume des responsabilités de réflexion, de vigilance et de conseil au service de la nation.

En fonction de ces buts, l'Institut de France et les Académies qui le composent doivent disposer de crédits. Certes, le Chef de l'État, lointain héritier de Louis XIV, demeure son protecteur : les académiciens — élus bien entendu par l'une ou l'autre des cinq Compagnies — sont désignés par un décret du Président de la République, contresigné par les ministres concernés. Mais l'engagement financier de l'État demeure comparativement faible. Notre vie repose essentiellement sur des dons, des legs, et des fondations, dont nous devons nous-mêmes assurer au mieux la gestion. Ces fondations continuent de porter les noms des particuliers ou des entreprises qui les ont instituées.

Au cours de ces dernières années, des publications et diverses réunions se sont interrogées sur la notion de patrimoine et se sont arrêtées en particulier au problème des fondations. En 1993, dans son numéro d'octobre consacré à l'Institut de France, la « Revue des Deux Mondes » groupait des réflexions sur les fondations du Chancelier Édouard Bonnefous, de mon collègue François Chamoux et de l'excellent directeur des services administratifs M. Éric Peuchot. Ce dernier, juriste de formation, a donné aussi une communication remarquée sur la gestion autonome et responsable qui doit être celle d'une Fondation lors d'un colloque, publié par Dalloz, de la Fondation Singer-Polignac, intitulé « Droit au Musée, droit des Musées ».

Je ne voudrais pas ce matin présenter ici une étude détaillée des fondations de l'Institut de France, mais il me semble justice de souligner ici leur rôle et de rendre hommage aux mécènes. Après avoir souligné la complexité des problèmes que pose la structure de l'Institut de France et de ses cinq Académies, je souhaiterais vous indiquer rapidement comment cet ensemble si original possède un patrimoine architectural et artistique important, ainsi que des biens immobiliers ou financiers ; leurs revenus permettent de mener des actions en conformité avec les indications des donateurs, telles qu'elles sont évoquées en particulier dans leur testament et toujours rigoureusement observées. Leur liste constitue un volume de 413 pages. Bien entendu je me contenterai de retenir quelques exemples particulièrement démonstratifs.

Une des premières fondations — et des plus connues — est sans doute la fondation Montyon, datant de 1819 ; elle permet à l'Académie Française de récompenser tout à la fois « les actions les plus vertueuses et les livres les plus utiles aux mœurs ». Pour notre Académie des Inscriptions et Belles-Lettres, on peut remonter à 1732, lorsque le Président Durey de Noinville institua une rente de 400 livres devant être attribuée à l'auteur d'un mémoire distingué dans un concours ; le premier sujet choisi porta sur l'« état des sciences sous Charlemagne ».

Mais la plus importante est assurément la donation faite à l'Institut de France en 1886, sous réserve d'usufruit, par le duc d'Aumale, fils de Louis-Philippe, du domaine de Chantilly, avec ses vastes forêts et le Musée Condé, aux prodigieuses collections d'œuvres d'art ; le duc d'Aumale a bien mérité d'être élu tout à la fois à l'Académie Française, à l'Académie des Beaux-Arts et à l'Académie des Sciences Morales et Politiques. Relisons le préambule de son testament : « Voulant conserver à la France le domaine de Chantilly dans son intégrité, avec ses bois, ses pelouses, ses eaux, ses édifices et ce qu'ils contiennent, trophées, tableaux, livres, archives, objets d'art, tout cet ensemble qui forme comme un monument complet et varié de l'art français dans toutes ses branches et de l'histoire de ma patrie à des époques de gloire, j'ai résolu d'en confier le dépôt à un corps illustre qui m'a fait l'honneur de m'appeler dans ses rangs, et qui, sans se soustraire aux transformations inévitables des sociétés, échappe à l'esprit de faction, comme aux secousses trop brusques, conservant son indépendance au milieu des fluctuations politiques ». Y a-t-il plus noble motivation ?

Puis ce fut le château d'Abbadia, près de Saint-Jean de Luz, légué en 1899 par Antoine d'Abbadie à l'Académie des Sciences ; parmi les dons faits à l'Institut en tant que tel, le château de Langeais donné par Jacques Siegfried en 1904, l'hôtel d'Adolphe Thiers, dans le quartier de la Nouvelle-Athènes à Paris, légué en 1906 par sa belle-sœur Mlle Dosne, le Musée Jacquemart-André et le domaine de Chaalis légués en 1912 par Édouard et Nélie Jacquemart-André. On peut aussi évoquer les propriétés de l'Académie des Beaux-Arts : la villa « Ile-de-France » léguée par Béatrice de Rothschild en 1933, le Musée Marmottan et la célèbre maison de Claude Monet à Giverny légués par Michel Monet respectivement en 1934 et 1967, sans parler plus récemment du château de Castries légué par le duc de Castries à l'Académie Française en 1985 ou la maison familiale de Louis Pasteur à Arbois donnée à l'Académie des Sciences en 1992. On peut aussi citer les fondations d'entreprises comme celles de Rhône-Poulenc déjà mentionnées, du groupe d'assurance Athena, de Fiat-France. Parmi les dons non patrimoniaux rappelons encore quelques noms : le prix Osiris attribué successivement par chacune des Académies et ainsi dénommé, non pas par tradition pharaonique, mais du nom du donateur, un riche Hellène, la Fondation Jean Debrusse de 1900 (selon l'acte testamentaire ainsi conçu : « Je lègue à l'Institut de France la somme d'un million de francs dont il disposera de la manière qu'il jugera la plus convenable »), la Fondation Hélène et Jean-Pierre Hugot, le frère et la sœur, qui ont légué de 1967 à 1976 l'ensemble de leurs biens (sans aucune condition quant à leur destination) à l'Institut et au Collège de France, chacun pour une moitié — et dont, grâce au Chancelier Bonnefous, nous avons pu profiter d'une importante subvention —, la Fondation Simone et Cino del Duca, qui vient d'être célébrée le 3 juillet dernier par une belle manifestation d'amitié à l'Institut de France.

On remarquera que l'Académie des Inscriptions et Belles-Lettres n'a guère été bénéficiaire de mécénats majeurs, en dehors de legs et de prix destinés à encourager dans leurs recherches de jeunes érudits ou des savants consacrés ; certains de ces prix sont fort substantiels et portent le nom de mécènes fastueux, tels le Duc de Loubat, qui a institué les prix Gaston Maspero et Clermont-Ganneau. La rareté des actions de mécénat en faveur de notre Compagnie tient sans doute à la trop grande modestie de beaucoup de nos confrères ? Mais cette carence ne peut que nous gêner considérablement dans les actions que nous pourrions entreprendre. La seule donation importante faite en propre à notre Compagnie est celle du testamernt de 1899 de Gustave-Louis Dourlans, nous léguant le Théâtre de l'Empire et la salle Wagram ainsi qu'un important portefeuille de valeurs mobilières ; les revenus de ces biens doivent être « employés chaque année aux travaux qui entrent dans les études dont l'Académie a la charge ». Je préciserai que sans la Fondation Dourlans, notre Académie n'aurait pu, au cours de ce siècle, accomplir aucune des tâches, des publications en particulier, où elle s'est illustrée. Pauvre de ressources, notre Compagnie a cependant tenu toujours à participer à l'œuvre des fondations de l'Institut. À l'heure actuelle, notre confrère Francis Salet, médiéviste, est membre du Collège des conservateurs de Chantilly, le domaine de Chaalis est confié à un médiéviste, Robert-Henri Bautier, le Musée Jacquemart-André à l'helléniste François Chamoux, le château de Langeais à Jean Favier — enfin, j'ai depuis le 31 mars 1992 l'agréable charge de la Fondation Théodore Reinach, c'est-à-dire de la Villa Kérylos.

Veuillez me permettre de réserver pour une prochaine année de vous conter les circonstances qui ont amené le grand érudit que fut Théodore Reinach à confier par son testament en 1928 à l'Institut de France le soin de veiller sur la Villa Kérylos. Mais, en cette époque où l'appel au mécénat s'avère plus que nécessaire, il n'était sans doute pas inutile de rappeler dès à présent quelques noms de ceux sans la générosité de qui l'œuvre culturelle et scientifique de l'Institut de France n'aurait pas été possible.

Jean LECLANT

UN REGARD GÉOGRAPHIQUE SUR LA MÉDITERRANÉE

Il est bien présomptueux de prétendre dégager les originalités géographiques de la Méditerranée et de ses rivages après les essais pénétrants d'André Siegfried ou de Fernand Braudel. Cependant, après une longue traversée du désert d'un demi-siècle au cours de laquelle la plupart des géographes français ont privilégié la « nature » — ou prétendue telle — ou le quantifiable et donc une vision sèche de la démographie ou de l'économie, l'approche culturelle que la plupart des sciences humaines n'ont jamais abandonnée revient en pleine lumière. Il n'est peut être pas inutile, en effet, de rappeler que la géographie étudie la localisation et la répartition de tous les phénomènes d'ordre physique ou humain, matériels et immatériels, qui existent à la surface de la terre et qu'elle cherche à éclaircir les processus qui ont abouti à ces situations et les font évoluer.

Certains éléments de l'environnement méditerranéen se rencontrent sur d'autres continents, certains traits culturels nés sur ses rives ont été exportés avec succès et ont prospéré ailleurs, mais nulle part ailleurs on ne les retrouve tous. Le mélange spécifique de la Méditerranée est fait de puissance et de sensualité se dégageant des milieux, des couleurs et des saveurs, du caractère affirmé des hommes et des femmes qui habitent sur ses rives, de la coexistence parfois pacifique, parfois non, des trois grands monothéismes et de quelques unes de leurs variantes, de la capacité à engendrer des philosophies, des systèmes politiques, des expressions artistiques, des paysages séduisants et perfectionnés qui ont servi de modèles sur tous les continents. Nulle autre région du globe n'a joué aussi constamment un rôle-clé dans l'histoire de l'humanité depuis au moins la révolution néolithique.

1. La violence des milieux

Le milieu résulte du mariage plus ou moins harmonieux et stable entre les différents éléments naturels que sont la lithosphère, l'atmosphère et la biosphère, les hommes appartenant à cette dernière avec leur exceptionnelle efficacité technique, leur imagination, leur faculté d'adaptation à leur environnement et de leur environnement à leurs besoins et à leur fantaisie créative. Sur et autour de la Méditerranée, les milieux sont marqués par l'excès. Loin des langueurs océanes et des ciels gris du Nord de l'Europe, tout y proclame la violence mal contenue. S'il existe des oasis de douceur hivernale sur certaines rivieras de longueur limitée, ailleurs, les hivers sont froids et humides, durement ressentis dans des maisons mal chauffées. Lorsque la neige tombe à Athènes, à Istanbul, à Damas ou à Jérusalem, qu'un mistral à décorner les taureaux souffle en Arles ou en Avignon, que des pluies diluviennes se déversent sur les hauteurs de Florence, forçant l'Arno à sortir de son lit et à dévaster une cité millénaire, le cliché des hivers faciles à vivre ne résiste pas. Les étés ne sont pas chauds et ensoleillés, ils sont brûlants, desséchés, poussiéreux. La situation s'améliore depuis quelques décennies, mais pendant plusieurs mois, l'eau reste douteuse et rationnée dans la majeure partie des pays riverains.

La mer est agitée de brusques tempêtes et n'est vraiment navigable en toute sécurité que quelques mois par an. Elle est parcimonieuse en poissons, ce qui explique la place de la morue dans les cuisines de l'ouest méditerranéen. La terre tremble et crache le feu en maintes zones sensibles. Les reliefs escarpés exigent des trésors d'imagination pour être mis en valeur. La végétation s'est adaptée en renforçant ses tissus, ses épines, ses senteurs. La faune s'est également adaptée à cet environnement en se caparaçonnant comme les insectes d'une cuirasse brillante, en développant sa résistance à la soif, son endurance ou sa mobilité, en adoptant un mode de vie nocturne.

La nature revêt de telles couleurs sous ce climat que l'Homme a parfois relevé le défi de la provocation : blanc et bleu éclatants des maisons d'Andalousie, du Maghreb ou des îles grecques, mille couleurs vives des maisons de pêcheurs de Burano, tissus provençaux imités des indiennes. Les temples égyptiens, grecs et romains étaient violemment coloriés. Certaines églises catholiques médiévales conservent encore leurs fresques, alors que leurs sculptures extérieures ont perdu leurs couleurs. En revanche, les églises byzantines continuent à arborer les couleurs vives des mosaïques, des iconostases, des tapis. En certaines régions, au contraire, le noir vêtement des femmes représente une réponse austère à l'exubérance ambiante. Rien n'est neutre sous ce ciel, comme si la discrétion ou le mimétisme signifiaient l'absence de résistance.

Les senteurs et les saveurs relèvent du même principe. Les céréales, les légumes, les fruits, les viandes, les poissons se caractérisent par la puissance de leur goût. Les ferments sont à l'origine de trois produits qui sont ici pleinement chez eux et portés à leur point de perfection, même s'ils ont été inventés en des contrées voisines : le pain, le fromage, le vin. Les plantes américaines que sont la tomate ou le piment y ont trouvé des terrains d'élection à partir du XVIe siècle et contracté des mariages réussis avec l'ail, l'oignon, l'huile d'olive, les herbes et les salades amères, transformant de fond en comble les cuisines méditerranéennes, fort différentes au Moyen Âge. Tagines, paella, tapas, brandade, bouillabaisse, ratatouille, sauces italiennes à la tomate, melitzanosalata, mezze : autant de plats hauts en goûts et en couleurs.

L'intensité des sentiments fait aussi partie du milieu. Certes, elle existe ailleurs, mais la crudité d'un verbe toujours haut, la chaleur des mots d'amour et l'association éros-thanatos qui balance entre le tragique et le comique est spécifique de la Méditerranée, tout comme l'amour du combat, la délectation dans le sang et dans la mort honorable. Depuis l'Antiquité, les jeux du cirque n'ont cessé de fasciner ; ils survivent aujourd'hui dans ces implacables ballets que sont les corridas, mais aussi certaines pêches au thon au cours desquelles la mer devient rouge de sang. La *vendetta*, cette composante essentielle des cultures corse, crétoise, sicilienne ou albanaise, fait peu ou prou partie de toutes les mentalités méditerranéennes. L'extrême sensibilité ne verse jamais dans la mièvrerie : l'opéra, le fado, les chants corses, crétois ou égyptiens sont faits pour exalter le courage en tirant les larmes des yeux. Rien n'est plus méditerranéen que les tableaux du Greco, expression d'une religiosité vibrante ou que les œuvres de Michel Ange dans lesquelles la foi est aussi brûlante que la sensualité.

Ce tableau ne serait pas complet sans l'étonnante association du cœur ardent et de la raison que révèlent la pensée de Socrate, de Platon, de Saint-Augustin, de Saint-Thomas d'Aquin, de Mircea Eliade ou les textes sacrés de l'Ancien ou du Nouveau Testament, à mille lieues de toute sensiblerie et de toute bonne conscience. C'est peut-être ce qui manque le plus au monde contemporain.

2. La femme forte

Les hommes méditerranéens ont la réputation de réduire leurs femmes au silence et à l'humble accomplissement des tâches domestiques. C'est, par exemple, la thèse de Germaine Tillon dans *Le harem et les cousins*. Ne s'agit-il pas d'une apparence et d'une interprétation qui fait fi de l'exacerbation des sentiments qui vient d'être évoquée ? Le secret de cette aire culturelle n'est-il pas que les sociétés y sont dominées par les femmes et que les hommes ont exacerbé leurs attitudes viriles, bravaches ou machistes pour tout simplement exister ? C'est d'ailleurs le cas le plus général des rapports hommes-femmes à la surface de la terre. Seul le nord de l'Europe et de l'Amérique influencé par les cultures protestantes a imaginé une apparente égalité entre les sexes et cherché à en faire une règle morale universelle.

D'innombrables déesses, héroïnes, princesses, mères, épouses, amantes tissent autour de la Méditerranée depuis la haute Antiquité la trame des religions, des mythologies, de l'histoire, de la littérature, de la vie quotidienne. Il suffit d'ouvrir la Bible pour constater qu'aux côtés des patriarches et des prophètes de l'Ancien Testament, il y a souvent une femme et qu'elle est rarement effacée. Ève, Sarah, Rebecca, Bethsabée, Rachel, Judith, Esther et tant d'autres sont de cette espèce, tout comme dans le Nouveau Testament, aux côtés du Messie, Marie-Madeleine ou surtout Marie dont il est significatif que le culte se soit maintenu fervent chez les orthodoxes et les catholiques, alors qu'il a été occulté chez les protestants. En islam, la haute stature de Khadidja, femme du Prophète, domine toute l'histoire de la révélation.

Dans les mythologies et l'histoire de l'Égypte, de la Grèce et de Rome, les femmes de caractère abondent : en vrac, les Amazones, Héra, Junon, Athéna, Artémis-Diane, Iphigénie, Hélène, Andromaque, Pénélope, Cléopâtre, Agrippine, Poppée, etc. Tout comme dans les siècles récents de l'histoire, de la littérature et de l'opéra méditerranéens qui voient triompher les femmes flamboyantes : Chimène, Blanche de Castille, sainte Catherine de Sienne, sainte Thérèse d'Avila, Lucrèce Borgia, Catherine et Marie de Médicis, Laetitia Ramolino, Carmen, Golda Meir, etc.

La femme méditerranéenne idéalisée par les religions, la littérature, l'opéra, le cinéma est sensuelle, même lorsqu'elle a perdu la jeunesse ; elle est inaccessible, possessive, mais toujours touchante. Amante et mère parfaite et ombrageuse, elle comble les garçons et les hommes de son entourage, les étouffant parfois de son affection, y compris physiquement comme dans l'*Amarcord* de Fellini. Elle seule peut jouer comme Sophia Loren ou Irène Papas, tirer les larmes des yeux par le son de sa voix comme Maria Callas, Oum Kalsoum ou la religieuse libanaise Maria Guérouz qui vit à Paris. Une récente étude réalisée en Italie révèle que les hommes italiens, même mariés, essaient d'habiter à moins de cinquante kilomètres du domicile de leur mère et déjeunent chez elle le plus souvent possible. Un homme marié sur trois voit sa mère tous les jours et 78 % lui rendent visite au moins une fois par semaine (*Le Figaro*, 19 février 1997). Jacques Lacarrière a parfaitement résumé cette réalité géographique profonde dans *L'été grec* : « Mère Méditerranée... un instinct maternel qui déborde la vie elle-même, un besoin des autres, une intensité dans les rapports quotidiens qui mue très vite en drame, en tragédie, en mélodrame le moindre des faits quotidiens. »

3. Le sacré

Dans les civilisations traditionnelles non gagnées par les idées profanes nées dans l'Europe de la Renaissance, le sacré est présent partout soit de manière diffuse dans l'environnement, soit par la puissance de dieux ou d'un Dieu transcendant. La Méditerranée n'a donc aucun monopole sur le terrain du sacré. Le monothéisme est cependant né à proximité de ses rives, c'est-à-dire une conception claire et théologiquement définie du sacré, opposée à l'immanence et à l'ineffable qui règnent, par exemple, en Orient. Il est plutôt d'usage d'en rattacher la genèse au désert, milieu très présent dans les textes sacrés. Cependant, pour des raisons qui tiennent à l'existence d'empires (romain, byzantin), les trois grandes religions monothéistes se sont pendant des siècles préférentiellement répandues autour de la Méditerranée. Lorsqu'elles ont étendu leur infuence vers d'autres cieux, elles ont véhiculé avec elles des traits culturels typiquement méditerranéens. Par exemple, la viticulture a accompagné en Europe du Nord ou en Amérique la christianisation.

Il est à noter que la croyance en la prédestination ne s'est jamais durablement installée dans les régions méditerranéennes. Le catharisme a été éradiqué. Les églises protestantes y sont très minoritaires. Ceci rejoint l'optimisme fondamental des Méditerranéens, même au cœur des tragédies. L'amour malheureux dans lequel se délecte un certain Occident, comme l'a montré Denis de Rougemont, est un sentiment peu répandu sur les rivages de la Méditerranée.

La plupart des villes saintes du judaïsme, du christianisme, de l'islam ne sont guère éloignées de la Méditerranée : Jérusalem, Rome, Damas, Le Caire, Kairouan, Constantinople, etc. Seules La Mecque et Médine sont au loin, bien que les communautés chrétiennes et juives — donc, de culture méditerranéenne — qui y vivaient au VIIe siècle aient joué un rôle non négligeable dans la naissance de l'islam.

La cohabitation des trois monothéismes et de leurs variantes a posé et pose encore malheureusement de nombreux et graves problèmes. Certes, il y eut des états de grâce et d'échanges intenses entre les trois spiritualités et les philosophies qu'elles proposaient : par exemple l'Andalousie médiévale ou le Liban d'avant la guerre civile, mais ce fut l'exception. Aujourd'hui, l'intolérance règne presque partout entre communautés, lorsque l'épuration ethnico-religieuse n'a pas été accomplie ou achevée : en Égypte, en Israël, en Bosnie, en Algérie et même, dans une certaine mesure, en France. Le message universel et pluraliste de la Méditerranée est bien malmené. Pourtant le rôle diplomatique, géostratégique et culturel récent du pape Jean-Paul II, du commandeur des croyants Hassan II, de Boutros Boutros Ghali (copte ayant épousé une femme juive dans un pays à majorité musulmane) laisse à penser que le sacré n'a pas cessé de hanter la Méditerraée et celle-ci d'ébranler le monde.

4. L'épanouissement de l'idée urbaine

Comme la foi monothéiste, c'est au désert qu'est née une certaine conception de la ville, placée sous l'autorité des dieux ; mais c'est sur les rives de la Méditerranée que s'est épanouie cette nouvelle forme de civilisation. L'idée venait des temps animistes : les hommes doivent vivre dans l'aura des dieux, dans leur intimité et leur crainte à la fois. Lorsque ceux-là ne vivaient que du travail de la terre, ceux-ci étaient montagnes, rivières, arbres, animaux, parfois déesses-mères symboles de fécondité. L'apparition de religions polythéistes codifiées coïncide avec la naissance des villes, les deux phénomènes s'étant mutuellement entraînés. Les dieux et leurs demeures se sont transportés au cœur des villes, se concentrant sur les acropoles, tels des phares qui inondaient les agoras et les forums de leur clarté.

Polis ou *civitas*, la Cité antique est d'abord une communauté de citoyens, occupants d'un territoire rural ceinturé de frontières, dominé par l'espace sacré d'une ville, principe de toute vie. Avec Hippodamos de Milet, reconstructeur du Pirée au ve siècle av. J.-C., apparaît dans l'urbanisme un nouvel ordre géométrique. Celui-ci déteindra sur les campagnes méditerranéennes soumises à l'autorité de Rome, de la Syrie à l'Espagne et de la Tunisie au Rhin. L'acropole ou le capitole, dominant l'*agora* ou le *forum*, succèdent au temple de Jérusalem et précèdent la basilique chrétienne ou la mosquée du vendredi.

Par la beauté de ses monuments, et surtout la richesse de son histoire, la ville méditerranéenne parle au cœur, à la raison et à l'imagination. Ses habitants entretiennent un dialogue privilégié avec les dieux, devenus Dieu, ou leurs intermédiaires : Athéna d'Athènes, Artémis d'Éphèse, saint Pierre et saint Paul de Rome, la Bonne Mère de Marseille. Parfois, les formes urbaines sont directement héritées de l'Antiquité : à Damas, à Turin, à El Djem, à Rome et dans mille autres centres urbains qui n'ont cessé de vivre. On ne songe pas assez à quel point le paysage et l'ambiance d'une médina sont romains : les grandes mosquées et leurs souks ou bazars perpétuent le *forum*, les hammams succédant aux thermes, les maisons à cour intérieure (*atrium*) favorisant la fraîcheur et la ségrégation des sexes (gynécée, harem), les djellabas proches des toges, etc. Il en est de même dans les villes médiévales chrétiennes. La cathédrale et son parvis sont une claire interprétation du *forum*. L'image est saisissante à Venise, où la place Saint Marc regroupe une basilique réutilisant des matériaux et des décors antiques prestigieux, le palais des doges, des arcades commerciales, le tout s'ouvrant sur la lagune, principe de la richesse de la cité dans laquelle le doge venait chaque année jeter son anneau d'or : l'association étroite de la politique et du sacré, encore plus clairement visible à Rome, bien entendu.

C'est pourquoi lorsqu'on voit Alger, Le Caire, Istanbul, Athènes, Marseille ou Barcelone cernées de morne cubes de béton gris, on ne peut qu'être consterné du désastre, c'est-à-dire de la perte du sens de la ville. Les villes ont vocation à être centres du monde, mais lorsqu'elles se répandent en banlieues sans âme, elles deviennent enfers par leur monstrueuse promiscuité. La Méditerranée, moins gagnée par la technocratie que d'autres parties du monde, a beaucoup à transmettre dans ce domaine aussi. Les citadins doivent redevenir des citoyens et donc la ville foyer du civisme.

Conclusion :

Bien que peu hospitaliers dans leur ensemble, les rivages de la Méditerranée ont depuis longtemps attiré les hommes et vu germer des civilisations qui ont rayonné sur la planète entière et continuent de le faire. Ils résonnent encore des clameurs d'une histoire millénaire présente à chaque pas. *Mare nostrum*, doit-on penser encore et toujours en Europe, au Moyen-Orient et en Afrique du Nord. Cette mer fascinante doit unir et, cette condition remplie, ses peuples riverains pourront continuer d'apporter à l'humanité certaines valeurs que leurs ancêtres ont imaginées et qui semblent aujourd'hui plus nécessaires que jamais.

Nota : ce texte reprend et développe certaines idées exprimées par l'auteur dans « Une mer et ses rivages », *L'Histoire*, 157, 1992, p. 8-14.

Jean-Robert Pitte

LE MONDE ÉGÉEN ET L'AFRIQUE

Le monde égéen n'était pas un monde fermé. Si redoutable qu'elle soit pour le navigateur, avec ses coups de vent, ses courtes lames traîtresses et ses écueils perfides, cette Méditerranée orientale, où l'on perd rarement la terre de vue, est faite pour la communication. Communication d'ouest en est, entre la Grèce continentale, séduisante, mais pauvre, et les immenses ressources du continent anatolien. Communication vers le nord, vers les bassins fluviaux de la Macédoine et de la Thrace et leurs montagnes riches en bois de construction et en mines de métaux précieux, vers les Détroits aussi qui donnent accès, au-delà du Bosphore et des légendaires Roches Symplégades, aux espaces sans limites des territoires scythes et sarmates et aux trésors mystérieux de la Colchide. Communication vers le sud enfin, jusqu'à la grande île de Crète, berceau d'une civilisation que les Achéens firent rapidement leur et vivifièrent de leur génie propre ; mais pour les Grecs la Crète ne fut jamais une barrière, une frontière que leurs petits navires n'auraient osé franchir pour pénétrer dans les solitudes marines qui la séparent de la Syrie et de l'Afrique : bien au contraire, dès le XVe siècle au moins, les Achéens ou Mycéniens, désignés dans les textes pharaoniques comme les habitants « des îles du milieu de la mer », suivirent les traces des Crétois, que ces mêmes textes appellent les *Keftiou*, et entrèrent en rapports de commerce avec l'Égypte. Ces rapports, bien attestés à l'époque du Nouvel-Empire, se relâchèrent ensuite durant les « siècles obscurs », jusqu'à l'avènement en 663 de la dynastie saïte (XXVIe dynastie), qui restaura l'empire des Pharaons et fit largement appel aux mercenaires et aux marchands venus de la mer Égée. Si l'on tient compte de cette longue interruption, qui s'étendit du XIe au VIIe siècle avant notre ère, on comprend mieux que les allusions à l'Égypte et à l'Afrique soient si peu explicites dans les deux poèmes d'Homère, antérieurs d'un demi-siècle environ à la reprise des relations entre le monde grec et le continent africain. Mais quand ces relations eurent été rétablies, les Grecs des îles ne tardèrent guère à en tirer les conséquences. Les mercenaires au service des pharaons saïtes s'installèrent en grand nombre en Égypte. Sur la branche pélusiaque du Nil, qui défend vers l'est l'accès du Delta

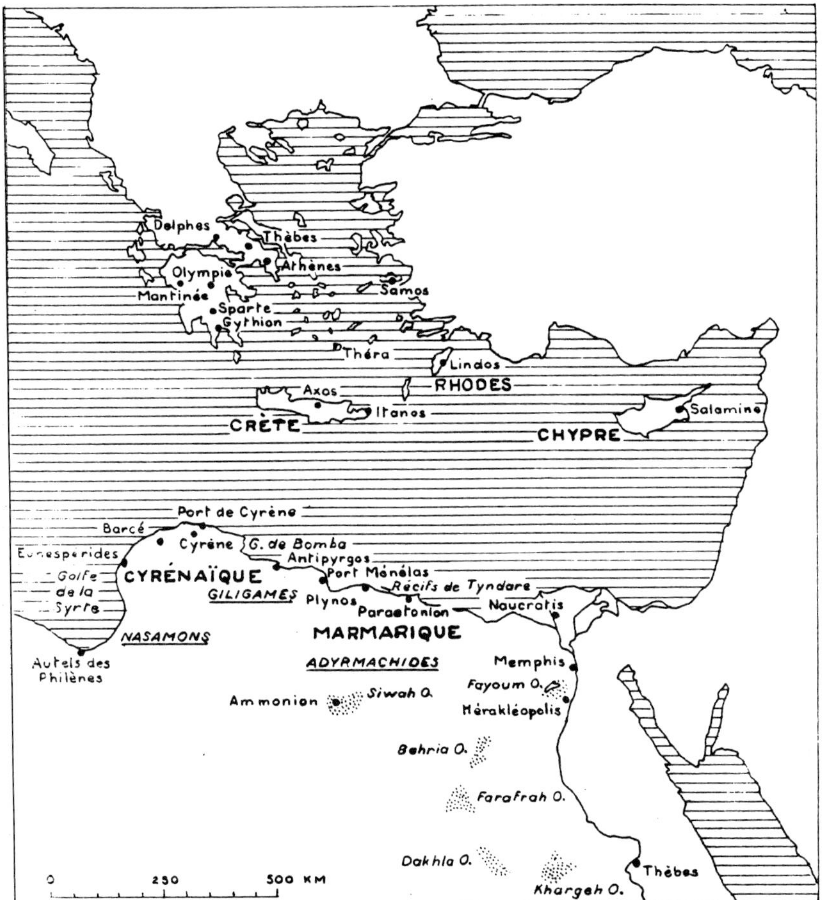

LA CYRENAÏQUE ET LA MEDITERRANEE ORIENTALE

aux envahisseurs venant d'Asie, ils occupèrent le poste de Daphné, où leurs traces sont bien attestées depuis le dernier quart du VIIe siècle [1]. Quant aux commerçants grecs, ils se virent assigner le site de Naucratis sur la branche canopique du Nil, où ils purent organiser un grand comptoir jouissant de l'autonomie administrative ; douze cités grecques y avaient fondé des sanctuaires et participaient à la gestion des affaires, les une ionniennes, comme Chios, Téos, Phocée, Clazomènes, Samos et Milet, les autres doriennes comme Rhodes, Cnide, Halicarnasse, Phasélis, auxquelles s'ajoutaient l'île d'Égine et la cité éolienne de Mytilène [2]. Comme on voit, c'était bien la Grèce des îles égéennes et des ports anatoliens de la mer Égée qui avait obtenu des Pharaons, pourtant traditionnellement méfiants à l'égard de l'étranger, le privilège d'installer à demeure un établissement commercial sur le sol de l'opulente Égypte. Les fouilles, malheureusement hâtives et imparfaites, qui furent conduites à Naucratis par les archéologues britanniques Petrie, Gardner et Hogarth à la fin du XIXe siècle et au début du XXe, ont confirmé ces indications d'Hérodote en faisant reparaître, à côté de la céramique corinthienne et de la céramique attique, une grande quantité de vases provenant des fabriques de Rhodes (ou Milet), de Chios, de Samos et de Clazomènes. On connaît d'autre part l'anecdote célèbre, rapportée par Hérodote, Strabon, Ovide et Athénée (lui-même originaire de Naucratis) au sujet de la courtisane Rhodopis, que d'autres appellent Dôricha, qui séduisit Charaxos, le frère de la poétesse Sapho : aux environs de l'an 600, cet homme était venu à Naucratis depuis Lesbos, pour y faire commerce du vin de son île natale. Son aventure témoigne des relations commerciales étroites et régulières qui s'étaient établies, dès la fin du VIIe siècle, entre les îles de l'Égée et le grand marché égyptien. Le souvenir en était encore très vif au IIIe siècle, sous Ptolémée II Philadelphe, lorsque le poète Posidippe de Pella, le même qui composa l'épigramme dédicatoire du phare d'Alexandrie, consacra à l'illustre courtisane une épitaphe rétrospective. « Il ne reste de toi, ô Dôricha, que quelques ossements serrés dans le bandeau qui maintenait tes boucles gracieuses et dans la robe imprégnée de parfums dont tu drapais le beau Charaxos dans vos étreintes, en vidant des coupes jusqu'à l'aube. Mais de Sapho les chants vivent encore et continueront à se faire entendre hors des pages où ils furent transcrits. Ils proclament la gloire de ton nom, dont Naucratis gardera la mémoire aussi longtemps que les vaisseaux venus du Nil emprunte-

1. A. BERNAND, *Leçon de civilisation* (Paris 1996), p. 205 s.
2. HÉRODOTE, V, 178-179. Cf. A. BERNAND, *op. cit.*, p. 211 s.

ront les chemins de la mer [3] ». C'est que, plus de trois siècles après l'époque de Sapho, les mêmes échanges fructueux s'établissaient toujours entre le domaine égéen et la populeuse Égypte, désormais largement ouverte au commerce grec par l'instauration récente de la monarchie des Lagides : nous en avons le témoignage grâce aux milliers d'amphores recueillies sur les sites d'Alexandrie et du Fayoum. Il n'en subsiste souvent que les anses, mais les timbres qu'elles portent, imprimés dans l'argile, attestent l'origine du vin qu'elles contenaient, vin de Rhodes ou de Cnide, de Thasos, de Cos ou de Chios. Ces humbles documents, sur lesquels s'exerce la sagacité des savants modernes, montrent bien qu'à l'époque hellénistique les meilleurs produits des îles grecques continuaient à connaître la faveur des habitants de l'Égypte, comme autrefois lorsque venait les leur vendre, depuis la lointaine Lesbos, Charaxos, le frère de Sapho. Ainsi des monuments apparemment d'un intérêt minime, comme les anses d'amphores timbrées, qui ne prennent une valeur testimoniale qu'à travers leur traitement statistique, viennent éclairer de leur témoignage le sens de textes littéraires très raffinés comme les élégies de Sapho ou l'épigramme de Posidippe : rien ne fait mieux comprendre l'unité profonde d'une civilisation.

*
* *

En sens inverse l'Égypte des souverains lagides porta aux îles de l'Égée un intérêt particulier, qui se manifeste surtout au moment où cette monarchie gréco-macédonienne connaît son apogée, c'est-à-dire au IIIe siècle, sous les trois premiers Ptolémées. Les rois eux-mêmes se sentaient liés aux îles grecques par des souvenirs personnels : c'est en secourant la ville de Rhodes contre son redoutable adversaire, Démétrios Poliorcète, le « preneur de villes », que Ptolémée Ier avait reçu en 304 le titre glorieux de *Sôter*, « sauveur », épithète qui le mettait au rang des dieux ; les Rhodiens, obéissant à un oracle de Zeus Ammon, qu'ils avaient été consulter dans son oasis saharienne de Siwah, instituèrent dans leur cité en l'honneur du monarque lagide un culte qui lui serait rendu de son vivant dans un sanctuaire fondé à cet effet. Peu d'années auparavant, en 308, c'était dans l'île de Cos que la belle maîtresse de Ptolémée, Bérénice, avait donné le jour au futur Ptolémée II Philadelphe. Dans son brillant *Hymne à Délos*, le poète Callimaque, courtisan de ce souverain libéral et éclairé, devait plus tard rappeler cette naissance en termes magnifiques, mettant en parallèle avec l'île sainte où naquit Apollon l'île de Cos réservée par les

3. D. PAGE, *Epigrammata graeca*, p. 120, *Poseidippus XVII*.

destins à la venue au monde d'un « autre dieu, le rejeton des rois Sauveurs » [4]. Au reste Délos même devait bénéficier des faveurs de Ptolémée II Philadelphe et de son fils et successeur Ptolémée III Évergète. La confédération des Insulaires ou *Nésiotes*, qui réunissait les cités des Cyclades, devait rester pendant la majeure partie du IIIᵉ siècle sous le contrôle des souverains lagides, et les escadres de Ptolémée rayonnèrent longtemps dans l'Archipel à partir de leurs bases d'Ionie, de Carie et de Crète. Nombre de documents, textes et inscriptions, mentionnent encore les officiers de ces flottes lagides, tandis que leurs marins ont laissé, dans les fortins qui défendaient leurs mouillages, d'humbles graffites, des invocations aux divinités protectrices des navigateurs ou, simplement taillés dans le roc, les emplacements préparés pour les jeux de jetons, de dés ou de billes dont s'égayait leur oisiveté entre deux campagnes. Les vaisseaux du roi Ptolémée n'avaient pas seulement pour objet de manifester dans les eaux grecques la présence militaire du souverain d'Égypte, au service des visées politiques, diverses selon les époques, qui l'opposaient à ses rivaux, les autres monarques hellénistiques. Il s'agissait aussi de maintenir ouverte, contre les menaces d'autres impérialismes ou contre celle, toujours redoutable, des pirates les routes maritimes du commerce extérieur de l'Égypte : une bonne partie, sinon l'essentiel, des exportations de céréales qui faisaient la richesse des Lagides transitait par la mer Égée, avec le concours des marchands et des banquiers locaux. Ainsi se maintenaient du sud au nord de la Méditerranée orientale des courants d'échanges relativement importants qui s'étaient établis depuis l'époque archaïque. De ces relations entre les Cyclades et la vallée du Nil témoignent enfin les sanctuaires élevés à Délos pour des divinités égyptiennes aux IIIᵉ et IIᵉ siècles avant J.-C. : trois sanctuaires de Sérapis, auquel sont associés la déesse Isis et parfois aussi Anubis et Harpocrate [5]. Ces sanctuaires sont d'autant plus significatifs qu'ils ne sont pas, à l'origine, des fondations officielles, mais le résultat d'initiatives privées. Ils ne reflètent pas des calculs politiques des souverains lagides, qui n'ont joué aucun rôle dans leur installation : ils répondent simplement aux besoins religieux des fidèles, voyageurs de passage ou résidants dans l'île, et si, au IIᵉ siècle, l'un d'eux accueille un culte officiel de la cité, cela traduit vraiment l'importance des liens établis entre Délos et la lointaine Égypte. Liens religieux et liens économiques bien réels, mais, il faut le noter, qui n'entraînent aucune dépendance dans le domaine de l'art : car, contrairement à ce qu'on dit et écrit encore très couramment, à Délos

4. CALLIMAQUE, *Hymne IV, À Délos*, 165-166.
5. *Guide de Délos*³, p. 219 s., 227 s.

non plus qu'ailleurs on ne discerne sur les monuments conservés aucune trace indiscutable d'une influence d'Alexandrie. Là comme ailleurs il convient de dissiper le mirage d'un art alexandrin qui n'apparaît guère en Égypte et n'a été décelé dans le reste du monde hellénistique que par la fantaisie gratuite d'archéologues chez qui la passion de construire des systèmes obnubile parfois l'étude objective des documents.

*
* *

Si pour nous modernes l'Égypte est partie intégrante du continent africain, il n'en était pas de même pour la plupart des géographes antiques : bon nombre d'entre eux plaçaient à la vallée du Nil la coupure entre l'Asie et l'Afrique, qu'ils appelaient Libye. C'est ainsi qu'Hérodote (II, 65) considère l'Égypte comme ayant une frontière commune avec la Libye, donc comme extérieure à l'Afrique. À la différence de l'Égypte, la Libye resta longtemps ignorée des Grecs. Devant ce continent massif, sans villes ni ports, où les déserts abondent et bordent souvent directement la mer, et dont les habitants, nomades et peu nombreux, n'étaient pas organisés en États policés, les navigateurs hellènes, quand d'aventure ils s'y trouvaient poussés par les vents, se sentaient pleins de méfiance et de crainte. Leur imagination y plaçait des mythes étranges, des monstres inconnus. Les dieux y pouvaient cacher leurs amours, comme le fit Apollon avec la nymphe Cyrène qu'il enleva en Thessalie. Un souverain sanguinaire, Antée, y massacrait les voyageurs égarés sur ses terres. Le fleuve Léthon passait pour le repaire d'un dragon redoutable, à côté du merveilleux jardin des Hespérides, vers l'extrême Occident. Rien n'attirait les Grecs dans ces sauvages contrées, dont seuls quelques pêcheurs d'éponges ou de murex, venus de Crète, avaient pu reconnaître les atterrages. Telle se présentait l'Afrique aux yeux du monde grec jusqu'au milieu du VIIe siècle, avant qu'une étonnante aventure, partie d'une petite île de la mer Égée, vînt la faire entrer dans l'histoire et la muer en un centre actif et rayonnant de civilisation hellénique pour une longue période de treize siècles d'histoire. Dans ce prodigieux phénomène historique que représente la colonisation grecque, qui a profondément transformé le monde méditerranéen et ses abords et leur a durablement imposé sa marque, il n'est pas d'exemple plus frappant que celui de la Cyrénaïque ; il n'en est pas non plus qui nous soit mieux connu grâce aux textes anciens et aux recherches des archéologues modernes ; il n'en est pas enfin où la modestie des origines contraste davantage avec l'ampleur impressionnante des résultats. Une poignée d'hommes, venus d'une île des Cyclades, jeta les bases d'un des États les plus riches et les plus prospères du monde antique et féconda tout un vaste secteur d'un continent inconnu. Rien ne permet de mieux comprendre à la fois la cadre restreint de la cité grecque à ses origines et l'étonnante faculté d'initiative, de travail et d'adaptation du peuple grec, tel que l'avait modelé le milieu égéen. Évoquons donc brièvement cette histoire, telle qu'Hérodote nous l'a contée dans son détail, au livre IV de son ouvrage, avec sa conscience et son talent coutumier [6].

Vers 640 avant Jésus-Christ, la petite île volcanique de Théra, la moderne Santorin, au sud des Cyclades, traversait une période de graves difficultés économiques et sociales. Son territoire restreint ne suffisait plus à nourrir une population devenue trop nombreuse. Le roi qui gouvernait la cité se rendit à Delphes, pour consulter l'oracle d'Apollon sur les moyens d'échapper aux maux qui accablaient la communauté. L'oracle conseilla d'envoyer une partie de la population outre-mer pour fonder une colonie en Libye. Après divers contretemps, une expédition fut organisée sous le commandement d'un Théréen, Aristotélès, surnommé Battos, un sobriquet qui signifie « le Bègue » : il rassembla, sur deux navires à cinquante rameurs, un certain nombre de jeunes gens et, guidé par un pêcheur de pourpre crétois qui connaissait déjà le chemin de l'Afrique, il gagna les côtes de Libye, y prit contact avec les indigènes et finit par installer la petite colonie dans l'intérieur du pays, sur un emplacement exceptionnellement favorable près d'une source nommée Kyra. La ville de Cyrène était née. Les indications d'Hérodote, corroborées par d'autres textes, permettent de fixer la date de l'événement avec une grande précision, exactement en l'an 631 avant notre ère. Il n'y a pas de raison pour mettre en doute cette date, que les données de l'archéologie confirment pleinement [7].

La narration d'Hérodote, dont j'ai beaucoup simplifié les éléments dans le résumé que je viens d'en présenter, se trouve appuyée de très curieuse façon par une inscription découverte à Cyrène et qu'on appelle, en raison de son contenu, la *Stèle des Fondateurs* [8]. Ce texte, qui a été gravé vers le milieu du IVe siècle, nous conserve un décret du peuple de Cyrène confirmant aux citoyens de Théra, leur métropole, l'égalité des droits civiques avec les Cyrénéens au cas où ces Théréens viendraient résider à Cyrène. Ce privilège se trouvait justifié par les engagements passés, au moment de la fondation de la colonie, entre

6. HÉRODOTE, IV, 150 s.
7. F. CHAMOUX, *Cyrène sous la monarchie des Battiades* (Paris 1953), p. 124.
8. *Supplementum epigraphicum graecum*, IX, 3.

les Théréens restés à Théra et les membres de l'expédition colonisatrice : aussi a-t-on gravé en annexe au texte officiel du décret, à titre de pièce justificative, un long passage d'une chronique qui rapporte les circonstances dans lesquelles cette expédition a été décidée et les serments qui ont été prononcés par les participants à cette occasion. C'est un document tout-à-fait curieux, qui ne dérive pas du texte d'Hérodote, comme le prouvent certaines divergences de détail, mais qui reflète une tradition parallèle dont l'essentiel s'accorde avec le témoignage de l'historien. On n'a pas fini de commenter ces lignes remarquables ; elles posent des problèmes complexes, qui ne sont pas sans rapport avec ceux que soulèvent d'autres documents contemporains, comme la fameuse inscription de Trézène, qui transcrit un décret, apparemment apocryphe, que Thémistocle aurait proposé aux Athéniens avant la bataille de Salamine. Certes le texte dont fait état la *Stèle des Fondateurs* de Cyrène, sous la forme où il nous est transmis, ne peut guère remonter au VIIe siècle et passer pour une authentique pièce d'archives. Il présente des anachronismes évidents qui trahissent une rédaction bien plus récente. Mais la substance des faits est trop cohérente avec le récit d'Hérodote pour qu'on puisse négliger la valeur du témoignage supplémentaire que cette incription nous fournit.

À la lumière de cet ensemble de documents, on peut évoquer avec quelque précision les événements de Théra qui conduisirent au départ d'une colonie vers la Libye : la tension qui grandit dans la petite cité, que nous pouvons imaginer à partir des ruines dégagées par les fouilles allemandes sur un contrefort du mont St-Élie, dominant les flots de la mer par des à-pics impressionnants ; — la série des mauvaises récoltes, suite d'une sécheresse prolongée, qui aggrave la situation ; — l'appel, normal en pareil cas, à l'assistance divine qui oriente vers une solution, l'émigration forcée de la population en excédent ; — la répartition du contingent des futurs colons, imposée autoritairement par les pouvoirs publics, à raison d'un fils par famille ; — la désignation d'un chef pour l'expédition, qui sera le jeune Battos ; — l'embarquement enfin sur les deux navires à raison de cinquante rameurs et d'autant de passagers sur chaque vaisseau, soit deux cents hommes au plus, dont le départ devait suffire à résoudre le problème posé par la surpopulation de Théra. On voit par là combien la cité antique, à de rares exceptions près, est une unité minuscule, un microcosme où les problèmes gardent une dimension à la mesure de l'individu. Mais le miracle, c'est que ces quelques dizaines d'hommes, ce petit nombre d'insulaires qui quittent leur volcan natal pour n'y plus revenir vont suffire à féconder tout un continent.

S'ils y parviennent, c'est à cause de leurs qualités propres, qui trouvèrent à s'employer sur un sol neuf. C'est aussi parce que ces Grecs, conscients au plus haut point de la solidarité de culture qui les unissait à leurs compatriotes, n'oublièrent jamais sur la terre étrangère les liens qui les rattachaient à leur pays d'origine. En développant successivement ces deux points je voudrais d'abord mettre en lumière un trait fondamental du peuple grec dans l'antiquité, et ensuite insister sur les liens de la Cyrénaïque avec les îles de l'Égée.

Le trait de caractère que fait bien ressortir l'aventure des colons de Théra transplantés en Libye, c'est que les Grecs d'autrefois, les insulaires comme les continentaux, sont avant tout des paysans. Une telle affirmation surprend, au premier abord, quand il s'agit d'un peuple qui a tant voyagé et qui a montré tant de dons pour les activités du commerce et de la navigation. En fait l'histoire enseigne que, depuis les origines, les Grecs n'ont pris la mer que parce qu'ils ne pouvaient faire autrement. Ulysse, patron des coureurs d'aventure, aurait bien mieux aimé rester dans son Ithaque natale, à tracer des sillons dans ses champs bien cultivés, que de s'embarquer pour aller prendre Troie. La mer, qu'on ne peut affronter que quelques mois par an, a toujours inspiré une terreur trop justifiée par les catastrophes qu'elle provoque : d'Hésiode aux auteurs de l'*Anthologie* qui composent des épitaphes pour les naufragés, la méfiance et la crainte ne cessent de se manifester dans la littérature grecque à l'égard des périls de la navigation. Rappelons-nous la mise en garde d'Horace [9] :

Illi robur et aes triplex | circa pectus erat qui fragilem truci | commisit pelago ratem | primus, nec timuit praecipitem Africum | decertantem Aquilonibus. « Il avait bardé sa poitrine d'une plaque de chêne et d'une triple cuirasse de bronze, celui qui le premier confia un fragile esquif aux flots sauvages et ne recula point devant les rafales du vent d'Afrique aux prises avec les Aquilons ». Le poète latin ne fait là, comme si souvent, que traduire dans sa langue superbe et son rythme souverain un thème traditionnel de ses modèles grecs. Ainsi, l'homme grec, même dans ces îles rocheuses est avant tout un paysan. C'est leur agriculture qui fit, à l'époque archaïque, la fortune des grandes Cyclades, Paros ou Naxos, comme des îles fortunées qui bordent la côte anatolienne. Rappelons-nous qu'à l'aube du ve s., au témoignage d'Hérodote [10], Naxos est une puissante cité, qui tire assez de richesse de son sol pour nourrir une population abondante et aligner un corps de bataille aussi fourni en hoplites que celui de Sparte, la plus grande puissance continentale de la Grèce propre.

9. *Odes*, I, 3, 9-13.
10. HÉRODOTE, V, 30.

Nous comprendrons alors que nos gens de Théra, quand ils furent arrivés en Libye, sur ce plateau cyrénéen où, disaient les Libyens, *le ciel est troué* [11], parce qu'il y pleut souvent, les Théréens furent tout heureux de trouver de vastes espaces, des terres arables sans limites, où leur vocation agricole pourrait enfin s'accomplir mieux que dans les champs de pierre ponce où poussaient leurs vignes de Santorin. Et ces quelques centaines d'hommes se mirent à l'ouvrage : ils défrichèrent ces terres vierges, ils y semèrent les céréales, le blé et l'orge, au point d'en faire un des greniers du monde antique ; ils y introduisirent la vigne avec un succès dont, un siècle et demi plus tard, Pindare se fait l'écho quand il évoque, à la fin de la *IVe Pythique*, les banquets suivis de longues beuveries dans le sanctuaire d'Apollon ; ils développèrent l'élevage des chevaux et des bovins qui devait permettre les succès de la cavalerie et des chars de Cyrène et fournir en innombrables hécatombes les autels d'Artémis, de Zeus et d'Apollon. La prospérité éclatante de Cyrène est fondée sur sa richesse agricole, qui lui permit maintes fois de montrer sa générosité à l'égard d'autres cités grecques. Il n'est paradoxal qu'en apparence qu'à l'origine de cette agriculture si prospère on trouve un tout petit groupe d'insulaires venus de la mer Égée sur deux caïques, pour affronter un continent inconnu. C'est qu'ils étaient riches de leur volonté de vivre, de leur foi dans les dieux qu'ils apportaient avec eux pour leur sauvegarde, et des traditions paysannes que l'exploitation séculaire du maigre sol de leur île leur avait permis d'acquérir.

Enfin, et c'est le dernier point sur lequel je voudrais insister, ces exilés ne se sentaient pas seuls, même au-delà du vaste espace marin qui les séparait de la Crète. La terre qui les avait accueillis, par bien des traits, ne leur était pas étrangère. L'étroite plaine côtière où est installé le port de Cyrène rappelle les plaines côtières du littoral nord de la Crète, celle de Malia par exemple. Les zones du maquis qui la dominent font songer aux collines de l'Attique ou du Péloponnèse. Les pentes sèches du *djebel* vers Derna à l'est, vers Tocra à l'ouest, évoquent les reliefs rocheux des Cyclades ou de Lemnos et leur maigre végétation. Coincé entre le Sahara et les vagues de la Méditerranée centrale, le croissant fertile de Cyrénaïque apparaît comme une île longue et étroite, isolée du continent par des solitudes désertiques, mais accessible au nord, par bon vent, à partir des îles de l'Égée et des ports grecs. Quoi d'étonnant à ce que les Théréens s'y soient sentis à l'aise ? Quand, bien plus tard, l'administration impériale romaine créa une province de Crète et Cyrénaïque, elle obéissait tout simplement aux suggestions de la géographie.

---

11. HÉRODOTE, IV, 158.

Aussi les colons grecs n'eurent-ils pas de plus grand souci que de maintenir leurs relations avec leur pays d'origine. Sur le littoral de leur nouveau domaine, où les ports naturels sont rares, ils établirent très tôt un port artificiel, à quelque 18 km de Cyrène, sur le site qu'on appela plus tard Apollonia [12]. Là des îlots proches de la côte fournissaient un bon point d'appui pour des digues construites de main d'homme, permettant d'aménager des bassins à l'abri des grandes houles du large, des cales pour trières, des quais, des docks, des silos pour les marchandises, plus tard un phare qui, à l'instar d'Alexandrie, veillerait sur l'entrée du port. Une ligne de collines basses, mais aux pentes abruptes vers l'intérieur des terres, servit de base à une longue enceinte fortifiée, encore bien visible aujourd'hui, que la mission française étudie en détail depuis 1976. Ainsi protégé contre les colères de la mer et des hommes, le port de Cyrène joua pleinement son rôle, des siècles durant, servant de débouché à la puissante cité de l'intérieur, qui, à 600 m d'altitude et au bout d'une route de 18 km, dont nous avons précisé le tracé sur le terrain, accueillait les marchandises importées et envoyait vers l'extérieur, c'est-à-dire vers le monde grec, ses céréales, son cuir, sa laine et, merveilleux produit exotique des steppes subsahariennes, le fameux silphion connu déjà des premiers colons théréens, puisque déjà Solon le mentionne alors que vivait encore Battos le Fondateur.

Ainsi Cyrène, création de Théra, bien vite beaucoup plus riche que sa métropole, gardait avec elle des relations constantes, qui s'étendaient aussi aux autres îles de l'Égée. Quand, vers 580, la colonie ressentit le besoin de se renforcer par un apport de population venu de l'extérieur, elle fit appel aux immigrants venus du Péloponnèse, mais aussi et surtout à ceux de la Crète et des îles. Nous connaissons par Hérodote [13] la constitution que, vers le milieu du IVe siècle, les Cyrénéens reçurent du sage législateur Démonax de Mantinée, qu'ils avaient fait venir d'Arcadie sur le conseil de l'oracle de Delphes. Le peuple se trouvait réparti en trois tribus : l'une regroupait les anciens colons venus de Théra, la seconde les Crétois et les originaires du Péloponnèse, la dernière des gens des îles ou Nésiotes, parmi lesquels les Rhodiens de Lindos tenaient leur place à côté des insulaires des Cyclades. L'apport égéen restait primordial dans la cité africaine, désormais fortement peuplée. La suite de son histoire, qu'il n'est pas question de retracer ici, ne devait pas démentir ces origines.

L'archéologie confirme pleinement ces indications tirées des textes : de 1963 à 1965 des fouilles limitées, mais extrêmement fructueu-

12. A. Laronde, *Journal des Savants*, 1996, p. 3 s.
13. Hérodote, IV, 161.

ses ont été conduites par les Britanniques sur le site de Tocra, l'ancienne Taucheira, en Cyrénaïque occidentale, à environ 130 km à l'ouest de Cyrène [14]. Il y avait là un petit port, bien moins important que celui d'Apollonia, mais qui fut occupé, on le sait maintenant, dès les débuts de la colonisation grecque en Cyrénaïque : là aussi, quelques écueils côtiers, à peine visibles, fournissaient une maigre protection contre les houles de la haute mer : ce sont ceux que plus tard le poète hellénistique Lycophron devait appeler « les fourmis qui bordent la côte à Taucheira ». On a découvert là un gros dépôt de poteries archaïques, s'étendant du dernier quart du VIIe s. (donc dès les premiers temps qui suivirent l'arrivée des Grecs) jusqu'au troisième quart du VIe s., soit de l'époque de Solon à celle de Pisistrate. Or cette céramique, en grande majorité importée de Grèce, fait une place considérable à la production des ateliers de Rhodes (ou de Milet), de Chios et des Cyclades. C'est un des points du monde antique où l'on a trouvé le plus grand nombre de ces merveilleux vases de Chios en forme de calice qui sont l'une des productions les plus raffinées du monde égéen. À considérer ces trouvailles dans leur ensemble, les savants britanniques qui les ont publiées, Boardman et Hayes, estiment qu'elles sont tout à fait comparables, par la répartition des fabriques qui s'y trouvent représentées, avec les découvertes faites à Délos et à Rhénée pour la même période archaïque. Comment pourrait-on mieux faire comprendre que cette région apparemment marginale du monde grec antique se trouvait alors en étroite symbiose avec cette région des îles dont elle avait reçu ses premiers colons et qui lui avait apporté la civilisation et la vie ?

Il est temps de conclure. Cette Grèce égéenne n'a pas été seulement créatrice de formes et de culture à l'intérieur de l'espace géographique qu'elle occupe entre la Grèce péninsulaire et l'Anatolie. Elle n'a pas seulement organisé les échanges entre les vieilles civilisations continentales de l'Asie et les jeunes cités entreprenantes de la Grèce propre. Elle ne s'est pas contentée d'attirer à elle, grâce à sa situation centrale, à ses marins et à ses ports, des courants commerciaux qui la débordaient largement, du sud au nord, comme ceux dont l'origine se trouvait en Égypte et qui venaient, depuis ce marché riche, mais lointain, se ramifier à travers l'Archipel. Cette Grèce des îles a fait mieux encore ; elle a aussi essaimé hors du cadre traditionnel de l'Égée, et bien qu'elle ne représentât, sur le plan démographique, qu'une population peu nombreuse, elle a suscité une des transplantations les plus durables et les mieux réussies de la civilisation grecque

14. J. BOARDMAN, J. HAYES, *Excavations at Tocra 1963-1965* (Oxford 1966-1973), I-II.

hors de Grèce : cette Grèce africaine si vivace, qui, au cours d'une histoire plus que millénaire, n'a jamais renié ses origines cycladiques et n'a cessé de vénérer ses ancêtres de Théra. Au IIe siècle de notre ère, sous les Antonins, quand le temple d'Apollon à Cyrène, détruit sous Trajan par la grande révolte des Juifs, eut été relevé de ses ruines, le prêtre qui présida à cette reconstruction et qui était dans la cité, selon la tradition constitutionnelle, le premier personnage de l'État, portait le nom d'Aristotélès, qui était celui de Battos le Fondateur. Il se plut à le rappeler dans une épigramme inscrite sur le nouveau temple, qui est parvenue jusqu'à nous [15] : « Certes ton premier temple, Phoibos, fut construit en ton honneur par l'émigrant de Théra, Battos Aristotélès. Et voici qu'aujourd'hui, après que la guerre l'eut jeté bas, ce temple est relevé pour Apollon par la piété d'un autre Aristotélès ».

Cette épigramme d'un fort bon style, comme on l'attend dans la patrie du poète Callimaque, nous fournit un témoignage significatif : huit siècles après le débarquement des premiers colons, les Cyrénéens, sur la terre d'Afrique, gardaient pieusement le souvenir de leurs origines insulaires.

François CHAMOUX

15. *Supplementum epigraphicum graecum*, IX, 189.

REGARDS DE GÉOGRAPHES ANCIENS SUR L'AFRIQUE MINEURE

Que faut-il entendre par « géographe anciens » ? Il convient, croyons-nous, de partir du verbe grec γεωγραφεῖν que l'on rencontre chez Aristote [1]. Il signifie « se livrer à une description de la terre », et cela par les mots plus encore que par le dessin (croquis ou carte), ce dernier n'étant conçu que comme le complément de la description écrite ou, tout au plus dans l'esprit du géographe Ptolémée, à l'apogée de la connaissance géographique dans l'Antiquité, comme l'aboutissement d'observations et d'instructions écrites si nombreuses et si minutieuses qu'elles rendent presque superflue la question de savoir si les cartes qui lui sont attribuées par les manuscrits médiévaux remontent ou non à l'Antiquité.

Dans cette ambiance où le discours prime le dessin, d'ailleurs le plus souvent résolument schématique à des fins en quelque sorte « pédagogiques » (la Sicile est l'île triangulaire [2], le Péloponnèse une feuille de platane [3], l'Italie une feuille de chêne [4], l'Ibérie une peau de bœuf coupée au cou par les Pyrénées [5], le Pont-Euxin, notre mer Noire, un arc scythe tendu [6] et le monde habité une chlamyde, c'est-à-dire une sorte de cape macédonienne [7], etc.), on ne s'étonnera pas que la géographie, surtout sous sa forme chorographique (entendons : adonnée à la description régionale), reste profondément solidaire de l'histoire des hommes. Comme l'a dit P. Pédech [8], « le sens primitif du mot ἱστορία favorisait cette liaison », puisque ce sens est « enquête ». Chez Hérodote la géographie n'est qu'une auxiliaire de l'histoire ; mais même quand Ératosthène, à la fin du IIIe siècle avant notre ère, eut établi les bases d'une géographie générale de l'œcoumène fondée sur la géométrie et l'astronomie, la géographie régionale

1. Arstt., *Mund.* III, 13.
2. Str. VI, 2, 1 (C 265).
3. Id. VIII, 2, 1 (C 335).
4. Plin. III, 43.
5. Str. II, 5, 27 (C 127).
6. Id. II, 5, 22 (C 125).
7. Id. II, 5, 6 (C 113).
8. P. PÉDECH, *La méthode historique de Polybe*, Paris, 1964, p. 515.

n'en resta pas moins profondément humaine comme un décor de l'histoire. Que, dans son ensemble, la science géographique soit par excellente « œuvre de philosophe » est proclamé d'emblée par Strabon [9], qui avait écrit lui-même avant sa *Géographie* un traité d'histoire en quarante-sept livres prenant la suite des *Histoires* de Polybe. Parmi les Romains beaucoup plus tard venus à l'érudition, si Méla n'a rédigé, selon toute apparence, qu'une *Chorographie* en trois livres, est-il besoin de rappeler que Pline l'ancien n'est géographe que dans la mesure où la géographie est une des branches de l'encyclopédie ? Dans son *Histoire naturelle*, qui se veut une sorte de recensement grandiose, en trente-sept livres, des richesses de la Nature dans leur infinie diversité, quatre livres seulement (III-VI) sont consacrés à la description régionale du monde habité et un seul (II) constitue dans une certaine mesure une géographie générale. Encore faut-il observer que, comme Strabon et comme Méla, Pline l'Ancien signale au passage plus ou moins cursivement les faits historiques marquants qui ont illustré telle région ou telle cité. N'oublions pas qu'il avait fait œuvre d'historien avec un traité en vingt livres, aujourd'hui perdu, sur les *Guerres de Germanie*, qui a constitué la source principale de la *Germanie* de Tacite. Enfin, le dernier auteur d'un ouvrage de géographie d'importance, un Grec d'Alexandrie, le célèbre Ptolémée, s'il s'est abstenu dans celui-ci de considérations historiques explicites (ce qui ne l'empêche pas de signaler le statut colonial d'une cité ou d'y noter la présence du quartier-général d'une légion), avant que d'être géographe, est avant tout astronome et de façon complémentaire, selon la norme de l'époque, astrologue.

* * *

On sera dès lors moins étonné que nous partions d'Hérodote, « le Père de l'Histoire ». Son *Enquête* à visée vraiment universelle, écrite vers 425 avant notre ère, a accueilli une série d'excursus à la fois historiques, géographiques et ethnographiques sur l'Égypte, la Lydie, la Scythie, etc., et — ce qui nous retiendra aujourd'hui — la Libye, autrement dit, pour les Grecs de l'Antiquité, l'Afrique. C'est à propos d'une expédition des Perses en Cyrénaïque sous Darius qu'il insère au livre quatre [10] ce qu'il appelle lui-même [11] des Λιβυκοὶ λόγοι. Encore la partie proprement géographique et ethnographique de cette digres-

9. Str. I, 1, 1 (C 1).
10. Hdt. IV, 145-205.
11. Id. II, 161.

sion [12] est-elle encadrée entre l'exposé de l'histoire de la Cyrénaïque grecque [13] avant l'expédition perse et le récit de cette expédition et du retrait des Perses [14].

Disons tout de suite qu'Hérodote traite des Libyens plutôt que de la Libye. En fait, il propose essentiellement un tableau ethnographique d'une Afrique qu'il distingue bien [15], malgré quelques hésita tions [16], de l'Égypte ; et encore ne le conduit-il, en direction de l'Occident, que jusqu'au Sahel de Sousse, à la Dorsale qui le borde, et peut-être, à l'île principale des Kerkennah [17]. Si le témoignage des Carthaginois est parfois évoqué [18], la métropole punique elle-même n'apparaît pas dans les Λιϐυκοὶ λόγοι.

La Libye, telle que la conçoit Hérodote, est un ensemble continental relativement peu étendu, qui ne dépasse pas en latitude vers le sud la péninsule arabique qui lui fait face [19]. Au reste, le prédécesseur d'Hérodote, Hécatée de Milet, qui avait composé vers 500 avant notre ère un ouvrage géographique dont ne subsistent que des fragments, groupait la Libye et l'Asie en un même livre, consacrant l'autre à l'Europe. Pour sa part, Hérodote considère que la Libye est comprise dans une péninsule de l'Asie, rétrécie du côté de l'Égypte en un isthme étroit (notre isthme de Suez), pour ensuite s'élargir considérablement [20] ; et de conclure avec ironie : « J'admire ceux qui ont partagé et divisé le monde en Libye, Asie et Europe, alors qu'entre ces parties les différences ne sont point petites. Car, dans le sens de la longueur, l'Europe s'étend tout le long des deux autres ; et, sous le rapport de la largeur [= latitude], il ne me paraît pas qu'elle puisse même être mise en comparaison » [21]. Jusqu'à Ptolémée, l'Afrique restera de loin le plus petit des trois continents, quand on voudra bien la compter au nombre de ceux-ci ; et on la groupera aussi parfois avec l'Europe, en face de l'Asie [22].

12. Id. IV, 168-199.
13. Id. IV, 145-167.
14. Id. IV, 200-205.
15. Id. IV, 168 ; cf. St. GSELL, *Hérodote*, Alger, 1915, p. 73, et n. 5.
16. Id. III, 17 : les Éthiopiens Longue-vie (Macrobii) habitent en Libye sur les bords de la mer du Sud.
17. Hdt. IV, 194-195.
18. Id. IV, 195 et 196.
19. Id. III, 107 et 114-115. Cf. J. DESANGES, « Diodore de Sicile et les Éthiopiens d'Occident », *CRAI*, 1993, p. 530.
20. Id. IV, 41.
21. Id. IV, 42.
22. Sall., *J.* XVII, 3 ; Luc. IX, 411 ; Aug., *Ciu.* XVI, 17 ; Oros., *Hist.* I, 2, 1. Cf. F. STRENGER, *Strabos Erdkunde von Libyen*, Berlin, 1913, p. 53 (= *Quellen und Forschungen zur alten Geschichte und Geographie*, éd. W. Sieglin, 28).

Bien qu'Hérodote affirme la possibilité d'une circumnavigation de la Libye d'autant plus volontiers qu'il la juge peu étendue en superficie, il ne prend en compte de son littoral que la côte méditerranéenne, depuis la frontière occidentale de l'Égypte, bien distinguée ici de la Libye, jusqu'au cap Soloeis, qui, au-delà des Colonnes d'Héraklès, est le cap Spartel [23]. Encore ne signale-t-il aucun repère concret entre Carthage et ce Soloeis. En ce qui concerne l'ensemble de la Libye, c'est-à-dire de l'Afrique, il propose de la diviser en trois zones parallèles étagées du nord au sud. Aux abords de la Méditerranée, une zone basse et sablonneuse [24], habitée par des nomades depuis les confins de l'Égypte jusqu'au lac Tritonis [25], qu'on s'accorde à identifier au fond du golfe de Gabès, et non au Chott Djerid ; au couchant de ce lac (ou plutôt au nord de celui-ci, car les Anciens ont toujours minimisé le décrochement nord-sud de la côte entre le cap Bon et le golfe de Gabès) vivent dans cette même zone des Libyens cultivateurs [26] possédant des maisons dans un pays plus boisé, plus giboyeux et montagneux [27]. Comme nous l'avons vu, les tribus mentionnées sont toutes situées en deçà de Carthage. Au delà, vers l'ouest, c'est l'inconnu, excepté l'évocation pittoresque d'un trafic de l'or « à la muette » pratiqué par les Puniques « en dehors » des Colonnes d'Héraklès, c'est-à-dire sur le littoral atlantique [28].

La seconde zone est celle des bêtes sauvages, plus éloignée de la Méditerranée. Elle est à peine évoquée par Hérodote [29]. La seule tribu qu'il mentionne comme y nomadisant, est celle des Gamphasantes [30], particulièrement fruste et craintive, qu'il faut peut-être mettre en rapport avec la Phazanie antique, à localiser au nord du moderne Fezzan, dans la région de Ghadamès. Quant à la troisième zone, qui est une élévation sablonneuse s'étendant de Thèbes d'Égypte aux Colonnes d'Héraklès [31], et même plus « en dehors » [32], elle est habitée sporadiquement depuis l'Oasis d'Ammon jusqu'aux abords d'une très haute montagne, l'Atlas, que peuplent les Atlantes [33]. Ceux-ci ne sont pas cependant les plus occidentaux des habitants du bourrelet de sable, puisque Hérodote admet qu'il ne peut pas énumérer les noms de

23. Hdt. II, 32 ; IV, 42.
24. Id. IV, 191.
25. Id. IV, 168-180 ; cf. aussi 181 *initio* et 186.
26. Id. IV, 191 et 193-194.
27. Id. IV, 191.
28. Id. IV, 196.
29. Id. IV, 174 et 181.
30. Id. IV, 174.
31. Id. IV, 181.
32. Id. IV, 185.
33. Id. IV, 184.

ceux qui habitent au delà [34]. Observons pourtant qu'il met implicitement l'Atlas en rapport avec l'océan situé au-delà des Colonnes d'Héraklès, puisqu'il appelle celui-ci, le premier, Atlantique [35]. La représentation d'ensemble de la Libye que se fait Hérodote n'est en réalité pas claire. En effet, les trois zones qui la divisent du nord au sud ne peuvent être tout à fait parallèles, dès lors que la plus méridionale aboutit aux Colonnes, ou un peu au-delà, c'est-à-dire au cap Spartel, si la Colonne africaine est bien le mont *Abila* (mont Acho, près de Ceuta). On doit se représenter, contre l'avis de St. Gsell [36], que le bourrelet de sable de la zone méridionale se recourbe vers le nord, à l'ouest du continent, et voisine déjà l'Atlantique bien avant d'atteindre le détroit de Gibraltar. Au reste, pour Hérodote, l'Atlantique borde la Libye tronquée telle qu'il se la représente, non seulement à l'ouest, mais également au sud, puisque, selon lui [37], ses eaux se mêlent à celles de l'océan Érythrée, notre océan Indien, à la latitude du sud de la péninsule arabique. Diodore de Sicile [38] parle encore, vers 50 avant notre ère, d'un « océan Atlantique méridional ». Nul doute que pour Hérodote, l'Afrique se terminait en pointe [39] vers l'ouest, et non vers le sud !

De tout ce qui précède, nous pouvons conclure qu'Hérodote, s'il a une bonne connaissance de la Cyrénaïque grecque, qu'il a vraisemblablement visitée [40], connaît à peine ce que nous, Français, appelons abusivement Afrique du Nord. Il propose de l'ensemble de l'Afrique une vision très schématique et s'intéresse avant tout à l'ethnographie, en négligeant totalement les villes côtières situées dans la mouvance de Carthage, alors même que, dans un passage qui n'appartient pas aux Λιбυκοὶ λόγοι, il suggère incidemment, à propos de la célèbre équipée de Dorieus, la prépondérance carthaginoise chez les Maces du *Cinyps*, dans l'actuelle Tripolitaine [41].

À l'époque hellénistique, les auteurs grecs qui évoquent l'Afrique du Nord n'en ont, au mieux, qu'une connaissance limitée, à part Polybe.

34. Id. IV, 185.
35. Id. I, 203.
36. St. Gsell, *Hérodote*, p. 75 et 103.
37. Hdt. I, 203 ; cf. Ératosthène dans Strab. XVI, 4, 2 (C 767) et Strabon lui-même (I, 2, 26, C 32). Cette Atlantique bordant la face méridionale attribuée à l'Afrique favorise la conception d'une chaîne de montagnes sise sur tout ou partie de cette face et nommée Atlas.
38. DS. III, 38, 1.
39. Cf. *Périple du pseudo-Scylax*, 112 *in fine*, dans *G.G.M.*, I, p. 95.
40. F. Chamoux, *Cyrène sous la monarchie des Battiades*, Paris, 1953, p. 153-156.
41. Hdt. IV, 42.

Vers 200 avant notre ère, le plus grand savant de l'époque, Ératosthène, dans son traité de géographie qui ne nous est parvenu que par fragments, en fut réduit, pour la description du bassin occidental de la Méditerranée, à se fier aux renseignements médiocres transmis par Timosthène, amiral de Ptolémée II un demi-siècle plus tôt et auteur d'un ouvrage *Sur les ports* qui excédait de beaucoup son expérience personnelle [42]. Avant lui, le Sicilien Timée (*circa* 352-256) avait témoigné d'une grande méconnaissance de l'Afrique [43], en raison d'une « méthode » dont Polybe [44] s'est gaussé sans indulgence : « On peut tirer des informations des livres sans péril et sans fatigue, pourvu qu'on ait pris la seule précaution de s'installer dans une ville possédant quantité d'ouvrages ou quelque part, au voisinage d'une bibliothèque. Il ne reste plus qu'à faire des recherches tout en demeurant couché et à collationner les erreurs des historiens antérieurs sans aucune espèce de fatigue ». Polybe lui-même, en revanche, a eu l'occasion de compléter, comme il le préconise, la consultation des livres par les enquêtes orales. En effet, comme on le sait, au début de 146 avant notre ère, il assista au siège de Carthage [45]. Il semble en avoir profité pour voyager, notamment jusqu'à la Petite Syrte (Golfe de Gabès) [46]. Il connaissait sans doute déjà *Cirta* [47], la future Constantine ; et surtout, durant l'été de 146, il mena pour Scipion Émilien une expédition navale de reconnaissance de long des côtes atlantiques du Maroc [48]. Malheureusement, du livre trente-quatre de ses *Histoires*, qu'il jugea bon de consacrer à la géographie, parce qu'il avait pris conscience que celle-ci est beaucoup plus qu'une part de l'histoire [49], ne subsistent que des fragments très limités, transmis surtout par Strabon et Pline l'Ancien.

---

42. Pol. XII, 1, 5 ; Strab. II, 1, 40-41 (C 92-93) ; XVII, 3, 6 *in fine* (C 827).

43. Id. XII, 3, 1-7.

44. Id. XII, 27, 4-5.

45. Id. XXXIX, 3a (= Th. Büttner-Wobst, XXXVIII, 21) ; App., *Lib.* 132 ; Amm. XXIV, 2, 16.

46. Id. XII, 2, 1-8.

47. P. PÉDECH, *op. cit.* (*supra*, n. 8), p. 559 : cette visite intervint sans doute en 151-150 avant J.-C. C'est probablement à cette occasion que Polybe (IX, 25, 4-6) s'entretint avec Massinissa.

48. Plin. V, 9-10 ; cf. P. PÉDECH, « Un texte discuté de Pline : le voyage de Polybe en Afrique (*H.N.*, V, 9-10) », *REL*, XXXIII, 1955, p. 318-332 ; J. DESANGES, *Recherches sur l'activité des Méditerranéens aux confins de l'Afrique (VIe siècle avant J.-C.-IVe siècle après J.-C.)*, Rome, 1978, p. 121-147.

49. En III, 56, 4, Polybe appelle encore la géographie « part de l'histoire », mais estime qu'il convient de lui accorder une place autonome dans son œuvre (III, 56, 5), de façon à ne pas la morceler, cf. P. PÉDECH, *La méthode*, p. 574-575, et plus particulièrement Id., « La géographie de Polybe : structure et contenu du livre XXXIV des *Histoires* », *Les Études classiques*, XXIV, 1956, p. 3-34.

Cependant l'Afrique Mineure, à l'occasion des guerres puniques, s'ouvrait pour la première fois sans intermédiaire à la curiosité des Romains et de leur entourage hellénistique. Mais les contacts directs n'en restèrent pas moins rares et limités. Artémidore, auteur de *Géographoumènes* perdus (*circa* 104 avant notre ère), dont le livre VII décrivait la bordure méditerranéenne de l'Afrique, de l'ouest à l'est contrairement à Ératosthène [50], s'il a séjourné en Lusitanie [51] et, sans doute, en Égypte [52], n'a probablement pas connu l'Afrique Mineure. En tout cas, il se faisait une idée très fausse des conditions climatiques du nord du Maroc atlantique [53]. Quant à Poseidonios, quelques décennies plus tard, après un long séjour à *Gades* (Cadix), il toucha en Méditerranée, de façon tout à fait involontaire, une côte africaine qui a toutes les chances d'appartenir à la Maurétanie orientale [54]. Strabon lui-même enfin, en dehors de l'Égypte, ne semble avoir connu de l'Afrique que le port de Cyrène, *Apollonia*, sans doute à l'occasion d'une brève escale [55]. Dans ces conditions, si la connaissance chorographique progressait (elle est déjà poussée chez Artémidore et fut, croyons-nous, corrigée et complétée dans le *Périple* ou *Périégèse* [56] de Poseidonios), en revanche les données les plus traditionnelles sur le climat continuaient d'avoir cours. On a l'impression que les géographes grecs d'époque hellénistique ne parviennent pas à s'affranchir de l'expérience originelle de l'Afrique que constitue pour les Grecs le pays de Cyrène, assurément très fertile [57], mais perçu comme une très grande oasis assiégée par le désert. Et il est vrai que ce pays devient d'une aridité extrême quand on s'éloigne vers le sud du plateau supérieur, le Djebel Akhdar ou « Montagne Verte », et que, plus à l'ouest, le désert remonte jusqu'au fond de la Grande Syrte [58]. Déjà

50. F. Strenger, *op. cit.* (*supra*, n. 22), p. 49 ; cf. Fragm. III B, 54 et III B, 56 dans H. Berger, *Die geographischen Fragmente des Eratosthenes*, Leipzig, 1880, p. 308.

51. Strab. III, 1, 4 (C 137-138).

52. Id. XVII, 1, 24 (C 803-804).

53. Id. XVII, 3, 8 (C 829) ; cf. J. Desanges, « De Timée à Strabon, la polémique sur le climat de l'Afrique du Nord et ses effets », dans *Actes du IIIe colloque intern. d'histoire et d'archéologie de l'Afrique du Nord (Montpellier, 1-5 avril 1985)*, Paris, 1986, p. 29.

54. Strab. XVII, 3, 4 (C 827).

55. Id. XVII, 3, 20 *in fine* (C 837).

56. Mention de cette œuvre dans Plin. I, 5 : *ex auctoribus externis* ; cf., dans la C.U.F., notre édition de Pline l'Ancien, *Histoire Naturelle, Livre V, 1-46 (L'Afrique du Nord)*, Paris, 1980, p. 18 et n. 2.

57. Hdt. IV, 199 ; Strab. II, 5, 33 (C 131) ; XVII, 3, 21 (C 837).

58. Sur ces aspects géographiques, cf. F. Chamoux, *Cyrène*, p. 11-17 ; A. Laronde, *Cyrène et la Libye hellénistique. Libykai Historiai*, Paris, 1987, p. 257-261 notamment.

Timée, justement blâmé par Polybe [59], considérait que l'Afrique est tout entière sablonneuse, sèche et stérile. Artémidore [60] reprochait à tort à Ératosthène d'avoir cru à l'existence de brouillards épais, au début et à la fin de la journée, sur le littoral du Sud-Marocain, occupé alors par les Éthiopiens Occidentaux. Encore Artémidore admettait-il [61] l'existence de fleuves nombreux et importants entre *Lixus* (Larache), dans le Nord du Maroc actuel, sur l'Atlantique, et Carthage, alors que Poseidonios, un peu plus tard, prétendit que les fleuves de l'Afrique Mineure sont rares et dénués d'importance. La Libye septentrionale, affirmait-il encore [62], ne reçoit pas de pluie et ce serait là l'explication de la fréquence des épidémies, de l'envasement des lacs (nos sebkhas) et du pullulement des sauterelles. En somme, par un raisonnement abstrait, il prolongeait la zone du silphium voisine de Cyrène, qu'il considérait comme subtropicale [63], jusqu'à l'Atlantique, rapprochant ainsi la malédiction des tropiques de l'Afrique méditerranéenne. Mais quand, avant Poseidonios, Artémidore lui-même, à l'étonnement de Strabon [64], étendait les Lotophages de Cyrène jusqu'au littoral des Éthiopiens Occidentaux, il cédait à la même amplification abusive, en confondant au surplus les deux Syrtes.

C'est le lieu de dire un mot de Diodore de Sicile. Contentons-nous de rappeler que cet auteur a consacré dans le livre trois de sa *Bibliothèque historique* des développements spécifiques aux Libyens et aux Atlantes [65]. À propos des premiers, il suffira de se reporter à la belle étude de M.F. Chamoux sur « Diodore de Sicile et la Libye » [66]. Comme le remarque M. Chamoux [67], la Libye de Diodore est restreinte à la Marmarique, à la Cyrénaïque, à la bordure désertique située au sud de cette dernière, avec ses mirages, et enfin aux Syrtes — ou plutôt, pensons-nous, à la seule Grande Syrte, désignée parfois en grec et souvent en latin par un pluriel [68] — ; en somme à la Libye

59. Pol. XII, 3, 2.

60. Cf. *supra* n. 53.

61. Strab. XVII, 3, 10 (C 830).

62. Id., *ibid.*

63. Id. II, 2, 3 (C 95) ; II, 5, 33 (C 131) ; II, 5, 37 (C 133) ; XVII, 3, 23 (C 839).

64. Id. III, 4, 3 (C 157) ; XVII, 3, 8 (C 829).

65. DS. III, 49-75.

66. F. Chamoux, « Diodore de Sicile et la Libye », *Quad. di Arch. della Libia*, XII, 1988, p. 57-65.

67. Id., *ibid.*, p. 60.

68. Par exemple Procop., *Aed.* VI, 3, 1 ; 4, 14-15 ; Plin. VI, 136 (*Minores Syrtes*) ; VII, 14 (*Syrtes Maiores*) ; *Table de Peutinger*, segm. VIII, 2 et 4. Si la Petite Syrte est englobée dans le pluriel employé par Diodore en III, 49, 1, ce n'est qu'un horizon lointain.

familière depuis longtemps aux Grecs. L'intérêt de Diodore pour la Libye est surtout d'ordre ethnographique, et la seule ville qu'il mentionne dans ce contexte est Cyrène. Mais ce « logos » d'étendue restreinte [69] contribue de façon non négligeable à notre connaissance de la Libye hellénistique et surtout des mœurs des Libyens. Il n'en va pas de même malheureusement des sections du livre trois [70] que Diodore consacre aux Amazones, aux Atlantes et au Dionysos libyen. Il s'agit là, selon les propres termes de Diodore [71], de « mythes », qu'il prétend indigènes, mais qui, en réalité, révèlent de façon patente l'influence de l'évhémérisme et ont été en général empruntés par Diodore au mythographe Denys de Mytilène [72]. Localisées le plus souvent à l'extrémité sud-ouest de l'Afrique, les guerres entre Atlantes, Amazones et Gorgones se passent dans un pays de fantaisie où la présence de Triton et de *Mene* (*Meninx*), c'est-à-dire le fond du golfe de Gabès et Djerba, n'étonne pas trop, parce que, comme l'a dit joliment Pline l'Ancien [73], « les fables de la Grèce sont vagabondes ». Là encore, il convient de laisser la parole à F. Chamoux [74] : « Il est clair que pour Diodore (ou pour la source dont il s'inspire), le monde punique demeure dans l'ombre, comme tout l'ensemble du Maghreb ».

Pas plus que Diodore, Strabon n'a pu vivifier son érudition par un contact direct avec l'Afrique Mineure. Comme Hérodote dépendait d'Hécatée de Milet dont l'œuvre est perdue, Strabon suivait étroitement les *Géographoumènes* d'Artémidore, critiqués et actualisés par Poseidonios. Cette dépendance se fait jour jusque dans l'agencement de son livre dix-sept, le dernier de la *Géographie* [75]. Ayant traité de l'Égypte dans un plan d'ensemble qui, grossièrement, balayait l'œcoumène d'abord de l'Hispanie à l'Inde en passant au nord de la Méditerranée, puis, en sens inverse, de l'Inde à la Maurétanie atlantique en longeant les littoraux de l'océan Indien, du golfe Persique et de la mer Rouge, puis la rive sud de la Méditerranée, il n'en a pas moins évoqué la Libye, c'est-à-dire l'Afrique moins l'Égypte et l'Éthiopie, en partant de l'ouest comme Artémidore, sautant ainsi bizarrement de l'Égypte à la Maurétanie atlantique.

69. DS. III, 49-51 : encore une partie importante de ce passage est-elle consacrée au phénomène du mirage.

70. Id. III, 52-74.

71. Id. III, 53, 4 ; 55, 9 ; 56, 1 et 3 ; 57, 1 ; 60, 1 ; 61, 1, 3 et 6, etc.

72. F. Chamoux, *op. cit.* (*supra*, n. 66), p. 58-59.

73. Plin. V, 31.

74. F. Chamoux, *op. cit.*, p. 60.

75. P. Pédech, *La géographie des Grecs*, Paris, 1976, p. 138.

Mais par ailleurs Strabon, quand il s'agit de définir des cadres régionaux et de proposer des considérations générales, recourt volontiers à Ératosthène qui vécut pourtant deux siècles avant lui. D'où d'étranges anachronismes et de singulières bévues. Comment insérer par exemple des données chorographiques empruntées à Artémidore et complétées d'adjonctions plus ou moins postérieures, dans des divisions ethno-politiques périmées dès les lendemains de la seconde guerre punique, telles la Masaesylie et la Massylie ? En fait, Strabon évoque par deux fois la Massylie sans la distinguer nettement du pays de Carthage [76], sans doute parce qu'il se réfère implicitement à la grande province d'Afrique qui existait de son temps. Et de même qu'il mentionne [77] par association d'idées, à la fin d'un développement consacré à la Masaesylie, des villes ruinées par la guerre de Jugurtha ou par la campagne de César contre les Pompéiens, alors que celles-ci sont situées dans le Constantinois, voire dans l'ouest de l'actuelle Tunisie, terres massyles, de même il n'hésite pas à dire [78] que Juba I, de la dynastie massyle, a régné sur la Masaesylie. Cette imprécision dans l'utilisation d'une division spatiale périmée a pour pendant un certain flou chronologique. S'il situe « de son temps » [79] Juba I, mort en 46 avant J.-C. alors qu'il n'avait lui-même que seize ou dix-sept ans, il mentionne « peu avant lui » [80] les règnes des rois Bogud et Bocchus II, bien que le premier ait perdu son trône huit ans après 46 et que le second soit mort treize ans après ! Il est vrai que Strabon avait quelque quatre-vingt-cinq ans quand il donna sa forme définitive au livre dix-sept de la *Géographie* !

Partageant une opinion désormais traditionnelle, il estime que l'Afrique mérite à peine d'être considérée comme une partie du monde habité, en raison de sa superficie très limitée par rapport à celles de l'Europe et, plus encore, de l'Asie [81]. Dans sa plus grande « largeur » (le long du Nil) elle atteint 13 ou 14 000 stades, c'est-à-dire de 2 400 à 2 590 km, ce qui nous mènerait, à vol d'oiseau il est vrai, dans la région du confluent du Nil et du Sobat ; le long de la Méditerranée, elle s'étend sur une distance à peu près double [82]. Assimila-

---

76. Strab. XVII, 3, 12 (C 831) et 13 (C 832) ; cf. cependant XVII, 3, 9 (C 829).
77. Id. XVII, 3, 12 (C 831).
78. Id. XVII, 3, 9 (C 829). Cette confusion peut expliquer que Strabon dise par ailleurs (XVII, 3, 7, C 828) qu'Auguste octroya à Juba II les royaumes de Bogud et de Bocchus « en plus des États de son père ».
79. Id. XVII, 3, 9 (C 829).
80. Id. XVII, 3, 7 (C 828).
81. Id. XVII, 3, 1, (C 824).
82. Id., *ibid.* ; cf. II, 5, 7 (C 114).

ble à un triangle rectangle ou à une figure trapézoïdale [83], elle s'effile très sensiblement depuis le Nil jusqu'à l'Atlantique et se termine en biseau assez étroit. Sa zone intérieure, aride et misérable, ne peut entretenir qu'une vie en quelque sorte marginale ; elle est au reste très peu connue. « Seule, dit Strabon, une mince portion de territoire est d'aventure parcourue par des expéditions militaires ou des étrangers isolés », et il la compare à une peau de panthère que tachettent des oasis. En revanche, ses côtes méditerranéennes sont des plus prospères, alors même que son littoral atlantique l'est plus modérément [84]. Notons au passage qu'ailleurs [85], sans trop de souci de cohérence, Strabon insiste avec quelque exagération sur les dimensions extraordinaires de la faune et de la flore en Maurousie (le Maroc actuel) et chez les Éthiopiens Occidentaux (habitants du Sud-Marocain), même s'il signale que ces derniers ne disposent que de peu de ressources dans un pays médiocrement habité.

S'il célèbre la prospérité passée et présente de Carthage et l'éclat conféré à *Cirta* (Constantine) et à la Numidie par l'action de ses rois [86] et s'il reconnaît aux Numides une double supériorité, innée dans l'art de la chasse aux fauves et acquise en matière d'agriculture [87], il révèle çà et là [88] les tensions qui se sont exercées dans l'Afrique Mineure, sous la forme de constats exempts de compassion comme de regret. Cette région, entrée dans l'orbite de Rome, a payé de ruines nombreuses les guerres menées par celle-ci et les luttes civiles dont elle fut un théâtre lointain. Pour imposer son pouvoir, Rome, à la fin de la période républicaine, s'est beaucoup employée à diviser entre eux les monarques indigènes. Elle a favorisé les uns et châtié les autres, en veillant même à ce que l'étendue du territoire fuctuant fût variable, afin de priver ces royaumes fragiles de toute assise stable ; et lorsque certains rois sont allés trop loin dans la révolte, elle les a renversés [89].

Il s'agit là d'une analyse lucide, qui vise en fait à mettre en évidence l'habileté des Romains même en proie à la discorde civile, bien plutôt qu'à condamner leur impérialisme avec des accents de sensibilité moderne. Strabon ne témoigne pas en effet une particulière

83. Id. XVII, 3, 1 (C 825) : triangle rectangle ; II, 5, 15 (C 119-120) et surtout II, 5, 33 (C 130) : quadrilatère trapézoïdal ; le sommet sud-ouest de ce quadrilatère est à peu près sur le méridien de Carthage, chez les Éthiopiens Occidentaux (II, 5, 15).

84. Id. II, 5, 33 (C 130-131).

85. Id. XVII, 3, 4 (C 826-827).

86. Id. XVII, 3, 13 (C 832).

87. Id. II, 5, 33 *in fine* (C 131).

88. Id. XVII, 3, 9 (C 829) ; 12 (C 831) ; 16 (C 834).

89. Id. XVII, 3, 12 (C 831).

bienveillance à l'égard des Libyens. À l'intérieur des terres, remarque-t-il [90], les indigènes ont peu de contacts avec les Romains : ils font preuve de beaucoup de réticence et, dans ce qu'ils disent, ne méritent pas créance (οὐ πιστὰ οὐδὲ πάντα λέγουσιν). Quant aux Numides, ils se sont certes révélés susceptibles de progrès sous l'aiguillon de princes d'exception ou de Rome même, mais il demeure que, dotés dès l'origine d'un pays fertile, ils ont préféré l'abandonner aux animaux sauvages pour se livrer à la vie nomade et aux querelles [91], s'affirmant ainsi bien pires que leur climat. Car si, comme Poseidonios, Strabon est sensible aux sujétions climatiques qui limitent l'épanouissement de beaucoup d'habitants de l'Afrique, victimes de la chaleur et de l'aridité, il tempère le déterminisme de son prédécesseur en affirmant la liberté qu'ont les peuples de se choisir vertueux ou pervers et de limiter la tyrannie du terroir par l'exercice et la coutume [92].

Sans manifester d'affinité ni de sympathie particulière pour l'Afrique Mineure, Strabon a eu le mérite de diffuser et de compléter, dans une mesure difficile à préciser, la description novatrice d'Artémidore. Du fait de la perte des *Géographoumènes* de celui-ci et, auparavant, du livre trente-quatre de Polybe, il est aux yeux des Modernes le premier à ne pas traiter l'Afrique Mineure comme une simple extension occidentale de la Cyrénaïque, relevant plutôt de la mythographie que de la géographie. Mais si nous voulons nous placer dans une perspective antique, n'ayons garde d'oublier que l'œuvre de Strabon ne fut pas connue dans l'Antiquité avant le IIe siècle de notre ère, et seulement dans les cercles de l'érudition alexandrine [93].

Or, entre-temps, l'annexion par Rome du royaume de Numidie aurait dû permettre aux auteurs de langue latine de compléter et de mettre à jour les renseignements contenus dans les *Géographoumènes* d'Artémidore. C'est très probablement ce que fit l'érudit Varron de Réate dans son *De ora maritima*, dont le *De litoralibus* et le *Liber de aestuariis* (« Livre des estuaires ») ne sont peut-être que des parties. Mais cet ouvrage, écrit, selon nous, dans la quinzaine d'années qui suivit la mort de César, et qui pourrait bien avoir été une source des plus importantes tant pour Pomponius Méla que pour Pline [94], a, lui aussi, disparu dans le grand naufrage de la littérature antique.

Subsiste en revanche la relation devenue célèbre que Salluste, le

90. Id. II, 5, 33 (C 131).
91. Id. XVII, 3, 15 (C 833).
92. Id. II, 3, 7 (C 102-103).
93. À ce sujet, cf. l'excellent livre de A. DILLER, *The textual Tradition of Strabo's Geography*, Amsterdam, 1975.
94. Cf. mon édition commentée de Pline l'Ancien, *Histoire Naturelle, Livre V, 1-46*, p. 12-20 et Cl. NICOLET, *L'inventaire du monde*, Paris, 1988, p. 85-86.

premier gouverneur de la Nouvelle Province issue de l'annexion du royaume de Numidie, a consacrée à la guerre de Jugurtha (*Bellum Iugurthinum*), conclue par la victoire des Romains sur ce roi de Numidie en 105 avant notre ère, soit à la veille de la parution des *Géographoumènes* d'Artémidore. Or Salluste s'est tout naturellement livré à une évocation géographique cursive de l'Afrique du Nord, qui comporte une partie consacrée au peuplement (§ 18) et un tableau général du pays, depuis les confins égypto-cyrénéens (*Catabathmos*) jusqu'à l'océan Atlantique (§ 19). La première partie de ce développement, qui reposerait, selon Salluste lui-même [95], sur les mystérieux « Livres puniques » [96], a fait l'objet d'une étude récente de grande qualité [97]. Mettant en scène Mèdes, Perses et Arméniens, issus des débris de l'armée d'Hercule en Extrême-Occident, elle mêle inextricablement mythologie, fausse étymologie et anthropologie. L'esquisse d'une géographie du littoral africain de la Méditerranée qui suit, si squelettique qu'elle soit, n'en comporte pas moins une singulière erreur [98], puisqu'elle situe les autels des Philènes entre les Syrtes et à l'ouest de *Lepcis Magna*, et non au fond de la Grande Syrte [99]. Comme cette erreur se retrouve dans un passage de Strabon [100] lié à l'évocation des Colonnes de Gadès, alors qu'ailleurs [101] Strabon donne une localisation correcte, il est possible que la responsabilité en incombe à une source commune aux deux auteurs (Poseidonios ?). Au reste, une telle bévue s'explique aisément du fait que le pluriel latin *Syrtes* était employé indifféremment pour désigner les Syrtes ou l'une des deux Syrtes, usage que suit en grec, au VIe siècle, Procope [102]. Mais

95. Sall., *J.* XVII, 7.

96. Cf. J. MATTHEWS, « The *Libri Punici* of King Hiempsal », *A.J.Ph.*, XCIII, 1972, p. 330-335.

97. R. ONIGA, *Sallustio e l'etnografia*, Pise, 1995.

98. Sall., *J.* XIX, 3.

99. Cf. R.G. GOODCHILD, « Area Philenorum and Automalax, *PBSR*, XX, 1952, p. 94-110 ; V. PURCARO PAGANO, « Le rotte antiche tra la Grecia e la Cirenaica e gli itinerari marittimi e terrestri lungo le coste cirenaiche e della Grande Sirte », *Quad. di Arch. della Libia*, VIII, 1976, p. 328 ; R. REBUFFAT, « Visite à l'autel des Philènes », *BCTH*, n.s. 17 B, *Afrique du Nord*, 1982, p. 169-170.

100. Strab. III, 5, 5 *initio* (C 171).

101. Id. XVII, 3, 20 (C 836).

102. Procop., *Aed.* VI, 3, 1 (Grande Syrte) ; VI, 4, 14-15 (Petite Syrte). On trouve même dans ce dernier passage la curieuse expression « les autres Syrtes » pour désigner la Grande Syrte. Au reste, Procope situe « les Petites Syrtes » entre *Tacapa* (Gabès) et *Girgis* (Zarzis), ce qui montre qu'il a confondu le golfe de Gabès avec la « mer de Bou Ghara ». Faut-il attribuer à Polybe ou à Stéphane de Byzance, qui le cite (*Ethn.*, s.v. Βύζαντες, éd. Meineke, Berlin, 1849, p. 189 = Pol. XII, 1, 1), l'expression « au-dessus des Syrtes » pour localiser par rapport à la seule Petite Syrte la Byzacide (en gros le Sahel de Sousse) ?

venons-en à l'essentiel : si l'on considère que *Lepcis Magna*, ville libre, n'en était pas moins englobée dans la Nouvelle Province que Salluste gouverna, on sera tenté de conclure que l'historien et moraliste montrait plus d'empressement à tirer une immense fortune du pillage de ses administrés qu'à enquêter *de visu* sur la géographie de sa province. Les écrits des devanciers comptaient plus pour lui que l'autopsie.

Quant aux indications géographiques que Salluste donne çà et là, mais sans prodigalité [103], pour éclairer le déroulement des opérations militaires pendant le *Bellum Iugurthinum*, on a depuis longtemps remarqué leur imprécision. Il convient de citer à ce propos les remarques pleines de bon sens de M. G. Ch.-Picard [104] : « [Salluste] écrivait à Rome pour des gens qui, souvent, n'avaient jamais vu l'Afrique et n'avaient pas de carte. Il se souciait fort peu d'exactitude et voulait seulement leur plaire par un récit pittoresque dont on pouvait tirer des conclusions politiques et morales ». En fait, il nous a donné un récit si sélectif, avec tant d'ellipses et de discontinuités dans l'espace et dans le temps, que l'on a pu, bien à tort [105], proposer, pendant un demi-siècle, une véritable résection de l'aire des opérations et une remise en cause totale de la structure et du centre de gravité du royaume numide comme de la profondeur de la pénétration romaine. Selon la formule d'E. Tiffou [106] : « [Salluste] taquine la géographie avec désinvolture ». Reconnaissons toutefois que son intérêt semble s'éveiller à cette science à laquelle il réservera une part plus importante dans ses *Histoires*, à en juger par les fragments qui nous en sont parvenus.

Au début du règne de Claude, Pomponius Méla, un Espagnol de la région de l'actuelle Tarifa, sur le détroit de Gibraltar, rédigea en trois livres une *Chorographie*, c'est-à-dire une description des régions du monde habité, qui nous est parvenue. Après avoir présenté un

---

103. R. Syme, *Sallust*, Berkeley-Los Angeles, 1964, p. 148 : « Sallust is economical ». Pour donner une idée de sa manière, cf. *J.* LXXIX, 3 : « Entre les deux villes [Carthage et Cyrène, soit une distance de quelque 2 000 km] s'étendait une plaine sablonneuse et uniforme, sans fleuve ni montagne qui pût servir de limite » (trad. A. Ernout, CUF).

104. G.Ch.-Picard dans *Rev. Arch.*, XXXVII, 1951, p. 250.

105. J'ai fait une critique, que je crois sans appel, de cette thèse : « La *Cirta* de Salluste et celle de Fronton », *L'Africa romana*, IV/1, Convegno 1986, Sassari, 1987, p. 133-135 ; cf. déjà *REL*, LX, 1982, p. 469-471.

106. E. Tiffou, « Salluste et la géographie », dans *Littérature gréco-romaine et géographie historique* (= Mélanges offerts à R. Dion, Caesarodunum, IX bis), Paris, 1974, p. 152.

tableau d'ensemble géographique et ethnographique de l'Afrique [107], il décrivait celle-ci depuis le cap Spartel et Tanger [108] jusqu'au *Catabathmos* (sur le golfe de Soloum) [109], qu'il considère, en accord avec Salluste [110], comme sa limite orientale [111]. Mais comme il évoque le monde selon le schéma d'une sorte de périple de la Méditerranée effectué dans le sens contraire à celui des aiguilles d'une montre, suivi, cette fois dans le sens des aiguilles d'une montre, d'un périple de l'océan Extérieur, il est conduit à traiter à part du rivage atlantique de l'Afrique, et il le fait donc, depuis l'Atlas et les îles Canaries jusqu'à Tanger, à la fin de sa *Chorographie* [112].

Les cadres administratifs utilisés par Méla sont largement périmés. Ils remontent pour l'essentiel à l'époque qui suit immédiatement la guerre de Jugurtha. Dans l'ouest de l'Afrique Mineure, l'expansion de la Maurétanie de Bocchus vers l'est est enregistrée avec maladresse par un report vers l'est du fleuve marquant l'ancienne frontière, la *Mulucha* [113]. Quant à la Numidie, sa limite orientale qui, jusqu'en 46 avant notre ère, englobait *Thabraca* (Tabarka, en Khroumirie), est située par Méla [114], ou plutôt par sa source d'époque octavienne, sur l'*Ampsacus* (oued el-Kebir du Constantinois) ou au *Metagonium* (le cap Bougaroun, un peu plus à l'est). La Numidie de Méla en vient à correspondre ainsi à la Masaesylie du IIIe siècle avant notre ère, probablement parce que l'auteur de ce remaniement voulait laisser sa place à la Nouvelle Province d'Afrique créée en 46 avant notre ère, qui engloba bientôt le territoire de *Cirta* (Constantine), d'ailleurs largement autonome. Cette Numidie du géographe, véritable être de raison, excluait donc toute la Numidie d'époque impériale, dans le sens administratif comme dans le sens traditionnel [115], piquant résultat d'une incapacité à maîtriser une pluralité de sources, fort répandue dans l'Antiquité.

Au sud, tout comme Salluste [116], Méla [117] situait des Éthiopiens

107. Mel. I, 20-23.
108. Id. I, 25-26.
109. Id. I, 40.
110. Sall., *J.* XIX, 3.
111. Cependant en I, 60, Méla, curieusement, situe Alexandrie aux frontières de l'Afrique (*Alexandria Africae contermina*), en contradiction avec l'indication donnée en I, 40.
112. Mel. III, 100-107.
113. Id. I, 29.
114. Id. I, 30.
115. Cf. J. DESANGES, « Permanence d'une structure indigène en marge de l'administration romaine : la Numidie traditionnelle », *Ant. Afr.*, XV (= Mélanges J. LASSUS, II), 1980, p. 77-89.
116. Sall., *J.* XIX, 5 et 6.

(« Faces-brûlées ») et des Gétules, puis une grande contrée désertique (*Deinde late uacat regio perpetuo tractu inhabitabilis*). Pas plus que Salluste, il n'a de nom spécifique pour désigner ce grand désert au sud de l'Afrique Mineure ; mais il le traite du moins comme une unité (*regio*), alors que Salluste emploie un pluriel (*loca exusta*), selon un usage habituel aux auteurs latins. Ceux-ci évoquent en effet vaguement des *deserta* et des *solitudines*, ce qui a pour effet d'émietter et de relativiser ce que nous appelons le Sahara [118]. Au reste, jamais aucun désert ne reçut dans l'Antiquité, en grec ou en latin, un nom qui lui fût propre. L'échelle des perceptions dans ce domaine paraît avoir été étendue. Cicéron [119] n'hésitait pas à qualifier les côtes de Djerba de « rivages les plus déserts de l'Afrique » (*in oras Africae desertissimas*) et Philostrate [120] faisait commencer au fleuve Σάλης, l'actuel Bou Regreg qui baigne Rabat, la « Libye déserte ».

Dans sa description chorographique, Méla se montre très sélectif par crainte d'ennuyer le lecteur. C'est ainsi qu'il déclare [121] à propos de la côte rifaine : « Au reste la contrée, insignifiante et n'ayant guère été dotée de quoi que ce fût de remarquable, ne comprend que de petites agglomérations, ne livre passage qu'à de petits cours d'eau, est meilleure par son sol que par ses hommes, et l'indolence de sa population l'a faite obscure ». En énumérant seulement six ou sept agglomérations, du cap Bon à la Tripolitaine, il les qualifie de « villes les plus connues, eu égard à l'obscurité des autres » [122]. Parfois il se perd dans ces séquences de toponymes, situant [123], en partant de Carthage, *Clupea* (Kelibia) au-delà d'Hadrumète (Sousse), alors qu'elle est sensiblement en deçà, mentionnant [124], sans s'en apercevoir, les villes de Tripolitaine sous leur nom hellénique et sous leur nom latin, intervertissant [125], entre eux, en Cyrénaïque, promontoires et villes côtières, localisant [126] enfin *Paraetonius* (Marsa Matrouh) en

117. Mel I, 23 : plus précisément les « Leuco-Éthiopiens » (*Leucoaethiopes*).

118. Cf. mon étude : « Aperçus sur les contacts transsahariens d'après les sources classiques », *L'Universo* (Florence) LXIV/5, sept.-oct. 1984, p. 132.

119. Cic., *Sest.* XXII, 50.

120. Philstr., *V. Ap.* V, 1.

121. Mel. I, 28.

122. Id. I, 34. Sur le nombre de ces agglomérations, variable selon l'interprétation de la séquence *Habromacte, Phyre*, cf. J. DESANGES, « Géographie de l'Afrique et philologie dans deux passages de la *Chorographie* de Méla », *L'Africa romana* XI/1, Convegno 1994, Sassari, 1996, p. 343-347.

123. Id., *ibid.*

124. Id. I, 34 et 37 : *Mac[araia]* et *Oea, Neapolis* et *Leptis (altera)*.

125. Id. I, 40 : les promontoires *Zephyrion* et *Naustathmos* sont intervertis par rapport au sens général de la description ; *Hesperia* est insérée en seconde position dans une séquence inversée *Paraetonius, Apollonia, Ptolomais, Arsinoe*.

126. Id. *ibid.*

Cyrénaïque et non au-delà du *Catabathmos*. Après ce sec exercice de nomenclature, que son caractère capricieux distingue d'un inventaire des connaissances, Méla en termine avec l'Afrique par des considérations générales sur les mœurs ds Africains [127] qu'on peut rapprocher pour une large part de celles de Salluste [128] et peut-être faire remonter à Poseidonios. Les côtes sont habitées par des hommes de coutumes assez semblables à celles des Romains, mais au genre de vie beaucoup plus rude, dépourvu de tout raffinement. À l'intérieur, en revanche, ce ne sont que des clans désordonnés et incapables de volonté commune, mais que la polygamie rend prolifiques. Quant aux déserts (*deserta*) [129], ils sont bordés de populations paradoxales, présentées par de brèves notices qui proviennent en dernier ressort d'Hérodote, mais présentent des altérations curieuses, dues à des sources intermédiaires.

Le hasard de la tradition fait que pour nous la première description géographique relativement détaillée de l'Afrique Mineure en latin est celle de Méla. Mais il s'agit d'une véritable marqueterie dont beaucoup de données sont, de son temps, largement périmées. Seul le littoral est réellement pris en compte ; encore faut-il constater que sur cette trame relativement sûre, qui est celle des périples, les erreurs et confusions ne sont pas rares. La comparaison avec Strabon, dont le témoignage a lui-même ses limites, est accablante pour Méla [130].

Plus complexe et plus soigneux, l'exposé géographique de Pline l'Ancien sur l'Afrique [131] a su rénover les données de la description du littoral d'époque octavienne également utilisée par Méla, en incorporant d'une part de nombreuses estimations de distance en milles romains, issues le plus souvent des *Commentaires* d'Agrippa, d'autre part et surtout des listes officielles de communautés territoriales classées alphabétiquement selon leur statut. Il semble bien, par ailleurs, que Pline ait eu une expérience personnelle de l'Afrique Mincurc, du moins dans sa partie orientale. R. Syme [132] a exposé les raisons de supposer qu'il y avait exercé — et plus précisément dans le *Byzacium* (le Sahel de Sousse) —, au début du principat de Vespasien, une des procuratèles de sa carrière équestre. Il nous dit expressé-

127. Id. I, 41-43.

128. Sall., *J.* XVIII, 1-2.

129. Mel. I, 43-48.

130. A. Silberman, « Le premier ouvrage latin de géographie : la *Chorographie* de Pomponius Méla et ses sources grecques », *Klio*, LXXI, 1989, p. 573.

131. Plin. V, 1-46.

132. R. Syme, « Pliny the Procurator », *Harvard Stud. in Class. Philol.*, LXXIII, 1969, p. 214-225.

ment [133] qu'il a vu en Afrique un citoyen de *Thysdrus* (el-Djem) qui avait été changé en homme le jour de ses noces ; il a également vu [134] dans le *Byzacium*, attelés à la même charrue, une vieille femme et un pauvre ânon. En revanche, qu'il ait rencontré [135] des Psylles ne prouve rien, car ces charmeurs de serpents couraient l'Italie [136]. Il faut encore noter qu'il semble connaître de *visu* les cultures de *Tacape* (Gabès) [137]. Sur les rendements en blé exceptionnelles des plaines du *Byzacium*, il paraît avoir disposé des archives des procurateurs impériaux, car il fait état de leur correspondance avec Auguste et Néron [138], sans dire, il est vrai, qu'ils sont ses prédécesseurs dans cette charge.

Mais c'est l'occasion de constater, une fois de plus, combien les Anciens ont de mal à substituer les leçons de leur expérience à la documentation traditionnelle. Dans le difficile agencement de sources multiples, Pline a souvent répété les erreurs de ses devanciers ou même ajouté à celles-ci. Malgré son séjour dans le *Byzacium*, lorsqu'il décrit le littoral à partir de Carthage, il mentionne à tort *Leptis* (*Minus*), actuelle Lemta, avant *Hadrumetum* (Sousse) et *Ruspina* (Monastir), et semble placer *Tacape* et *Sabrata* avant la Petite Syrte (Golfe de Gabès) [139] ; il intervertit les deux Kerkenna en situant la Petite plus près de Carthage [140]. Ventilant lui-même entre littoral et intérieur ses listes officielles de communautés territoriales reconnues par le cens, il inaugure malencontreusement son énumération des villes libres de l'intérieur en nommant *Acholla* (H^{r} Botria), alors qu'il s'agit d'une ville du littoral au sud du ras Kaboudia [141]. Plus grave encore : il a arrêté sa description de la province d'Afrique à l'heure des statistiques augustéennes, en renonçant à toute tentative de chorographie en dehors de la bande côtière pour laquelle il disposait d'un modèle ; c'est ainsi qu'il omet même de signaler *Ammaedara* (Haïdra), quartier

133. Plin. VII, 36.
134. Id. XVII, 41.
135. Id. XXV, 123.
136. Id. XI, 89.
137. Id. XVIII, 188-189.
138. Id. XVIII, 94-95. H. Le Bonniec et A. Le Boeuffle (éd. de la CUF, Paris, 1972, p. 23) pensent que la source du passage pourrait être Turranius Gracilis, si on l'identifie au préfet d'Égypte et préfet de l'annone C. Turranius. Mais nonagénaire sous Caligula (Sen., *Brev.* XX, 3), ce dernier ne peut avoir publié des documents datant du principat de Néron. Mieux vaut supposer que Pline l'Ancien a consulté en Byzacène (sans doute à Hadrumète) la correspondance entre les procurateurs des domaines impériaux de cette région et les princes depuis Auguste (copie des lettres à l'envoi, originaux des réponses).
139. Id. V, 25.
140. Id. V, 41.
141. Id. V, 30.

général de la IIIe Légion depuis la fin du principat d'Auguste et promue colonie peu après qu'il eut exercé sa procuratèle dans le *Byzacium* sous Vespasien [142]. Constatation piquante : dans la Maurétanie césarienne, qu'il n'a probablement pas connue, Pline a fait un peu plus d'efforts pour mettre à jour sa documentation, puisqu'il tient compte de changements de statut municipal intervenus sous Claude et sous Vespasien [143].

C'est peut-être en dehors des livres géographiques de l'*Histoire naturelle*, dans les nombreuses allusions à l'Afrique éparses dans cette encyclopédie, que Pline nous révèle un regard vivant posé sur les régions qu'il a connues. Retenons deux exemples. D'abord une évocation de l'oasis de Gabès [144] : « Il y a en Afrique au milieu des sables, sur la route des Syrtes et de *Leptis Magna*, une cité nommée *Tacape*, dont le territoire, bien irrigué, est d'une fertilité miraculeuse. Dans un rayon d'environ 3 000 pas, une source fournit une eau abondante sans doute, mais qu'on ne distribue pourtant qu'à heures fixes aux habitants. Là, sous un immense palmier, pousse un olivier ; sous l'olivier, un figuier ; sous le figuier, un grenadier ; sous le grenadier, une vigne ; sous la vigne on sème du blé, puis des légumineuses, enfin des herbes potagères ; tout cela la même année, tout cela se nourrissant à l'ombre d'une autre espèce ». Ensuite, une description enthousiaste d'humbles murs de terre africains et ibériques [145] : « En Afrique et en Espagne il y a des murs de terre appelés *formacei* [faits à la forme], car ils sont construits par bourrage dans une forme composée de deux panneaux placés de part et d'autre, plutôt que véritablement édifiés : ils durent des générations, inattaquables à la pluie, au vent et au feu, et sont plus solides que toute espèce de moellons. » Voilà une remarque sur un banal élément du paysage africain qui a la vivacité et la fraîcheur de la chose vue.

Est-il opportun, pour en terminer, d'ajouter à cette suite de regards, plus souvent érudits que vifs et spontanés, le témoignage de Ptolémée ? Quiconque a pris connaissance, ne serait-ce que superficiellement, des longues et sèches énumérations de toponymes, d'hydronymes, d'oronymes et d'ethnonymes pourvus de leurs coordonnées qui constituent l'essentiel de sa *Géographie*, intitulée plus précisément *Introduction à la représentation de la terre*, admettra qu'il s'agit d'une gageure que l'on ne saurait vraiment relever. Seule, l'âpre polémique inaugurale qu'il conduit, dans son livre I en forme de

142. J. Gascou, *La politique municipale de l'Empire romain en Afrique proconsulaire de Trajan à Septime-Sévère* (= Coll. EFR, 8), Rome, 1972, p. 29-30.

143. Plin. V, 20.

144. Id. XVIII, 188 (trad. H. Le Bonniec, CUF, modifiée légèrement *in fine*).

145. Id. XXXV, 169 (trad. J.-M. Croisille, CUF).

préface, contre son prédécesseur Marin de Tyr laisse parfois percer un accent personnel ; mais cette polémique, si elle accorde une place importante à l'Afrique orientale et aux expéditions sahariennes, ignore pratiquement l'Afrique Mineure. Bornons-nous donc à quelques observations d'un ordre très général. Tout d'abord, dans la littérature à prétention scientifique des Anciens, la polémique avec les prédécesseurs est d'autant plus vive et acide que la part des emprunts est grande. Il faut en effet dès lors souligner avec acrimonie les quelques affirmations de l'aîné qu'on conteste et prétend corriger et, si possible, saper son autorité. En fait, plus encore qu'Hécatée derrière Hérodote et qu'Artémidore derrière Strabon, on est conduit à restituer Marin de Tyr, dont l'œuvre est perdue, derrière Ptolémée [146]. C'est sans doute l'immensité de la dette contractée à l'égard de Marin qui explique le fait que Ptolémée, contemporain d'Antonin et de Marc Aurèle, a arrêté la masse de ses données sur l'Afrique Mineure à mi-parcours du principat de Trajan [147].

Mais comment n'être pas reconnaissant à Ptolémée, qui n'avait probablement aucune connaissance directe de l'Afrique Mineure, d'avoir accumulé à partir de la bibliothèque d'Alexandrie [148] une quantité inégalée de toponymes et d'ethnonymes ? Il a su surmonter l'aversion, commune à l'époque, pour les toponymes barbares réputés cacophoniques, qui a appauvri, à partir d'un critère qui paraît futile aux Modernes et manque en tout cas de pertinence, des listes pour nous si précieuses. Un gigantesque effort d'identification reste à accomplir après une étude stricte des leçons de manuscrits dont le stemma doit être scrupuleusement pris en considération et la valeur relative appréciée correctement. Toutefois certaines illusions ne sont plus de mise, qui bien évidemment ne concernent pas seulement l'Afrique. Seule l'énumération des toponymes sur le littoral, avec leurs coordonnées, offre une certaine sûreté, parce qu'ils sont ordonnés selon une ligne bien reconnue. Encore Ptolémée n'est-il pas à l'abri de bévues grossières, comme lorsqu'il situe en bordure occidentale du cap Bon, sur le golfe de Tunis, *Clypea* (Kelibia) à une place erronée et, sur sa bordure orientale, à la place attendue, *Aspis* qui est son nom

146. Cf. *R.E.*, Suppl. XII, zum Art. *Marinos von Tyros*, col. 791-838 (N.G. PHOTINOS, 1970).

147. Cf. J. DESANGES, « Les territoires gétules de Juba II », *REA*, LXVI, 1964, p. 40-41.

148. G. AUJAC, *Claude Ptolémée astronome, astrologue, géographe. Connaissance et représentation du monde habité*, Paris, 1993, p. 10-11 ; plus généralement cf. J. SIRINELLI, « Un regard sur la bibliothèque d'Alexandrie », *Cahiers de la villa « Kérylos »*, 5, 1995, p. 82-93.

grec, comme s'il s'agissait de deux ports distincts [149]. Mais sitôt qu'on pénètre à l'intérieur des terres, les coordonnées de Ptolémée ne sont plus d'aucun secours pour identifier les toponymes [150]. Elles ont été en effet, dans l'immense majorité des cas, déterminées, non par l'observation astronomique (plus efficace dans l'Antiquité pour fixer la latitude que la longitude), mais par une évaluation grossière à partir de distances en jours de marche orientées selon la rose des vents, que Ptolémée a empruntées à des sources inconnues, géographes, militaires ou marchands. Si l'on ajoute les corruptions intervenues dans les notations des coordonnées jusqu'à la fin du XIIIe siècle, date des plus anciens manuscrits de la *Géographie*, il en résulte une confusion dont on peut craindre qu'elle ne soit dans une large mesure inextricable.

*
* *

Au terme de cette revue un peu désabusée des descriptions géographiques dont l'Afrique Mineure a été l'objet dans l'Antiquité, est-il besoin de souligner le poids de la tradition livresque ? Il existe comme une fracture, d'ailleurs observable dans bien d'autres domaines, entre la connaissance théorique et les connaissances pratiques. L'Afrique Mineure, surtout dans sa partie orientale, était maillée, à l'époque impériale, d'un dense réseau de voies dûment mesurées, desservant plusieurs centaines d'agglomérations grandes ou petites,

---

149. Ptol., *Geogr.* IV, 3, 2, éd. C. Müller, p. 621. Il est par ailleurs très possible que Ptolémée ait transporté le Blanc Bourg (Leukē Kōmē), escale importante de la côte arabique de la mer Rouge, qu'il semble ignorer, sur la rive opposée, c'est-à-dire égyptienne, en le nommant Blanc Port (Leukos Limen : IV, 5, 8, p. 688), cf. A. Bülow-Jacobsen, H. Cuvigny, J.-L. Fournet, « The Identification of Myos Hormos. New papyrological Evidence », *BIFAO*, XCIV, 1994, p. 28, n. 7. Ptolémée aurait ainsi confondu le point de départ d'une liaison maritime et son point d'arrivée, commettant une erreur comparable à celle de Pline (VI, 174) situant *Barigaza* sur la côte septentrionale de l'actuelle Somalie, alors qu'il s'agit d'une escale de l'Inde.

150. J.M. Solana Sainz, « Ensayos sobre el valor del grado ptolemaico », *Hispania Antiqua*, II, 1972, p. 73-76, a montré que pour chaque ville antique de la péninsule ibérique bien identifiée et localisée, la valeur à attribuer au degré de Ptolémée par rapport au parallèle 36° N., pour que la position assignée par cet auteur soit correcte, est différente, variant dans une marge extrêmement large. Démonstration par l'absurde tout à fait probante ! Quant à la toponymie, elle est souvent récoltée sans vérification suffisante. Qu'il suffise de rappeler un fait curieux, depuis longtemps connu. Ptolémée (II, 11, 12, Müller, p. 266), mentionne en Germanie, après Φληούμ un toponyme Σιατουτάνδα. Or Tacite (*Ann.* IV, 73, 1), après avoir fait état du fort de *Fleuum* (IV, 72, 6) assiégé par les Frisons, dit que ceux-ci, contre-attaqués, levèrent le siège pour défendre leur pays (*ad sua tutanda*). C'est *sua tutanda* que Ptolémée a pris pour un toponyme.

et atteinte, en différents points de son territoire, par d'assez nombreuses routes maritimes. De plus, une grande partie de la Tunisie actuelle était alors cadastrée, avec, il est vrai, des différences d'orientation selon les cadastres plus nombreuses qu'on ne l'a longtemps cru [151]. Et pourtant, comme le montre la suite des coordonnées de Ptolémée, le décrochement de la côte vers le sud à partir du cap Bon jusqu'au golfe de Gabès a été presque totalement méconnu des Anciens [152]. Tout se passe comme si, dans l'Antiquité, la cartographie était impuissante à assembler correctement des croquis locaux d'une exactitude fort appréciable. On sait par l'épigraphie que des conflits de bornage entre deux collectivités territoriales étaient réglés depuis Rome par la consultation ou l'envoi d'une *forma* précise [153]. Quel contraste entre cet effort d'archivage qui permettait à des experts de régler les conflits de voisinage entre des communautés disséminées dans l'immense Empire et l'image globale que l'on avait de celui-ci ! Les géographes de l'Antiquité ne se sont jamais délivrés des schémas interprétatifs qui avaient été conçus à une époque ancienne. Ainsi la représentation du continent africain sous une forme triangulaire, puis par une sorte d'affinement de la perception, sous une forme trapézoïdale, avec une base méridionale plus étroite que le côté baigné par la Méditerranée, n'a cessé d'imposer aux géographes, jusqu'à Ptolémée compris, une inclinaison des côtes océaniques de l'Afrique vers le sud-est à partir du cap Spartel, alors qu'en réalité, de Tanger à Safi, la côte du Maroc s'évase vers le sud-ouest. Mais il fallait que Cernè (sans doute l'îlot de Mogador) fût à l'aplomb de Carthage ! Somme toute, de l'Afrique Mineure, nos géographes ont vu avant tout une série d'itinéraires, de préférence côtiers, insérés dans un cadre trop large, tronqué à l'échelle de la réalité, mais démesuré par rapport à leur expérience.

Jehan DESANGES

151. K. OUNI, J. PEYRAS, F. DEBAINE, « Cadastres des cités libres et images satellitaires : l'exemple de *Thapsus* », *Dialogues d'Histoire Ancienne*, XXI/2 (= Hommages à Jean Pouilloux), 1995, p. 370-379.

152. Une tentative d'explication dans W. VYCICHL, « Un problème de cartographie historique. Claude Ptolémée et la cartographie de la Tunisie actuelle », *Polyphème* (Genève) 14, 1968-1969, p. 31-33.

153. Cf. Cl. MOATTI, *Archives et partage de la terre dans le monde romain (IIe siècle avant-Ier siècle après J.-C.)* (= Coll. EFR, 173), Rome, 1993, p. 31-48. En Afrique, la consultation d'une *forma* est notamment alléguée sous Trajan dans un bornage de terres entre la cité de *Tacape* (Gabès) et les Nybgenii : *CIL*, VIII, 22787-8.

ROME ET L'EMPIRE DE LA MER

Nec <Graeci> terra, nec Romanus mari bellator erat : pas plus que les Grecs sur terre le Romain n'était un combattant sur mer. Cette affirmation de Tite-Live (VII, 26, 13) a été largement partagée tant par les Anciens que par les Modernes. Aux Hellènes, peuple de marins, il est banal d'opposer les Latins, voués depuis l'origine, pour des raisons presque génétiques, aux travaux de la terre : *Ille rudis, ille pastorius populus vereque terrester* disait déjà Florus (I, XVIII, 4) ; pour Th. Mommsen, la flotte « romaine » ne fut jamais qu'un pis-aller, méprisé et de médiocre intérêt, tout juste bon pour des affranchis, des Orientaux, des gens de peu, voire des esclaves [1] . Les historiens contemporains ont assez volontiers suivi cette ligne de pensée, forts du témoignage même des auteurs antiques et la marine militaire n'occupe qu'une place très secondaire dans les nombreuses études consacrées à l'armée romaine. Depuis les travaux de J.H. Thiel sur les flottes républicaines [2], aucune thèse ne s'est intéressée à cette question qui mériterait pourtant d'être reprise. Si la marine impériale a été mieux traitée, c'est le plus souvent en raison d'un ensemble de sources épigraphiques qui, sans être de même ampleur que celui des autres corps militaires, a davantage intéressé les spécialistes de l'histoire sociale : le statut juridique des matelots et des officiers, la place des préfets dans la carrière équestre, tels ont été les centres d'intérêt des Modernes [3]. Mais, même chez les meilleurs spécialistes, le rôle et la

---

1. *Histoire romaine*, trad. Alexandre, III, Paris, 1865, p. 77-78.

2. *Studies on the History of Roman Sea-Power in Republican Times*, Amsterdam, 1946 ; *A History of Roman Sea-Power before the second Punic War*, Amsterdam, 1954.

3. Ch. G. Starr, *The Roman Imperial Navy, 31 BC-AD 324*, Cambridge (Mass.), 1941 ; E. Sander, « Zur Rangordnung des römischen Heeres : die Flotten », *Historia* VI, 1957, p. 347-367 ; F. Grosso, « Il diritto latino ai militari in età Flavia », *Rivista di cultura classica e medioevale* 7, 1965, p. 541-560 ; D. Kiesnast, *Untersuchungen zu den Kriegsflotten der römischen Kaiserzeit,* Bonn, 1966 ; S. Panciera, « Gli schiavi nelle Flotte augustee », *Atti del Convegno internazionale di studi sulle antichità di Classe,* Ravenne, 1967, p. 313-330 ; « Id. Sulla pretesa esclusione di cittadini romani dalle flotte italiche nei primi secoli del Impero », *Rendiconti dell'accademia nazionale dei Lincei*, s. 9a, 8, 1964, p. 316-328 ; H. Chantraine, « Kaiserliche Sklaven im römischen Flottendienst », *Chiron* I, 1971, p. 253-265 ; N. Rouland, Les esclaves romains en temps de guerre, *Coll. Latomus*, 151, Bruxelles, 1977 ; P. R.C. Weaver, *Familia Caesaris. A*

fonction des flottes de combat n'ont guère suscité d'interrogation : dans un curieux petit essai publié en 1989 [4], Ch.G. Starr affirme (p. 77) que Rome a maintenu sa marine sur pied de guerre pendant presque trois siècles par pur esprit de conservatisme, alors que les tâches confiées aux matelots n'avaient plus d'intérêt militaire après Auguste. L'explication confond, quand on sait le poids de l'armée dans le budget de l'État romain, les difficultés que celui-ci connut de façon chronique pour payer ses soldats, et qui se traduisirent parfois par de graves mutineries, comme ce fut le cas sous Tibère. Aurait-on entretenu des escadres, nécessairement dispendieuses, si celles-ci avaient été jugées parfaitement inutiles ? Mais, faute de s'interroger sur les fonctions permanentes d'une marine en temps de paix, les historiens ont généralement jugé secondaire le rôle de la mer dans l'Empire de Rome. Que dire, dès lors, des flottes de l'Antiquité tardive, dont l'existence même a souvent été niée [5], jusqu'à une époque toute récente [6], comme si la marine de Byzance était née toute armée, et sans aucune tradition navale antérieure, au moment de la reconquête de Justinien ?

N'y a-t-il pas pourtant un paradoxe à minimiser l'importance de la puissance maritime au sein d'un Empire qui a réuni l'ensemble des rivages de la Méditerranée, en leur assurant, exemple unique jusqu'à la fin du XIXe siècle, une sécurité des communications sur mer quasi totale ? Un Empire qui, s'ouvrant sous Auguste aux espaces océaniques, entreprit de dominer militairement l'Europe du Nord, ce que la seule force des légions ne pouvait assurer ? Au vrai, il convient de se demander, comme le faisait déjà E. de Saint-Denis dans sa belle thèse consacrée au « Rôle de la mer dans la poésie latine » [7], si cette opposition entre « peuples marins » et « peuples terriens » est bien pertinente : « C'est seulement à une époque tardive que Thémistocle persuada aux Athéniens, qui étaient en guerre avec Égine, et en même temps pouvaient s'attendre à l'arrivée du barbare, de construire des navires avec lesquels ils devaient livrer la bataille », écrit Thucydide (I, 14). À l'inverse, on montrerait aisément quel rôle la flotte péloponnésienne, de tradition maritime pourtant récente, joua dans l'issue de la guerre contre la cité de Périclès, dont la réputation nautique n'était alors plus à vanter. Florus, après avoir constaté que les Romains étaient avant tout des hommes de la terre, ajoute que l'issue de la

social Study of the Emperor's Freedmen and Slaves, Cambridge, 1972.

4. *The Influence of Sea Power on Ancient History*, New York, Oxford, 1989.

5. Ch. Courtois, « Les politiques navales de l'Empire romain », *Revue Historique* 1939, p. 17-47 et 225-259.

6. Cf. D. Kienast, *op. cit.*

7. E. de Saint-Denis, *Le rôle de la mer dans la poésie latine*, Lyon, 1935.

première guerre punique a bien montré que, « pour des gens courageux, il n'y avait aucune différence entre combattre à cheval ou sur des navires, sur terre ou sur mer » [8] .

Dans son essai sur le pouvoir naval dans l'Antiquité [9], Ch. G. Starr s'applique à démontrer que l'Antiquité n'a connu que deux véritables thalassocraties, Athènes et Carthage, et que celles-ci ont finalement été vaincues par des puissances continentales, même si ces dernières se sont trouvées dans la nécessité de dominer la mer pour l'emporter sur leurs adversaires. Sans nier l'importance de la puissance navale dans l'histoire des états antiques, Ch. G. Starr tend donc à la relativiser et à la subordonner. Selon lui, les luttes décisives eurent toujours lieu sur terre : Platée après Salamine, Alexandrie après Actium.

On ne saurait nier que Rome, à la différence d'Athènes et de thalassocraties modernes comme l'Angleterre ou mieux encore Venise ou la Hollande, n'a pas conquis son Empire depuis la mer, mais par une progressive appropriation des rivages de la Méditerranée. La vision qu'elle avait de sa domination sur l'oikoumène ne pouvait donc pas être la même que chez les véritables « peuples maritimes ». Il y eut pourtant au moins un moment, dans l'histoire de Rome, où les habitants de l'*Urbs* ne purent manquer d'avoir conscience que leur devenir se jouait sur mer : ce fut pendant la première guerre punique, quand leurs flottes novices, inexpérimentées, affrontaient en des batailles décisives ces maîtres de la guerre navale qu'étaient alors les Carthaginois. Les Modernes ont souvent jugé paradoxale la victoire inattendue, au large des îles Aegates, de ces Romains assez rusés pour transformer le combat sur mer en bataille terrestre, grâce au *corvus* : scandaleux manque de « fair play » qui profite au plus chanceux mais ne doit pas remettre en cause les réputations les mieux établies. De tels jugements ne témoignent-ils pas, toutefois, d'une profonde méconnaissance des réalités nautiques de l'Antiquité ?

La marine n'a joué assurément qu'un rôle mineur dans la conquête de l'Italie par Rome. Mais il ne pouvait guère en être autrement, compte tenu de ce qu'est la géographie de la Péninsule. Jusqu'à la guerre latine, en effet, c'est-à-dire jusque vers 340/338, l'horizon de l'*Urbs* fut limité par ses voisins immédiats ; même après cette date, et jusqu'à la fin des guerres samnites, en 290, soit un quart de siècle seulement avant la première guerre punique, l'expansionnisme romain fut essentiellement continental et n'avait nul besoin

8. *Loc. cit.*
9. *Supra* n. 4.

d'une flotte de guerre. La fondation des premières colonies maritimes, le renouvellement du *foedus* avec Carthage, le traité d'amitié avec Rhodes, peu avant 300, l'institution des *duoviri navales*, en 311, montrent certes que Rome, vers la fin du quatrième siècle, commençait à élargir son horizon ; mais c'est la conquête de l'Italie du Sud et la victoire sur Pyrrhus qui firent véritablement de l'*Urbs* une puissance dont les intérêts et les ambitions ne pouvaient plus se limiter aux rivages de la Péninsule. En même temps, la conquête permettait au Sénat de disposer des ressources navales des alliés, supervisées en 267, c'est-à-dire seulement à la veille de la guerre punique, par les *quaestores classici.* Naples, Paestum, Élea, Rhegium, Locres, Tarente allaient désormais contribuer à faire de la flotte « romaine » un véritable outil de combat. L'histoire autant que la géographie expliquent donc la formation, lente et tardive, d'une marine dont les Romains n'avaient pas eu jusqu'alors grand besoin, mais qui allait devenir, sous la pression des événements, un instrument essentiel de leur puissance.

L'issue navale — en apparence paradoxale — de la première guerre punique ne devrait d'ailleurs pas véritablement surprendre. Les Modernes ont été souvent impressionnés par l'art nautique des Athéniens, magnifiquement décrit par Thucydide (II, 88-92) : les batailles de Patrai et de Naupacte, dans le récit qu'en donne l'historien de la *Guerre du Péloponnèse*, ont le plus souvent été considérées comme un modèle insurpassable de tactique navale, fondée sur un calcul prédéterminé et rationnel de la manœuvre. Mais depuis la désastreuse expédition d'Alcibiade en Sicile, l'architecture des bâtiments et, par conséquent, la forme même du combat naval, avaient sensiblement évolué : aux coques effilées des navires Athéniens les Syracusains opposaient des proues renforcées par d'énormes bossoirs, selon une conception architecturale qui avait d'abord été celle des Corinthiens à Naupacte ; à la tactique essentiellement manœuvrière de leurs adversaires, pour qui l'éperonnage constituait le but ultime, les Siciliens substituèrent le choc frontal, jusque là considéré comme une maladresse, mais qui se révéla finalement payant dans des espaces resserrés (Thucydide VII, 36 sqq.). Un siècle et demi plus tard, à la veille de la première guerre punique, les bâtiments de ligne n'avaient plus grand chose à voir avec les légères trières d'antan [10] : formées de « polyrèmes », principalement des pentères, vaisseaux pontés à cinq rangs de rames, les escadres hellénistiques et Carthaginoises opposaient de véritables plates-formes où prenaient place en grand nombre des combattants embarqués. L'invention par les

10. Cf. L. Casson, *Ships and Seamanship in the ancient World*, Princeton, 1971

Romains du « corbeau », sorte de pont basculant qui permettait aux soldats de passer sur le navire ennemi (Polybe I, 20-23), ne fait que s'inscrire dans une logique militaire qui privilégiait désormais, pour tous les états méditerranéens, la puissance de feu et l'abordage au détriment de la manœuvre. À ce jeu, les Italiens, plus nombreux que leurs adversaires puniques, disposaient d'une évidente supériorité.

Devenue puissance navale en même temps que maître des îles, Rome disposa après la première guerre punique des appuis terrestres qui lui avaient jusqu'alors fait défaut : on ne doit pas perdre de vue, en effet, que les vaisseaux longs de l'époque ne pouvaient en aucun cas se passer d'un important réseau portuaire, réalité qui fut celle de tous les bâtiments à rames jusqu'à l'époque moderne comprise : en 1671, par exemple, on voit les galères du Roi faire escale presque tous les soirs pendant leur patrouille autour de la Corse ou dans le Golfe de Gênes [11]. Il faut en effet fréquemment se ravitailler en eau, en vivres frais, et l'on hésite toujours à « faire canal », c'est-à-dire à se lancer dans une navigation hauturière, sauf quand on y est obligé. Dormir en mer est en outre fort inconfortable pour des équipages qui couchent sur leurs bancs. Cette nécessité de garder un contact fréquent avec la terre interdit de mener des actions navales à longue distance, par exemple un blocus, si l'on ne dispose pas soi-même d'un réseau de bases proches, réalité qui s'impose aux flottes romaines comme elle s'imposait déjà aux flottes athéniennes du cinquième siècle avant notre ère [12]. Ces réalités, en elles-mêmes triviales, expliquent elles aussi que la puissance navale de Rome se soit développée *parallèlement* à la conquête terrestre qu'elle ne pouvait guère, en vérité, précéder, compte tenu des contraintes techniques de l'époque. Il convient, là aussi, de considérer avec attention la géographie si l'on veut comparer les Empires maritimes antiques : alors que l'Égée est parsemée d'îles, qui fournissaient autant de points d'appui à la puissance navale athénienne et lui permettaient une projection aisée, mais dans un espace maritime assez resserré, Rome ne put dominer les mers bordières de l'Italie qu'après avoir conquis leurs rivages, mais l'espace ainsi maîtrisé fut d'une tout autre ampleur que celui des Empires qui l'avaient précédée.

Victorieuse de Carthage, l'*Urbs* eut immédiatement pleine conscience d'être devenue une importante puissance maritime. Les honneurs exceptionnels accordés à Duilius — l'instauration du triomphe

---

11. J. CORDEY, *Correspondance de Louis-Victor de Rochechouart, Comte de Vivonne, général des galères de France pour l'année 1671*, Paris, 1910, p. 25, 32, 96-97.

12. J. TAILLARDAT, « La trière athénienne et la guerre sur mer ». Dans *Problèmes de la guerre en Grèce ancienne*, sous la direction de J.-P. Vernant, Paris, 1968, p. 183-205.

naval et les colonnes rostrales [13] — ne témoignent nullement du mépris pour les choses de la mer dont on crédite généralement les Romains. Deux faits doivent en outre retenir notre attention : la démilitarisation forcée de la flotte carthaginoise, qui laissait la République sans rivale en Méditerranée occidentale, et, à partir de 225, les premières émissions de monnaies présentant au revers une proue de quinquérème [14]. Ce dernier acte, purement symbolique, mais qui allait offrir aux *IIIviri monetales* ample matière à propagande pendant les deux derniers siècles avant J.-C., montre bien que Rome prétendait désormais à l'Empire de la mer. Consciente de sa force, débarrassée aussi des pirates adriatiques de la reine Teuta (241 avant J.-C.), soucieuse de ne pas voir se reconstituer les forces navales des vaincus, la République allait désormais user largement de sa toute neuve puissance maritime pour accompagner son expansion terrestre. La marine joua un rôle obscur mais considérable pendant le conflit avec Hannibal en interdisant à celui-ci la voie de la mer, en bloquant presque constamment ses liaisons tant avec Carthage qu'avec Philippe V, l'empêchant de se renforcer [15]. Bien que la guerre fût exempte de grandes batailles navales, son issue montre que l'intérêt stratégique des flottes pouvait être au moins aussi fondamental que leur rôle tactique et que Rome, puissance à l'origine essentiellement terrestre, engagée dans un conflit qui mettait en jeu son existence même sur le sol italien, maintenait, malgré toutes ses difficultés, un effort naval qui lui assurait la maîtrise des liaisons maritimes. Par la suite, aucun des épisodes marquants de la conquête de l'Orient ne s'effectua sans la présence d'importantes flottes de guerre, dont le rôle fut parfois déterminant même s'il ne fut jamais unique ; que ce soit contre Philippe V ou Antiochos III, Rome eut chaque fois la préoccupation de priver ses adversaires de leurs moyens d'action sur mer : par la paix de 196, le roi de Macédoine s'engageait à livrer tous ses vaisseaux de guerre aux Romains (Polybe XVIII, 44). De son côté le traité d'Apamée comporte des clauses navales particulièrement lourdes (Polybe XXI, 43) : « Antiochos s'abstiendra de faire la guerre aux peuples établis dans les Iles et en Europe...Il livrera aussi ses vaisseaux longs avec leurs voiles et leurs agrès et il ne pourra pas posséder à l'avenir plus de dix navires cataphractes. Il ne pourra employer pour faire la guerre, si c'est lui qui l'a commencée, aucun lembos de plus de trente

13. TITE-LIVE (XVII, épitomè) ; SERVIUS, *ad Georg.* III, 29 ; PLINE, *NH* XXXIV, 20. Il y eut d'ailleurs bien d'autres triomphes navals pendant la première guerre punique : cf. E. Pais, *Fasti triumphales Populi Romani*, Rome, 1920.

14. M. CRAWFORD, *Coinage and Money under the Roman Republic*, Londres, 1985, p. 52 sqq.

15. E. de SAINT-DENIS, « Nostrum Mare », *REL* 53, 1975, p. 62-85.

rames et aucun monère. Ses navires ne dépasseront pas l'embouchure du Calycadnos et le cap [Sarpédon], à moins qu'ils ne transportent de l'argent dû à titre d'indemnité, des ambassadeurs ou des otages ». Après Pydna, la Macédoine et l'Illyrie, pourtant privées de flottes, se virent même interdire le droit d'exploiter les bois de construction navale (Tite-Live XLV). En même temps, la puissance Rhodienne, jusque là alliée des Romains, et fondée essentiellement sur le commerce maritime, se voyait ruinée par la création du port franc de Délos : la République n'eut de cesse, en Orient comme auparavant en Occident, d'annihiler systématiquement tous ceux qui pouvaient contester une suprématie navale désormais bien établie. Conquête maritime et conquête terrestre allaient de pair et résultaient d'une vision politique globale de l'Empire [16].

Ce n'est donc pas en raison d'une quelconque faiblesse de la marine romaine que le phénomène de la piraterie se développa en Méditerranée orientale dans la deuxième moitié du second siècle, mais beaucoup plus, et de manière paradoxale, en raison de sa trop grande force : en ruinant systématiquement les puissances navales de la région, Rome créait un vide qu'elle ne pouvait combler, sauf à occuper elle-même l'ensemble des terres, ce qu'elle n'était pas encore prête à faire. La marine à elle seule ne pouvait venir à bout d'un phénomène généralisé de piraterie, dû essentiellement à l'affaiblissement des états riverains de la Méditerranée orientale, sans que Rome administrât directement l'ensemble des terres, ce qui était encore loin d'être le cas : toutes les tentatives qui furent faites pour venir à bout de la piraterie à l'aide de la seule puissance navale furent vaincs ; Pompée ne réussit que grâce à un *imperium terra marique* exceptionnel par son étendue et les moyens qui lui furent affectés. La notice de son triomphe, telle qu'elle nous est rapportée par Pline (*NH* II,4,7) célèbre d'ailleurs cette double action sur terre et sur mer : « *Cum oram maritimam praedonibus liberasset et imperium maris populo Romano restituisset...* ».

Il est vrai qu'entretemps la politique du Sénat avait changé : la crise de la République eut d'inévitables et profondes conséquences militaires ; une fois assurée de n'avoir plus d'adversaires sur mer, Rome négligea sa marine, au point que celle-ci déclina très sensiblement dans la deuxième moitié du second siècle. En même temps, l'apport de main-d'œuvre à bon marché que constituait le trafic d'esclaves, en grande partie alimenté par la piraterie, favorisait les

16. Voir les bonnes réflexions de F. RICHARD, *Imperium Maris. Recherches sur les aspects idéologiques et religieux de la thalassocratie dans le monde hellénistique et romain*, thèse de doctorat d'état, oct. 1994, Université de Paris IV.

intérêts des grands propriétaires terriens qui siégeaient au Sénat : la République finissante, en proie à des luttes intestines de plus en plus vives, négligeait sa flotte sans souci des intérêts de l'État. Il fallut attendre la fin des guerres civiles et la restauration de la *Res Publica* pour voir reconstituer une marine digne de ce nom, indispensable pour qui voulait posséder l'*imperium maris*.

Recréée, non sans mal, par Agrippa, la force navale romaine fut d'abord, évidemment, le fruit d'une impérieuse et immédiate nécessité. Comment venir à bout de Sextus qui, contrôlant la Sicile, bloquait le ravitaillement de Rome, puis d'Antoine, qui tenait l'Orient et son potentiel marin, sans disposer d'escadres nombreuses et aguerries [17] ? Mais affirmer, comme le fait Ch.G. Starr [18], que la bataille décisive eut lieu à Alexandrie et non point à Actium résulte d'un étrange accomodement des faits et d'un goût prononcé pour le paradoxe : bloqué en Égypte, Antoine n'avait plus aucune issue. Il était déjà, alors, stratégiquement mort, et cette décision s'était jouée l'année précédente, après une campagne à la fois navale et terrestre au cours de laquelle l'initiative resta sans cesse aux généraux d'Octavien, et dont Actium fut le point d'orgue [19]. La propagande augustéenne ne s'y est d'ailleurs pas trompée : c'est bien la victoire d'Actium qui est glorifiée, ainsi que la « domination providentielle de la mer », selon l'heureuse expression de F. Richard [20], même si c'est de la prise d'Alexandrie que date le *dies imperii* du nouveau maître du monde.

Les victoires d'Octavien sur mer devaient faire de lui un véritable héros national, marqué par la faveur divine : pour lui, on ressuscita, au lendemain de sa victoire sur Sextus, l'honneur depuis longtemps oublié de la colonne rostrale, reliant ainsi son triomphe à celui de Duilius, acquis dans les mêmes eaux, ὅτι τὴν εἰρήνην ἐστασιασμένην ἐκ Πολλοῦ συνέστησε κατά τε γῆν καὶ θάλασσαν « parce qu'il a rétabli sur terre et sur mer la paix troublée depuis longtemps » [21]. L'expression κατά τε γῆν καὶ θάλασσαν vaut plus que la simple évocation d'une victoire navale : comme l'ont bien montré J. Gagé et à sa suite A. Momigliano [22] , elle vient de l'Orient ancien et était employée, à l'époque hellénistique, pour désigner le souverain, instaurateur et garant de la paix universelle en tant que « cosmocrator » et maître des

17. Cf. J.-M. Roddaz, *Marcus Agrippa*, Rome, 1984.

18. *Loc. cit. supra*.

19. Cf. J.-M. Roddaz, *op. cit.* M. Reddé, *Mare Nostrum. Les infrastructures, le dispositif et l'histoire de la marine militaire sous l'Empire romain*, Rome, 1986.

20. *Op. cit.*, p. 177 sqq.

21. Appien, *BC* V, 130.

22. J. Gagé, « Actiaca », *MEFR*, 53, 1936, p. 37-100 ; A. Momigliano, « Terra marique », *JRS* 32, 1942, p. 53-64.

éléments. Mais c'est surtout après Actium que la propagande, en s'amplifiant encore, transforme le chef de guerre en favori de la puissance divine, garant d'un nouvel ordre du monde fondé sur la pacification de l'oikoumène : colonnes rostrales, *spolia navalia*, émissions monétaires au thème de la *Victoria navalis*, érection de trophées dans l'Empire, notamment sur le lieu même de la bataille, jeux actiaques, diffusion par l'iconographie, célébration par les poètes [23] : la victoire d'Actium fut chantée sur tous les tons et sur tous les modes. Mais elle fut surtout l'occasion de considérer Octavien comme nouveau maître des éléments ; les inscriptions le désignent comme ἐπόπτης γῆς καὶ θαλάσσης à Pergame (*IGRR* IV, 309 ; 315), ὁ πάσης γῆς καί θαλάσσης ἄρχων dans le Bosphore (*IGRR* I, 875), αὐτοκράτορ γῆς καὶ θαλάσσης à Myra (*IGRR* III, 719). Sur la célèbre *Gemma Augustea* de Vienne trône Auguste, figuré en Jupiter cosmocrator, entouré des éléments et couronné par Oikoumène. La paix universelle, maintes fois célébrée par les poètes et les artistes augustéens, est un cadeau de la providence divine qui a valeur cosmique et dont l'Empereur est désormais garant. La sécheresse de l'expression qui figure dans les *Res Gestae* (« *pace parta terra marique* ») ne doit pas faire oublier qu'elle justifiait, comme au lendemain de la première guerre punique, la fermeture du temple de Janus, et qu'elle allait devenir en quelque sorte la devise du nouveau régime.

La maîtrise de la mer — il ne s'agit pour l'instant que de la Méditerranée — s'inscrit donc dans une ambition de domination universelle qui trouve pour la première fois sa pleine expression à l'époque augustéenne ; certes le triomphe de Pompée, sa triple victoire sur l'Europe, l'Afrique et l'Asie, la liberté retrouvée de la navigation qui ont rendu aux Romains la « gloire et l'Empire du monde », selon la formule de Cicéron (*De Imperio Cn. Pompei* 53) et l'« *imperium maris* », selon celle de Pline (*NH* II, 4,7), montrent bien que les Romains avaient désormais le sentiment que la mer, tout comme les provinces terrestres, ressortissait à leur souveraineté. Mais la victoire navale de Nauloque d'abord, celle d'Actium ensuite, par l'ampleur de la propagande mise en œuvre, constituent un tournant en montrant combien l'unité de la Méditerranée est une condition indispensable de la continuité territoriale de l'Empire. La paix retrouvée, la sûreté des communications maritimes rétablie, l'approvisionnement régulier de l'*Urbs* ôtent à la mer son caractère hostile, étranger, exogène, faisant de la Méditerranée, pour plusieurs siècles, un véritable lac intérieur de la Romanité.

23. Sur tous ces points on verra les très bonnes analyses de F. Richard, *op. cit. passim.*

Il reste en revanche d'autres espaces marins à conquérir et Auguste va s'y employer. Selon la fière expression de son testament, il envoie sa flotte visiter les limites du monde au septentrion, insistant sur le fait qu'aucun Romain n'avait jamais pénétré ces contrées : « *Classis mea per Oceanum ab ostio Rheni ad solis orientis regionem usque ad fines Cimbrorum navigavit* » (*Res gestae* 26,4). La conquête de la Germanie — ou du moins sa tentative — s'est traduite par une série d'opérations navales qui ont mené les escadres romaines dans des régions jusque-là inconnues, de même qu'elles avaient parcouru l'Océan lors de la pacification du Nord-Ouest espagnol. Elles trouvent leur contrepoint en Orient avec la tentative de conquête de la péninsule arabique lors de l'expédition navale d'Aelius Gallus, et par les premiers contacts directs avec l'Inde, à travers l'Océan Indien [24]. L'Océan qui entoure la terre et constitue la limite de l'oikoumène appartient donc désormais aux Romains qui se l'approprient politiquement — du moins en théorie —, économiquement, mais aussi intellectuellement en dressant l'« inventaire du monde », selon l'expression de Cl. Nicolet [25]. À lire le testament d'Ancyre, on peut croire que la conquête est achevée, l'espace borné, le nouvel ordre politique garanti par Auguste et installé pour l'éternité : εἰρηνευομένης τῆς ὑπὸ Ρωμα(ί)οις πάσης γῆς τε καὶ θαλάσσης ou, mieux, dans la version latine, [*cum p*]*er totum i*[*mperium po*]*puli Roma*[*ni terra marique es*]*set parta vic*[*torii*]*s pax* (*Res Gestae* 13), conformément à la prophétie d'Anchise montrant à Énée l'avenir de sa race et lui promettant qu'Auguste reculerait les limites de son Empire jusqu'aux extrémités du monde (Virgile, *Énéide* VI, 794-795 sqq.) [26].

La mer fait désormais partie du paysage familier aux Romains : l'Énéide est, selon l'expression d'E. de Saint-Denis, l'épopée de la flotte impériale, écrite en pleine réorganisation de celle-ci ; les peintures pompéiennes sont remplies de « marines » qui évoquent des combats navals, vrais ou inventés ; les naumachies, spectacle nouveau à Rome, attirent les foules pour des mises en scènes chargées de symbole : en 2 avant J.-C., à l'occasion de la dédicace du temple de Mars Ultor, et au moment où allait s'ouvrir la grande expédition orientale

---

24. Sur ces contacts, voir Strabon II, 5, 12 et Pline, *NH* VI, 101-104. S. Sidebotham, *Roman Economic Policy in the Erythra Thalassa 30 BC-AD 217* (*Supp. to Mnemosyne* 91), Leiden, 1986 ; L. Casson, *The Periplus Maris Erythraei*, Princeton, 1989.

25. Cl. Nicolet, *L'inventaire du monde. Géographie et politique aux origines de l'Empire romain*, Paris, 1988.

26. Sur la place des poètes augustéens dans l'œuvre de propagande d'Auguste, voir H.D. Meyer, *Die Aussenpolitik des Augustus und die augusteische Dichtung*, Köln, 1961 ; CR par P. A. Brunt dans *JRS* 1963, p. 170-176.

de Caius, on reconstitua sur le champ de Mars, dans un grand bassin creusé à cet effet, la bataille de Salamine, emblème de la victoire sur les Perses [27].

Il n'est donc pas surprenant qu'Auguste, aidé d'Agrippa, ait maintenu sur pied de guerre les flottes victorieuses à Actium : non seulement celles-ci restaient nécessaires pour les entreprises militaires à venir, mais elles constituaient un instrument de pouvoir essentiel entre les mains du prince. Les vicissitudes des temps avaient montré que l'affaiblissement de la puissance navale de Rome conduisait dans tous les cas à une rupture de l'unité de la Méditerranée et menaçait par conséquent la domination de l'*Urbs* sur son Empire, en favorisant les forces centrifuges. Au moment où Auguste installait les légions sur un pied de guerre permanent, et non plus en fonction des besoins immédiats, il était évidemment nécessaire de compléter le dispositif militaire en installant des escadres qui répondaient au même principe. Loin de détruire les vaisseaux d'Antoine, le Prince les installa à Fréjus, *valido cum remige* (Tacite, *Annales* IV, 5), c'est-à-dire avec un équipage opérationnel. L'installation de deux flottes à Misène et à Ravenne répondait en même temps au besoin de disposer, sur les deux côtes italiennes, d'une force navale efficace et immédiatement disponible, rétablissant la suprématie maritime de l'Occident, perdue lors des dernières guerres civiles au profit de l'Orient. Au même moment furent constituées les premières escadres provinciales, chargées de veiller au maintien de l'ordre dans des eaux lointaines que les navires basés près de Rome ne pouvaient atteindre facilement : la *classis Alexandrina*, sans doute créée à partir des vaisseaux de Cléopâtre, si l'on en croit un papyrus d'Oxyrhynchus (*P. Oxy.* 2820), et la flotte de Germanie, auxiliaire indispensable de la conquête. Les autres escadres furent créées ultérieurement, en fonction des besoins militaires [28].

Si l'époque augustéenne constitue un temps privilégié dans la prise de conscience par Rome de sa souveraineté sur la mer, elle n'est nullement un moment unique. Dans une bonne étude, fort bien documentée, qui recense les formules officielles où s'exprime la domination universelle de l'Empereur, A. Mastino constate que l'épigraphie est pauvre avant Trajan, et que c'est surtout à partir des Sévères que les expressions d'αὐτοκράτορ, ou δεσπότης γῆς καὶ θαλάσσης καὶ

27. *Res Gestae* 23. Cf. J.-C. GOLVIN, M. REDDÉ, dans « Naumachies, jeux nautiques et amphithéâtres », dans *Spectacula I. Gladiateurs et amphithéâtres,* Lattes, 1990, p. 165-177.

28. Cf. M. REDDÉ, *op. cit.* p. 486 sqq.

παντὸς ἀνθρώπων γένομς apparaissent dans les inscriptions [29]. Mais de cette évolution, somme toute classique, des formulaires épigraphiques, on ne saurait conclure trop rapidement à un changement de politique navale [30]. Les successeurs d'Auguste ont poursuivi son œuvre, maintenant opérationnelles des escadres romaines que la poursuite de la conquête rendait d'ailleurs nécessaire. On voit ainsi se créer sous Claude la *classis Britannica*, installée sur les deux rives de la Manche et indispensable au maintien des liaisons maritimes avec le continent ; sous Néron, l'absorption des escadres pontiques au moment de la mainmise sur le royaume vassal de Polémon conduit à créer la *classis Pontica* ; sous les Flaviens apparaissent les flottes du Danube, *classis Pannonica* et *classis Moesica*, liées à l'avance militaire romaine. Vers la fin du siècle, ou plus probablement sous Trajan, la *classis Syriaca* et l'aménagement du port de Séleucie de Piérie permettent à l'Empereur d'acheminer les troupes nécessaires aux campagnes parthiques [31]. Le dispositif naval impérial, contrairement à ce que l'on a parfois affirmé, n'est pas né tout armé de la pensée de son fondateur ; il a sensiblement évolué dans le temps, selon les besoins d'une conquête restée inachevée, malgré les proclamations officielles.

Cette politique militaire s'accompagne toujours d'une œuvre de propagande : la tentative de conquête de la Bretagne par Caligula est marquée par des cérémonies dont se gaussent les historiens antiques, suivant en cela la tradition sénatoriale qui voit en Caius un tyran sanguinaire et fou [32] : l'Empereur embarque sur un bâtiment de guerre, fait ranger ses troupes en ordre de bataille sur le rivage, leur ordonne de ramasser des coquillages, édifie le phare de Boulogne, puis renvoie à Rome les trières sur lesquelles il avait navigué. Mais les Modernes ont bien compris, malgré les déformations de l'Annalistique, qu'il s'agissait d'une cérémonie propitiatoire, préliminaire à un triomphe sur l'Océan [33] . C'est Claude naturellement qui bénéficia de celui-ci, marqué par l'érection de deux arcs, l'un à Rome et l'autre « à l'endroit où Claude s'était embarqué pour la Bretagne » (Dion Cas-

---

29. A. Mastino, « Orbis, Κόσμος, Οἰκουμένη : aspetti spaziali dell'idea di impero universale da Augusto a Teodosio », dans *Popoli e spazio Romano tra diritto e profezia*, Naples, 1986, p.63-162.

30. Contra F. Richard, *op. cit.* p.507 sqq.

31. M. Reddé, *op. cit.* p. 502 sqq. Sur les campagnes parthiques et l'aménagement du port de Séleucie de Piérie, D. van Berchem, «Le port de Séleucie de Piérie et l'infrastructure navale des guerres parthiques », *BJ* 185, 1985, p. 47-87.

32. Suétone, *Caligula* 46 ; Dion Cassius LIX, 25 ; Aurélius Victor, *Liber Caesarum* 11-12.

33. J. Gagé, *Basileia*, Paris, 1968, p. 54-57 ; G. Ch. Picard, *Les trophées romains, contribution à l'histoire de la religion et de l'art triomphal à Rome*, BEFAR, 187, Paris, 1957, p. 328-331 ; F. Richard, *op. cit.* p. 551-555.

sius, LX, 22) ; l'Empereur reçut une *corona navalis*, symbole de sa victoire sur l'Océan, par ailleurs chantée dans une série de poèmes déclamés peut-être à l'occasion du triomphe de 44, et qui proclament, comme auparavant sous Auguste, que l'Océan, jusqu'alors inconnu, fait désormais partie de l'Empire [34]. Point n'est besoin en outre de rappeler qu'est aménagé sous Claude le port d'Ostie, qui procure enfin à Rome les installations nécessaires à un ravitaillement de plus en plus considérable.

Sous Vespasien, la *Victoria navalis,* relayée par la *Victoria Augusti* avec proue, est régulièrement célébrée par des émissions de *dupondii* et d'*asses* et fait partie des thèmes de propagande chers au nouveau régime [35] : il ne s'agit pas seulement, comme l'a bien montré F. Richard, de la bataille navale contre les Juifs, mais d'un concept général qui associe la victoire sur mer à la fortune de l'Empereur et à la domination de Rome [36]. Le thème de l'Océan vaincu est célébré à son tour par Tacite, à la gloire d'Agricola, le premier qui ait entrepris une circumnavigation de la Bretagne : « il fit reconnaître les ports par la flotte ; associée par Agricola pour la première fois aux forces en action, elle suivait, spectacle exceptionnel : à la fois sur terre et sur mer la guerre était poussée et souvent, dans le même camp, fantassin et cavalier ou soldat de marine confondant leurs ressources et leur allégresse, exaltaient chacun leurs exploits... Les Bretons eux-mêmes, on l'apprenait par les prisonniers, restaient interdits à la vue de la flotte en pensant que, le secret de la mer étant dévoilé, leur dernier refuge en cas de défaite leur était fermé » (Tacite, *Agricola* XXV).

Les successeurs d'Auguste ont donc prolongé la politique navale du fondateur de l'Empire, complétant le dispositif établi, célébrant la domination de la mer comme partie intégrante de leur pouvoir. Mais si le rôle militaire des flottes romaines sur les mers extérieures ou sur les fleuves du *limes* a été généralement compris, quoique nettement sous-estimé, celui des flottes méditerranéennes ne l'a guère été : Ch. Courtois écrivait à leur propos qu'elles n'avaient d'autre objet que d'effectuer une « police inutile » des mers [37]. Faute de s'interroger sur les missions confiées aux escadres romaines, la plupart des historiens n'a voulu voir dans la marine impériale qu'un instrument sans fonction, et nécessairement voué à une rapide décadence, bien digne de ce peuple dont les attaches terriennes sont tellement connues.

34. A. Riese, *Anthologia Latina*, Teubner, 1894, p. 324-326. Voir l'excellent commentaire de F. Richard, *op. cit.* p. 555 sqq.

35. *BMCRE* 597-599 ; 615-617 ; 665-666

36. F. Richard, *op. cit.* p. 476 sqq.

37. Ch. Courtois, «Les politiques navales de l'Empire romain », *RH* CLXXXVI, 1939, p. 29.

À supposer que la police soit inutile sur une mer où le flibustier n'est plus, sous le Principat, qu'un personnage romanesque — encore faudrait-il se demander pourquoi la piraterie ne renaissait plus, quand les flottes romaines étaient fortes, mais commença à réapparaître vers le milieu du troisième siècle, dès lors que celles-ci furent plus faibles — d'autres missions pouvaient largement suffire à occuper les marins. L'idée que l'Empire des deux premiers siècles de notre ère était un hâvre de paix absolue appartient aux panégyristes de l'Antiquité et à ceux des Modernes qui les lisent sans esprit critique : dans une lettre écrite d'Alexandrie sous le règne de Trajan, le matelot Terentianus apprend à son père qu'il doit partir en toute hâte avec une vexillation en Syrie (*P. Mich.* VIII, 467) : sa vie n'était donc pas si paisible qu'on pourrait le croire. Nous avons déjà dit que l'aménagement du port de Séleucie de Piérie et la création de la *classis Syriaca* étaient nécessités par la logistique des campagnes parthiques. On rencontre fréquemment en effet, à l'embouchure de l'Oronte, des vexillations des flottes prétoriennes ; celle de Misène y entretenait d'ailleurs un camp permanent [38]. Ce n'est sans doute pas par hasard qu'en 114, soit à la veille du déclenchement de la guerre parthique, est signalée à Cyrrhus la présence de Q. Marcius Turbo, préfet de la flotte de Misène, dont nous savons par ailleurs qu'il transporta vraisemblablement Trajan à bord de la quadrière *Ops* [39]. Sous les Sévères, on voit à Éphèse, plaque tournante des navigations entre le Pont-Euxin et les deux bassins de la Méditerranée, mais aussi tête de pont de la grande voie terrestre qui traverse l'Asie Mineure vers le front oriental, une vexillation des flottes de Ravenne et de Misène sous le commandement de Vibius Seneca [40]. En Italie même, un certain C. Iulius Alexander est *praepositus reliquationi classium praetoriarum Misenatium et Ravennatium piarum vindicum expeditioni orientali* [41], responsable des navires restés au dépôt central pendant la guerre parthique de Gordien, c'est-à-dire de ceux qui n'avaient pas été envoyés en Orient. On trouverait nombre d'exemples de telles participations des flottes italiennes aux mouvements militaires du temps [42] : les bâtiments de guerre pouvaient en effet transpor-

---

38. *AE* 1896, 21 ; *BGU* 113 ; H. Seyrig, « Le cimetière des marins de Séleucie de Piérie », *Mélanges Dussaud*, Paris, 1939, p. 451-459.

39. E. Frezouls, « Inscription de Cyrrhus relative à Q. Marcius Turbo », *Syria* XXX, 1953, p. 247-278.

40. *AE* 1956,10 ; J. Keil, « Ephesos und der Etappendienst zwischen der Nord- und-Ostfront des imperium romanum », *Anzeiger der österreichischen Akademie der Wissenschaften zu Wien,* Phil. hist. Klasse, 12, 1955, p. 163-165 ; H.-G. Pflaum, « Vibius Seneca, Dux vexillationum classis praetoriae Misenatium et Ravennatium », *Studi Romagnoli* 18, 1967, p. 255-257.

41. *ILS* 9221 =*AE* 1910,36.

42. M. Reddé, *op. cit.* p. 370 sqq.

ter des soldats, comme le montre suffisamment la colonne trajane, où nous voyons l'Empereur s'embarquer avec ses troupes sur les vaisseaux longs de la flotte de Ravenne (scènes LXXIX sqq.). Ceux-ci pouvaient aussi transporter les bagages, comme l'attestent là aussi la colonne Trajane ou l'inscription d'un certain C. Sulgius Caecilianus qui fut, sous les Sévères, *praepositus reliquationi classis praetoriae Misenatium piae vindicis et thensauris dominicis et bastagis copiarum devehendarum* (*CIL* VIII, 14854).

Ce rôle logistique de la marine romaine constituait une tâche essentielle des flottes italiennes en « temps de paix » ; elle n'excluait nullement les « missions de présence » en Méditerranée, fréquemment attestées par les frappes monétaires des cités orientales qui représentent volontiers une galère armée au revers de leurs médailles tout en se donnant parfois à elles-mêmes l'épithète de ναυάρχις [43]. Ces tâches de routine, pour pacifiques qu'elles soient, sont bien connues des marins de toutes les époques : elles consistent à « montrer le pavillon », y compris en pays allié, voire sur son propre territoire, c'est-à-dire, pour employer un vocabulaire moderne propre aux états-majors, à effectuer une dissuasion passive contre toute forme de menace et toute velleité de troubles, en faisant étalage de sa force. Nombre de ces sorties correspondaient d'ailleurs à des voyages officiels de l'Empereur qui assurait ainsi par sa présence visible, et en grand cortège, l'autorité de l'État.

Contrairement à ce que l'on croit trop souvent, la grande crise du troisième siècle n'a pas fait disparaître les escadres romaines, même si elle les a naturellement affaiblies, comme elle a d'ailleurs touché l'ensemble du système militaire romain. Mais il n'est pas facile de suivre dans le détail l'évolution de leur dispositif, faute de sources fiables et nombreuses. Je me suis attaché ailleurs à démontrer que les vieilles théories de Ch. Courtois, pour qui la marine militaire avait purement et simplement disparu dans la tourmente des années 250-280 [44], n'étaient pas fondées et que Rome avait maintenu sur pied de guerre une force navale conséquente, probablement réorganisée par Constantin pour qui elle fut un instrument indispensable dans sa conquête du pouvoir [45]. Ce n'est pas le lieu de revenir ici dans un débat très technique sur les sources dont nous disposons et il suffit de résumer les principaux résultats d'une enquête déjà ancienne.

La sécurité et l'unité de la Méditerranée ont été menacées pendant plusieurs années, en raison de l'affaiblissement de l'État romain, en

43. Ch.G. Starr, « Naval Activity in Greek Imperial Issues », *Revue suisse de numismatique* 46, 1967, p. 51-57.

44. Ch. Courtois, *art. cit. supra.*

45. M. Reddé, *Mare Nostrum* p. 572-652 ; cf. aussi D. Kienast, *Untersuchungen zu den Kriegsflotten der römischen Kaiserzeit*, Bonn, 1966.

proie à une grave crise politique, économique, sociale et militaire vers le milieu du troisième siècle. Sur mer, l'apparition de nouveaux et puissants adversaires qui atteignent vers la fin des années 230 les rives du Pont-Euxin crée une menace considérable dans le Bosphore, à la charnière entre l'Europe et l'Asie, là précisément où le dispositif naval installé par Auguste et ses successeurs est le plus faible. Moins d'un siècle avant la création de Constantinople, les événements démontrent l'intérêt stratégique d'une marine puissante dans les détroits. Un premier raid des Goths et des Boranes ravage les villes grecques du littoral de la Mer Noire et descend jusqu'à Éphèse, probablement en 252 (Zosime, I, 27-28). D'autres expéditions suivent, menaçant sans cesse cette région, et débordant parfois en Méditerranée. En 267, sans doute, Athènes est prise, malgré la défense de Dexippe (*FHG* III, 21). En 270, le préfet d'Égypte, Tenagino Probus, se bat contre les Goths au large de Chypre et des côtes Ciliciennes [46]. Sous Probus, un groupe de Francs, embarqué sur la côte nord du Pont-Euxin, réussit à passer les détroits et à traverser toute la Méditerranée, repartant par le détroit de Gibraltar (Zosime, I, 71). En même temps réapparaît la piraterie sur les côtes Ciliciennes, endémique chaque fois que l'arrière-pays n'est plus solidement contrôlé [47]. Sur les mers extérieures, la situation est pire et les côtes de la Germanie, des Gaules, de la Bretagne, sont régulièrement razziées par les embarcations saxonnes, dont les incursions ne cesseront pas avant plusieurs siècles [48].

Face à ces menaces, le pouvoir romain lutta d'abord comme il put avec les difficultés que l'on sait ; en tout état de cause, l'Empire était encore assez fort pour résister victorieusement, malgré l'humiliation que représentèrent la capture de Valérien par les Parthes et les nombreuses sécessions provinciales ; l'unité de la Méditerranée, quoique menacée à plusieurs reprises, ne fut jamais rompue. La restauration par Dioclétien d'abord, par Constantin ensuite d'un pouvoir central fort devait rétablir l'Empire dans ses prérogatives à la domination universelle, y compris sur mer. La propagande officielle ne laisse aucun doute à ce sujet : l'usurpation de Carausius et d'Allectus, qui coupe la Bretagne du continent, en s'appuyant sur une flotte puissante, célébrée par de nombreuses émissions monétaires [49], rend nécessaire une reconquête difficile, impossible sans la reconstitution de moyens navals importants et sans l'aide de la *Felicitas* impériale, de la force divine du César Constance chantée par le Panégyriste de 297 :

---

46. *SHA, Vita Claudi* XII,1.

47. Voir les différentes sources dans *Mare Nostrum* p. 614 sqq.

48. Voir E. Demougeot, *La formation de l'Europe et les invasions barbares*, I, Paris, 1969 ; II, 1979.

49. *RIC* V, 2 : Carausius 560, 648 ; Allectus 55, 131.

« Le premier, en effet, tu t'es élancé du rivage de *Gesoriacum* sur l'océan bouillonnant... Qui n'aurait osé se confier à la mer, si démontée fût-elle, quand tu étais embarqué ? ...Que pourrions-nous craindre ? Nous suivons César !...C'est à toi, invincible César, de te glorifier d'avoir découvert un nouveau monde, toi qui, en restituant à la puissance romaine sa gloire navale, as ajouté à l'Empire un élément plus grand que toutes les terres » (*Pan. Lat* IV, 14). La victoire impériale fut célébrée par des émissions d'*aurei* et la frappe du célèbre médaillon d'Arras où figure l'entrée de Constance à Londres, accompagné d'une flotte symbolisée par une galère [50].

À son tour, la victoire navale de Constantin sur Licinius, en 324, constitue l'épisode décisif qui rétablit la paix et l'unité de l'Empire, permet au nouveau maître du monde de prétendre aux titres qui expriment la domination cosmocratique sur la terre et la mer [51], comme autrefois après Actium. On observe, dans le courant du quatrième siècle, de nombreuses émissions monétaires au type du bateau de guerre [52], des louanges officielles aux empereurs qui, comme Constant, ont vaincu l'Océan (Firmicus Maternus, *De Errore Prof. Relig.* 28, 6). Bien que nos sources soient de plus en plus lacunaires à mesure qu'on s'avance dans le siècle, on constate, en pointillé, la permanence d'une importante activité navale ; il est vrai que le dispositif militaire a été profondément modifié et que les principales escadres méditerranéennes sont désormais à Constantinople et non plus en Italie. Cette filiation avec la marine du Principat est aussi d'ordre technique : les galères de l'époque, quoique de rang inférieur si on les compare à celles des deux premiers siècles de notre ère, s'inscrivent dans une évidente tradition d'architecture navale [53]. Identiques aussi seront les tactiques utilisées par les escadres byzantines, si l'on en croit les nombreux traités d'art nautique rassemblés par A. Dain [54]. L'Empire, clairement conscient de sa supériorité technique et de la nécessité de la préserver, ira jusqu'à punir de mort quiconque apprendra aux Barbares la manière de construire un bateau (*Code Justinien* IX, 47, 25).

La domination de la mer fut donc un élément essentiel de l'Empire de Rome. Même si l'*Urbs* ne fut pas, à ses origines, une cité maritime, fondant son expansion et sa prospérité sur la puissance navale, son histoire intérieure autant qu'extérieure fut, dès la première

50. *RIC* VI, *Treveri* 87-88 ; P. Bastien et C. Metzger, *Le trésor de Beaurains, dit d'Arras*, Wetteren, 1977, n° 311. Voir aussi F. Richard, *op. cit.* p. 571 sqq.

51. Voir A. Mastino, *art. cit.* p. 108 sqq.

52. *RIC* VII Constantinople 18 ; Cyzique 73,92-93 ; *LRBC* 985-986 par exemple.

53. M. Reddé, *Mare Nostrum*, p. 117-124.

54. A. Dain, *Naumachica*, Paris, 1943, IV.

guerre punique, étroitement liée à la maîtrise de l'espace marin. La mer, sous l'Empire, constitue un trait d'union plus qu'elle ne sépare, et l'on circulait en Méditerranée avec moins de risques au second siècle de notre ère qu'à l'aube des temps modernes, compte tenu des impératifs techniques de l'époque. « De tous les caractères de cette admirable construction humaine que fut l'Empire romain, le plus frappant et aussi le plus essentiel est son caractère méditerranéen » écrivait H. Pirenne en commençant son *Mahomet et Charlemagne*. De fait l'Empire sut maintenir pendant plus de quatre siècles, jusqu'à l'invasion de l'Afrique du Nord par les Vandales, l'unité maritime et politique de la Méditerranée. La domination de la mer ne fut certes pas le seul élément de la puissance romaine ; elle n'en constitue pas moins un facteur clef pour un Empire qui fut le seul à maîtriser, et pendant plusieurs siècles, un espace aussi considérable.

Michel REDDÉ

LA TUNISIE ET LA MER

De nombreux témoignages archéologiques, iconographiques et littéraires autorisent une reconstitution du dialogue que la Tunisie n'a cessé d'entretenir avec la mer, et dont l'intensité et la nature ont évolué d'une époque à une autre. Ce commerce tuniso-méditerranéen a connu certes des périodes privilégiées au temps de Carthage et de Rome. Il était riche également sous le règne des Aghlabides et des Fatimides, c'est-à-dire aux IXe et Xe siècles de l'ère chrétienne.

PRÉHISTOIRE ET PROTOHISTOIRE

Certains vestiges archéologiques en rapport avec la mer remontent à l'Âge de la pierre polie : des fragments d'obsidienne ont été recueillis sur des sites néolithiques de la Tunisie du Nord, du Sahel et du Cap Bon, c'est-à-dire aux environs de Bizerte, de Hergla et de Korba [1].

Malgré toute leur modestie, ces vestiges revêtent une très grande valeur documentaire, attestant des contacts entre ces régions côtières de la Tunisie et les îles de la Méditerranée septentrionale : Pantelleria et Liparti où ce matériau volcanique se trouve en abondance. Pour joindre les deux rives de la Méditerranée, les Néolithiques d'Afrique du Nord et ceux des îles devaient savoir confectionner et utiliser le radeau ; ils osaient affronter les ondes méditerranéennes et leur courroux. Nul ne peut, hélas, reconstituer toutes les conditions qui avaient entouré ces traversées héroïques ; nul ne peut, non plus, savoir qui allait à la rencontre de l'autre ; mais il demeure certain que, déjà au temps de la pierre polie et bien avant l'histoire, un pont économique et culturel, voire ethnique, reliait les deux rives de la Méditerranée. C'était déjà le dialogue entre le Nord et le Sud.

En plus de l'obsidienne, d'autres objets et produits culturels matérialisaient les relations établies entre l'Afrique du Nord et les pays de la Méditerranée septentrionale : des marchandises périssables, des techniques, des expériences, etc. Mais dans l'état actuel de la

1. Y. TIXERONT, « Réflexion sur l'implantation ancienne de l'agriculture en Tunisie », dans *Karthago*, 1959-1960, p. 15.

documentation, il n'est pas aisé de les reconnaître ni de préciser la nature et le mode de ces échanges. Peut-on parler de troc ? Sans doute. Comment faisaient-ils pour dialoguer, procéder à ces échanges de marchandises et réussir cet enrichissement mutuel ? Était-ce le troc à la muette ?

COMMERCE À LA MUETTE

« Les Carthaginois débarquent ces marchandises et les exposent en ordre sur le bord de la côte puis ils regagnent leurs navires et font de la fumée pour avertir les indigènes ; ceux-ci s'approchent alors de la mer et placent à côté de ces marchandises l'or qu'ils offrent en échange et se retirent. Les Carthaginois redescendent et examinent ce qu'ils ont laissé. S'ils jugent que la quantité d'or répond à la valeur des marchandises, ils l'emportent et s'en vont, sinon, ils retournent à leurs navires et attendent. Les indigènes, revenant, ajoutent l'or jusqu'à ce que les Carthaginois soient satisfaits ; on ne se fait réciproquement aucun tort, les uns ne touchant pas l'or avant que la quantité déposée leur paraisse en rapport avec leurs marchandises, les autres ne touchant pas aux marchandises avant que les Carthaginois aient pris l'or. » (Hérodote, IV, 196).

Parmi les manifestations concrètes de ce dialogue culturel entre le Nord et le Sud de la Méditerranée, on a très souvent mentionné les haouanets, les mégalithes, les dolmens, etc. Cette architecture funéraire se rencontre de part et d'autre de la Méditerranée. Avec les mégalithes et les dolmens, on peut aller au-delà des frontières méditerranéennes ; ils sont attestés en Europe celtique, notamment en Bretagne. Mais il serait téméraire de vouloir y reconnaître le résultat de contacts ou d'influences culturelles. Si le fait relève de la réalité objective, son explication ne semble pas encore possible.

Pour les Houanets, la situation est autre ; la tendance générale est de vouloir en attribuer les origines à la Méditerranée orientale. Pour atteindre l'Afrique du Nord, ils auraient transité par la Sicile où cette architecture est bien attestée, notamment à Pantalica et au Cassibile, dans la région de Syracuse. Mais pour affecter les côtes de l'Afrique, le souffle culturel de l'Orient, avait-il besoin d'intermédiaire, de relais ? En tout état de cause, l'archéologie préhistorique et protohistorique témoigne en faveur de contacts entre les rives de la Méditerranée [2].

---

2. G. CAMPS, *Aux origines de la Berbérie : Monuments et rites funéraires*, Paris, 1961, p. 9-10. Monique LONGERSTAY, « El-Guetma, rencontre de deux civilisations », dans *Reppal II*, 1986, p. 337-351.

La tunisie punique

Pour la Tunisie, l'histoire, commence avec l'arrivée des Phéniciens et la fondation de Carthage. Dès lors la mer est constamment présente. On voit ses empreintes sur le sol de la capitale du monde punique. Qui n'a pas entendu parler des ports carthaginois et du rôle qu'ils avaient joué au fil des siècles ? Des fouilles exécutées dans le cadre de la Campagne Internationale pour la sauvegarde de Carthage ont abouti à la mise au jour de nombreux vestiges qui appartiennent à ces installations portuaires, qu'il s'agisse du bassin circulaire réservé à la marine de guerre, ou qu'il s'agisse du bassin rectangulaire destiné à la marine marchande [3].

Entres autres vestiges, ces fouilles ont permis de reconnaître des cales sèches. Elles étaient « *formées de traverses de bois, mises à un intervalle régulier de 60 cm, sur la surface d'une rampe faite de terre redéposée. La poterie trouvée dans cette structure est probablement du IIIe siècle avant J.-C. La surface de la rampe était brûlée avec les traverses in situ et, au-dessus d'elle, il y avait une couche de débris brûlée provenant surtout de la superstructure des loges pour bateaux. Ceci montre que le matériel utilisé pour la construction des loges était de la boue ou de la brique crue avec une couverture de mortier comme protection. Mélangés avec les débris, se trouvait une grande quantité de clous pour bateaux...* » [4]

Sur la base de ces vestiges et à la lumière des données historiographiques, des techniciens ont pu reconstituer la maquette du port militaire de Carthage. Pour le port commercial, une autre équipe a eu la chance et le mérite de mettre au jour les restes du quai à l'ouest de la lagune actuelle.

Quelques autres témoignages archéologiques peuvent être joints au dossier de la marine carthaginoise : les installations portuaires de Mahdia. Les Fatimides devaient les avoir adaptées à leurs propres besoins. Avant d'accueillir la capitale du Mahdi, le fondateur de la dynastie fatimide en 909 de l'ère chrétienne, le site fut occupé au temps de la Carthage punique. Nous en ignorons le toponyme d'alors. Mais de cette occupation, il reste des vestiges : une très vaste nécropole en partie fouillée au début de ce siècle et aujourd'hui menacée par des prédateurs insatiables et sans scrupules. Ce sont les carriers et autres chercheurs de pierres, notamment les chaufourniers.

---

3. A. Ennabli (édit.). *Pour sauver Carthage, Exploration et conservation de la Cité punique, romaine et byzantine*, UNESCO-INAA, Paris-Tunis, 1992.
4. Henry Hurst, *CEDAC, Carthage Bulletin 1*, septembre 1978, p. 15.

À ce dossier de la marine punique, on peut ajouter d'autres témoignages archéologiques et iconographiques : des pesons de terre cuite pour lester les filets de pêche ; on en a trouvé une très grande quantité ; des bateaux sont gravés sur des stèles trouvées au tophet de Carthage ; on y distingue parfois des gouvernails, des ancres et des rames. Il est certain, par ailleurs que l'apport des fouilles sous-marines pourront considérablement enrichir notre connaissance de la marine punique. L'épave carthaginoise, reconnue et fouillée non loin de Marsala, fournit une somme d'informations inestimables.

À ces données archéologiques et iconographiques, il convient d'ajouter les textes comme ceux de Polybe, d'Appien ou de Pline. Ils intéressent la batellerie carthaginoise : trirèmes, quadrirèmes, quinquérèmes, pentécontores ; on y présente les équipages, les amiraux, le génie maritime, les exploits et la maîtrise que le marin carthaginois pouvait exercer sur son navire tant pour la vitesse que pour les manœuvres. L'historiographie antique a conservé le souvenir de deux amiraux prestigieux : Hannon et Himilk ; l'un dut longer les côtes occidentales de l'Afrique, arrivant jusqu'en face du mont Cameroun. La description de ce périple a pu survivre. Nous en avons une version mais sûrement altérée par les historiographes et les copistes. D'emblée le récit expose les objectifs de la mission confiée à Hannon ; « *Il a paru bon aux Carthaginois que Hannon naviguât en dehors des colonnes d'Héraclès et fondât des villes de Libyphéniciens. Il navigua donc, emmenant 60 vaisseaux à 50 rames, une multitude d'hommes et de femmes au nombre d'environ 30 000, des vivres et d'autres objets nécessaires* [5].

C'était aussi un voyage d'exploration destiné peut-être à mieux dominer la route de l'or. Pour les Phéniciens et les Carthaginois, voyager le long des côtes africaines relève d'une très vieille tradition. Entre la fin du VIIe siècle et le début du VIe siècle avant J.-C., la marine phénicienne accomplit la circumnavigation du continent africain doublant ainsi l'actuel Cap de Bonne Espérance. C'était pour le compte de Néchao le pharaon d'Égypte (609-594 av. J.-C.).

« *Pour la Libye, en effet, ce qu'on sait d'elle prouve qu'elle est tout entourée par la mer, sauf ce qui en confine à l'Asie ; c'est Nécos, le roi d'Égypte, qui, le premier, à notre connaissance, en a fait la démonstration ; après qu'il eut cessé de creuser le canal allant du Nil au golfe arabique, il fit partir sur des vaisseaux des hommes de Phénicie, avec*

5. Jehan Desanges, « Le point sur le « Périple d'Hannon » : controverses et publications récentes », dans *Enquêtes et documents, Nantes, Afrique-Amérique,* VI, Université de Nantes, 1981, p. 13-29.

ordre, pour le retour, de pénétrer en passant les colonnes d'Héraclès dans la mer septentrionale, et de revenir par cette voie en Égypte. Les Phéniciens donc, partis de la mer Érythrée, naviguaient sur la mer australe ; quand venait l'automne, ils abordaient et ensemençaient le sol, à l'endroit de la Libye où ils se trouvaient chaque année au cours de leur navigation, et ils attendaient l'époque de la moisson ; le blé récolté, ils prenaient la mer, si bien que, au bout de deux ans, ils doublèrent la troisième année les colonnes d'Héraclès et arrivèrent en Égypte. Et ils racontaient — chose que, quant à moi, je ne crois pas, mais que d'autres peuvent croire —, que pendant qu'ils accomplissaient le périple de la Libye, ils avaient eu le soleil à leur droite. Voilà comment on sut d'abord ce qu'il en est de la Libye, ensuite, ce sont les Carthaginois qui l'affirment » (Hérodote, IV, 42).

Quant au périple de Himilk, il est beaucoup moins connu et semble avoir eu pour objectif le pays de l'étain du côté de la Cornouaille. Toujours est-il que Saint-Malo, en Bretagne, a dédié l'une de ses artères à Himilk en souvenir de son expédition. De ce récit, il ne reste que des allusions qu'il faut glaner dans les écrits de Pline et de Festus Aviénus, l'auteur des « *Ora maritima* » [6].

Malgré quelques réfractaires hyper-critiques, l'historiographie contemporaine reconnaît, dans son ensemble, l'historicité des Périples d'Hannon et de Himilk et les situent au ve siècle avant J.-C. Ces deux navigations traduisent l'intérêt que les Carthaginois accordaient aux choses de la mer. Au-delà du réel et de la quotidienneté concrète, la mer semble avoir hanté l'imaginaire des Carthaginois. Pour s'en rendre compte, il suffit de rappeler la faune marine, les monstres comme Scylla et Triton ou encore le cavalier marin, qu'il chevauche un hippocampe ou qu'il enfourche un dauphin, images sculptées sur la pierre, gravées sur le métal ou estampées sur la terre glaise [7].

La Tunisie romano-africaine

La documentation relative aux rapports que l'Africa put entretenir avec la mer se distingue par la richesse et la diversité. Elle n'a pas encore fait l'objet d'une collecte systématique ; nous ne disposons d'aucune monographie sur la marine de la province romaine d'Afrique. Là aussi, il y a lieu d'interroger les installations portuaires

6. M.J. Péna, « Phéniciens et Puniques dans l'Ora maritima d'Avienus », dans *Actes du IIIe Congrès international des Études phéniciennes et puniques, Tunis 11-16 nov. 1991, vol. II*, Tunis, 1995, p. 311-321.
7. M.H. Fantar, *Le dieu de la mer chez les Phéniciens et les Puniques*, Rome, 1977.

comme celles de Carthage, Hadrumète, Ruspina, Gightis, Méninx, etc. La ville d'Acholla, dont les vestiges correspondent au Henchir Boutria, « *fut dotée d'un grand môle en forme de L qu'on aperçoit encore aujourd'hui sous les eaux qui l'ont recouvert ; Sullectum (Salakta) construisit un phare. La rade de Ruspina (Monastir), bien protégée par ses îlots, n'eut pas besoin de grands aménagements ; elle offrait encore un mouillage sûr quand le Cothon d'Hadrumète était déjà ensablé et inutilisable. Si Mahdia a pris la place de l'antique Gummi, il est probable que son port médiéval, véritable cothon de tradition phénicienne, fut creusé déjà dans l'Antiquité.* » [8].

Pour le Cap Bon, les installations portuaires les plus spectaculaires ont laissé des vestiges à *Clypea*, l'actuelle ville de Kélibia, et à *Missua* où se trouve la localité de Sidi Daoud, face aux îlots de Zembra et Zembretta, les antiques « *Aegimuri insulae* ». Le port, installé non loin des célèbres latomies d'el-Haouaria, joua le rôle d'intermédiaire entre les carrières et les commanditaires. La pierre en était appréciée pour la construction de beaux édifices publics et privés. Mais en plus de ce cabotage, le port de *Missua* avait pour charge l'exportation des denrées agricoles que produisaient les riches terres du Cap Bon.

Bien que menacée par les alluvions de la Medjerdah, Utique put conserver son activité maritime jusqu'au IIe siècle. Mais l'archéologie n'a pas encore réussi à identifier l'emplacement du port. À une trentaine de kilomètres au nord de cette vieille fondation phénicienne, la marine disposait d'une superbe rade à *Hippo Diarrhytus*, l'actuelle ville de Bizerte. Mais elle ne semble pas avoir été appréciée à sa juste valeur. Plus au nord, Thabraca était au service des carrières de *Simitthu*, aujourd'hui Chemtou sur la frontière tuniso-algérienne.

Grenier de Rome, la Tunisie, l'antique Proconsulaire, devait contribuer à la nourriture des masses qui vivaient dans la capitale de l'empire. Entre autres activités, les ports de l'Africa devaient « *assurer dans les meilleures conditions possibles, l'acheminement du tribut frumentaire. Il fallait donc les moderniser et les doter d'équipements convenables. L'empereur lui-même s'y intéressait. Les armateurs ou naviculaires africains surent en profiter ; ils avaient leurs agences à Ostie ; des mosaïques ont permis d'identifier celles de Carthage, Missua, Curubis, Gummi, Sullectum. Leur trafic portait sur le blé, l'huile, le vin et d'autres produits de l'artisanat africain comme la poterie.* »

Pour juger de la place que la mer occupait dans les préoccupations africaines, il suffit de consulter les mosaïques. Écoutons G.Ch. Picard : « *Il n'est pas de sujet plus répandu dans le répertoire de la*

8. G.Ch. Picard, *La civilisation de l'Afrique romaine*, Paris, 1959, p. 81.

mosaïque africaine que les scènes marines. L'Océan, figuré par une tête isolée, gigantesque, à la barbe et aux cheveux embroussaillés, Neptune et Amphitrite triomphant dans leur char, au milieu des nymphes et des monstres marins, décorent non seulement le fond des piscines et des fontaines, mais le sol des édifices publics et des maisons particulières ; cette prédilection s'explique par de multiples raisons ; la simple convenance décorative intervient quand il s'agit de pièces d'eau, de thermes : la superstition attribue une valeur protectrice aux images de poissons et sans doute à celle de certaines divinités aquatiques. Mais beaucoup de propriétaires symbolisaient ainsi la source de leur richesse. Pour les uns, Neptune, seigneur des sources, en même temps que des mers, figurait les eaux douces qui font naître la vie végétale et animale : il en est ainsi sans doute pour le beau pavement de la Chebba, chef-d'œuvre du milieu du IIe siècle, où l'image du dieu triomphant est entourée des Saisons dont le retour manifeste la puissance féconde de la Nature. Mais lorsque les dieux sont entourés de navires, nous avons sans doute affaire à des armateurs, des naviculaires qui risquaient leurs capitaux dans le commerce de la mer ». [9]

Une mosaïque de la fin du IIIe siècle, découverte à Althiburos et visible au Musée du Bardo se présente comme un véritable catalogue de la batellerie antique ; il y a vingt-cinq embarcations dont la plupart sont désignées par leurs noms : Le *Ratis* semble avoir servi au débarquement des navires qui ne pouvaient venir à quai ; la *Corbita*, gros vaisseau, lourd et lent, conviendrait au transport de l'huile, alors que l'*Hippago*, navire de guerre, assurait le transport des chevaux. À la marine militaire, appartenaient également le *Myoparo* et *l'Actuaria*. [10].

Cette superbe mosaïque d'Althiburos fournit de précieuses indications relatives à la manœuvre de la voile : sur l'*Actuaria*, nous voyons un rameur en plein effort et deux autres marins occupés, l'un à serrer la voile et l'autre à donner la cadence aux rameurs : c'est un *Portisculus* qui s'apprête à faire retomber un maillet sur une caisse de résonance visible devant lui.

Pour la connaissance de la batellerie antique, il y a beaucoup d'autres témoignages archéologiques : des lampes et autres terre cuites comme cette barque en poterie grise provenant d'une des nécropoles païennes d'Hadrumète ; c'est un modèle réduit de grande barque. Sur la mosaïque de Thémétra, au Sahel tunisien, outre les navires, on relève la présence d'un édifice portuaire, « *curieuse tour,*

9. *op. cit.*, p. 84.

10. Mongi ENNAIFER, *La Cité d'Althiburos et l'édifice des Asclépiaia*, Tunis, 1976, pl. XCI-XCVII.

fort compliquée, pourvue de merlons, de balcons, de pavillons, qui ne doit pas être un phare mais plutôt un sémaphore semblable à celui qui se dressait sur le môle sud du port de Lepcis. »[10 bis]

Ces mosaïques marines reflètent donc une réalité ; elles symbolisent également la richesse des naviculaires qui risquaient leur fortune dans le commerce de la mer.

L'IFRIQUIYA ET LA MER

Cette enquête peut s'étendre à la période byzantine et même au-delà jusqu'à la Tunisie arabo-islamique. Dès la chute de Carthage en 698, le commandement arabe confia à Tarak Ibn Ziad la mission de traverser la mer en vue de la conquête de l'Espagne. L'historiographie ne parle guère de la flotte qui avait été armée pour le transport des soldats et de tout le nécessaire à l'expédition. Mais des historiens et géographes arabes font allusion aux origines de la flotte ifriquienne : « *Abd-El-Malik Ibn Marwen écrit alors à son frère Abdelaziz, gouverneur d'Égypte, lui ordonnant d'envoyer au camp établi à Tunis mille Coptes avec leurs familles, auxquels il aurait à fournir des montures lorsqu'ils seraient prêts à quitter l'Égypte et tous les secours dont ils pouvaient avoir besoin jusqu'à leur arrivée à Tarshish (c'est-à-dire Tunis). Il écrivit à Ibn Nâamen, lui prescrivant de bâtir un arsenal dans lequel on établissait ces gens et dont on ferait un point d'appui et d'approvisionnement pour les Musulmans. Il lui ordonna aussi d'imposer aux Berbères, comme obligation perpétuelle, la tâche d'y amener, à force de bras, le bois nécessaire à la construction des navires vu qu'il y aurait à y faire équiper une flotte afin de pouvoir combattre les Roum par terre et par mer et opérer les descentes sur le littoral de leur pays. De cette manière, on empêcherait l'ennemi de rien tenter contre Kairouan et l'on mettrait les Musulmans à l'abri de tout danger. Hassan était encore à Tunis quand les Coptes arrivèrent. Par son ordre, on fit venir les eaux de la mer depuis le lac de Radès jusqu'à l'arsenal ; les Berbères apportèrent du bois ; les navires s'y construisirent en quantité et les Coptes s'occupèrent à les équiper.*

D'après les dispositions qui furent adoptées, l'arsenal de Tunis touchait au port et le port au lac, lequel communique avec la mer. Près du port on voit une mosquée appelée Mesdjid Abdllah, « la mosquée du Serviteur du Dieu », et au sud du port, un château construit en pierre d'une manière très solide. Au nord du port s'étend une clôture de pierre semblable à une muraille. Pour ancrer au port, les navires doivent passer

---

10 bis. *op. cit.*, p. 85.

entre la muraille du château et celle-ci ; une chaîne de fer que l'on peut tendre à travers ce passage, empêche, au besoin, les bâtiments d'y pénétrer et d'en sortir, ce château s'appelle Casr as-Silcila, « le château de la Chaîne ». Au sud de cet édifice on voit deux citernes que les souverains aghlabides tenaient remplies de poissons, après y avoir fait introduire les eaux de la mer.

Nous avons dit ailleurs que l'arsenal fut bâti par Obeid Allah Ibn al-Habhab ; mais il est possible que l'auteur de ce renseignement ait voulu dire qu'Obeid Allah avait réparé les murs et augmenté les fortifications de cet édifice. [11]

Ce texte d'El-Bekri, géographe du XIe siècle de l'ère chrétienne, bien qu'il pose à l'historien des problèmes difficiles à résoudre, atteste néanmoins l'attention que les conquérants arabes d'Ifriquiya accordaient à la mer : aménagement de ports, constructions navales, recours à des techniciens expérimentés d'origine étrangère, en l'occurrence égyptienne... Sans grand risque d'erreur, on peut dire qu'avec la conquête arabo-islamique, la Tunisie ne tourna point le dos à la mer. L'appel aux Coptes ne signifie pas nécessairement d'ailleurs rejet des compétences locales. L'Ifriquiya ne pouvait faire abstraction des acquis dont les racines remontent au temps de la Carthage punique : elle dut sûrement tirer parti de l'héritage.

Quoi qu'il en soit, dès la chute de la Carthage byzantine, les conquérants arabes s'appuyant sur des autochtones dirigèrent leur regard vers la mer, et osèrent affronter des combats navals et parvenir jusqu'aux rives de la Méditerranée septentrionale. La flotte ifriquiyenne semble avoir atteint son apogée sous le règne des Aghlabides et des Fatimides aux IXe et Xe siècles de l'ère chrétienne. Elle avait la triple mission de surveiller les côtes de l'Ifriquiya, de permettre à la civilisation arabo-musulmane de rayonner au-delà des mers et d'assurer un commerce fructueux entre les deux rives de la Méditerranée. Dans le cadre de cette politique, des Ribats furent érigés sur les côtes ; ceux de Monastir, de Sousse et de Lemta ont pu résister au temps et aux intempéries.

Au terme de cette présentation incontestablement lacunaire, parce qu'elle est plutôt allusive, on constate la très haute antiquité des rapports que la Tunisie n'a cessé d'entretenir avec la mer et d'alimenter le dialogue avec le Nord, l'Est et l'Ouest. Elle peut, à juste titre, se prévaloir de très vieilles et riches traditions maritimes. Elles ont

11. Abou-Obeïd BEKRI, *Description de l'Afrique septentrionale* (Traduit par Mac Guckin de Slane) Paris, Librairie d'Amérique et d'Orient Adrien-Maisonneuve, 1965, p. 84-85.

parfois perdu de leur intensité et de leur efficience. Mais avec la mer, la Tunisie n'a jamais rompu ; malgré les vicissitudes, fidèle à sa tradition, elle demeure un navire à l'ancre prêt à appareiller. Aujourd'hui, tout l'invite à regarder du côté de la mer afin d'en tirer parti et s'insérer dans un réseau de coopération au service de l'homme et de la culture.

Mohamed Hassine FANTAR

L'ART DE LA NAVIGATION DANS L'ANTIQUITÉ

Lorsque Ulysse quitte l'île de Calypso pour rejoindre sa patrie sur l'embarcation qu'il a lui-même construite, il gouverne, nous dit Homère (*Odyssée* V, 270-278), l'œil fixé sur « les Pléiades et le Bouvier... et l'Ourse... » afin, selon l'avis de la Nymphe divine, de « naviguer sur les routes du large en gardant toujours l'Ourse à gauche de la main » [1].

Ce passage de l'*Odyssée*, outre qu'il atteste dès l'époque homérique d'une véritable navigation au large aussi bien diurne que nocturne, constitue l'un des plus anciens témoignages que nous possédions sur les techniques de navigation dans l'Antiquité. Il accorde aux astres un rôle primordial. On peut y ajouter, toujours selon le témoignage de l'*Odyssée*, les côtes avec leurs dangers tels que les courants et les récifs qu'évoque le célèbre épisode de Charybde et Scylla (XII, 223-259), et les vents dont la puissance redoutable peut se déchaîner à l'improviste comme lors du passage des îles Éoliennes (X, 17-55). Avec les côtes, les vents et les astres, nous sommes en présence d'une trilogie sur laquelle reposaient les techniques de la navigation antique. Le bon pilote, nous disent les textes avec une récurrence qui en fait un cliché de la littérature ancienne, est celui qui connaît la description des côtes, la science des vents et le mouvement des astres [2]. Tout l'art du navigateur dans l'antiquité y est ainsi résumé.

Pour nos esprits modernes les techniques de la navigation antique pourraient apparaître bien frustres en l'absence de tout instrument de navigation et de carte marine. Plus qu'une science, la navigation antique était un art reposant sur la capacité d'interpréter les phénomènes naturels.

Mais cet art était si bien adapté aux particularités de la Méditerranée qu'il n'évolua pratiquement pas de toute l'Antiquité et relativement peu par la suite. Par sa configuration, la Méditerranée se prête à une navigation côtière entrecoupée de traversées où la perte de vue des terres se compte généralement en journées et non en mois. Dès lors, le recours aux instruments de navigation et aux cartes marines n'y est

1. Texte établi et traduit par V. BÉRARD, Paris, Les Belles Lettres, 1955.
2. J. ROUGÉ, 1966, p. 83.

jamais apparu comme une nécessité impérieuse. Si les Grecs savaient depuis longtemps calculer la latitude, les marins n'ont jamais pour autant, semble-t-il, disposé d'instrument équivalent adapté à l'usage en mer, ni de tout autre instrument de mesure [3]. Quant au calcul de la longitude, nous savons qu'il ne sera pas possible avant la fin du XVIIIe siècle, faute d'instrument de mesure du temps assez précis.

Les marins de l'Antiquité ne disposaient pas plus de carte marine dont, en tout état de cause, l'imprécision les aurait rendues impropres à un tel usage. Les importants travaux des géographes grecs furent postérieurs à la conquête de l'espace méditerranéen et notamment de la Méditerranée occidentale. Ils en furent non la cause mais la conséquence en proposant une représentation cohérente du monde révélé par les navigateurs.

Sans carte ni instrument, la navigation antique reposait sur une profonde connaissance du milieu et des éléments naturels.

En premier lieu, tout voyage maritime commencait et s'achevait par une part importante de navigation côtière avec tous les risques que cela pouvait comporter. La profonde connaissance des côtes devient alors un facteur déterminant pour la navigation.

Avec ses rivages profondément découpés, ses îles innombrables et ses bassins compartimentés, la Méditerranée offre des conditions particulièrement privilégiées qui ont permis le développement d'une activité de cabotage très intense mais aussi favorisé les relations à longue distance en offrant de nombreux relais. Cependant, les côtes ne sont pas toutes favorables et certaines peuvent présenter de grands dangers. C'est le cas des côtes plates et sableuses, riches en hauts fonds, dont les rivages des Syrtes, particulièrement redoutés pour leur traîtrise, comptaient parmi les plus périlleux. C'est aussi le cas de certaines côtes rocheuses, comme celles de l'Eubée qui étaient réputées pour être particulièrement inhospitalières : « Vois comme notre île est sauvage et dure du côté de la mer... Un bateau que la mer y porte n'a pas de chance de s'en tirer ; et il est rare que les hommes mêmes s'en tirent » (Dion Chrysostome, *Euboïque*, 7) [4]. Certains caps avancés, séparant des bassins aux régimes différents, pouvaient être

3. Si la question fut souvent débattue (cf. J. ROUGÉ, 1966, p. 82-83), rien ne permet aujourd'hui de conclure à l'existence de tels instruments. Le mystérieux mécanisme retrouvé sur l'épave d'Anthicythère, dans lequel on a voulu voir un instrument de navigation, a depuis été identifié comme étant un calculateur astronomique sans aucun rapport avec la navigation (P. GIANFROTTA, P. POMEY, 1981, p. 295) ; quant au dispositif décrit par Vitruve (X, 9, 5-7) pour mesurer la vitesse d'un navire, « il s'agissait au mieux d'une curiosité technique dépourvue d'application technique », pour reprendre l'expression de P. ARNAUD (1993, p. 227).

4. Traduction P. MAZON, Lettres d'humanité, 1943.

difficiles à franchir en raison des sautes de vent et d'une mer perpétuellement agitée à l'exemple du cap Chelidonnia, sur la côte d'Asie Mineure, ou du cap Malée, au sud du Péloponnèse dont la mauvaise réputation était proverbiale : « Quand tu doubles le cap Malée, dis adieu à ta maison » (Strabon VIII, 6, 20). Enfin, aux dangers des côtes et des écueils peuvent s'ajouter ceux des courants particulièrement violents dans les nombreux détroits méditerranéens. Et c'est la conjugaison de ces périls au sortir du détroit de Messine qui est à l'origine du sinistre mythe de Charybde et Scylla qu'Ulysse ne parvient à franchir qu'au prix de la perte de plusieurs compagnons (*Odyssée* XII, 223-259).

La connaissance des écueils et des hauts fonds, des caps difficiles à franchir et des courants, mais aussi des amers, des lieux d'abri et de mouillage, des points d'eau et de ravitaillement, et des distances maritimes était une nécessité fondamentale. Cette connaissance reposait sur l'accumulation des expériences transmises tout d'abord oralement, puis par écrit, et alors souvent augmentées d'informations plus érudites, dans des recueils appelés *Périples* que l'on a pu comparer à nos modernes instructions nautiques. Les plus anciens que nous connaissons remontent au IVe siècle av. J.-C., mais ils supposent l'existence d'écrits semblables à une époque antérieure [5]. Et si l'on doit évoquer la notion de progrès dans la navigation antique, c'est peut-être à ce niveau là qu'elle se situe : une connaissance des côtes et de leurs particularités de plus en plus grande améliorant les conditions de navigation et favorisant la régularité des échanges.

Pour la navigation à voile, le régime des vents est, par nature, une donnée fondamentale. Durant la belle saison, la Méditerranée connaît des vents réguliers qui déterminent les grandes routes maritimes en favorisant, ou en interdisant, certaines directions. Les plus célèbres étaient les étésiens. Selon Pline (*H.N.*, II, 124), en été, « ils soufflent pendant quarante jours... et il n'est pas de vents plus réguliers ». Ils soufflent du nord ou du nord-ouest en Méditerranée orientale et en mer Ionienne. S'ils favorisent les traversées rapides en direction du sud-est, c'est-à-dire vers l'Égypte et le Proche-Orient, ils rendent en revanche plus difficiles les trajets dans l'autre sens. Pour pallier cet inconvénient, ces derniers étaient effectués en dehors de la période des étésiens ou empruntaient des itinéraires permettant de les contourner. Le trajet suivi par saint Paul lors de son voyage de captivité de Césarée à Rome (*Actes des Apôtres* XXVII, 1-44) et le périple effectué par l'*Isis*, navire alexandrin chargé de blé à destina-

5. J. Rougé, 1975, p. 24-25 ; sur la destination et la fonction des *Périples*, voir en dernier lieu P. Arnaud, 1993, p. 243-247.

tion de Rome (Lucien, *Navigium*, 7), illustrent bien ces difficultés.

Les vents régionaux, très nombreux en Méditerranée en raison du découpage profond de ses côtes, jouent un rôle très important. Par leur violence et leur soudaineté, ils peuvent contrarier la navigation et rendre les traversées peu sûres en surprenant les navires en cours de route, surtout à l'approche des côtes. Ils peuvent parfois, en revanche, faciliter certaines traversées directes et infléchir les contraintes des vents réguliers. Les plus fameux d'entre eux sont le Mistral des rivages provençaux, la Bora de Dalmatie, le Meltem en mer Égée ou le Sirocco des côtes d'Afrique. Ce sont de tels vents locaux qui ont valu à Ulysse tant de déboires lors de son passage aux îles Éoliennes (Odyssée X, 17-55).

Enfin, les brises de terre et de mer qui accompagnent le lever et le coucher du soleil, constituent une aide considérable à la navigation et étaient couramment utilisées dans l'Antiquité. Ces brises facilitaient les sorties et les entrées de port, déterminaient les horaires de départ et d'arrivée ou permettaient de franchir un cap difficile [6]. Bien utilisées, elle pouvaient aussi permettre, conjuguées avec les vents locaux et les courants, de contourner sur certains trajets les vents dominants.

Mais quelle que soit l'importance des navigations côtières, il arrive un moment où il devient nécessaire de quitter les terres de vue pour des traversées en haute mer plus ou moins longues. Le pilote du navire doit alors compter sur lui-même pour déterminer sa route. Faute d'instrument, il doit recourir à la pratique de la navigation à « l'estime » qui consiste à évaluer au mieux la direction suivie et la distance parcourue.

C'est là qu'intervient, pour la détermination de la direction à suivre, la science des astres et des vents.

De jour, l'évaluation de la route pouvait s'effectuer par rapport à la position du soleil dont on connaissait l'orientation au lever, au coucher et au zénith. De nuit — car la navigation nocturne était une nécessité sur certains trajets et de nombreux textes l'attestent depuis Homère — cette évaluation se faisait par rapport à la position des étoiles et au mouvement des constellations. C'est ainsi que nous avons vu Ulysse se diriger en se repérant à la constellation de l'Ourse qu'il gardait constamment à sa gauche.

La connaissance des vents intervenait tout autant dans la détermination du cap à suivre. Dans le monde gréco-romain, les vents étaient associés aux points cardinaux et aux directions intermédiaires pour former une Rose des Vents qui est passée de l'époque d'Homère de quatre vents à huit, puis douze et enfin vingt-quatre à l'époque

6. J. Rougé, 1978, p. 267-269.

d'Auguste. Mais Pline (*H.N.* II, 119) juge la Rose à douze vents déjà trop subtile et l'on devait sans doute, dans la pratique, se limiter à la Rose à huit vents [7]. Ainsi, pour le marin la direction du vent dominant lui fournissait une orientation fiable qui lui permettait d'établir son cap.

Outre la détermination du cap, la principale difficulté de la navigation à l'estime reste l'évaluation du trajet parcouru. Celle-ci reposait entièrement sur l'expérience du pilote et la connaissance intime des qualités nautiques de son navire aux différentes « allures » selon la force et la direction du vent et les conditions de mer. Les distances étaient exprimées en journée de navigation, généralement en journée diurne de 17 h (solstice) pour les trajets relativement court, ou en journée de 24 h pour les parcours comportant plusieurs nuits de navigation. Ces estimations, suffisantes aux marins, ont été néanmoins traduites en distance pour les besoins des géographes [8]. Selon l'évaluation d'Hérodote (IV, 85-86), la plus largement admise, une journée diurne (17 h) de navigation en ligne droite et par vent favorable correspondait à une distance parcourue de 700 stades, ce qui conduisait à estimer à 1 000 stades la journée de navigation de 24 h. Un tel système de mesure, fondée sur l'empirisme, restait malgré tout très imprécis et Marcien d'Héraclée (*Epitome peripli Menippei*, 5), s'interrogeant au début du ve s. de notre ère sur les différences d'estimation des distances parcourues en haute mer, ne manque pas de souligner que l'erreur pouvait provenir de la différence de vélocité des navires : « On s'accorde en effet à reconnaître qu'un navire parcourt, à la voile et par vent favorable, 700 stades en une journée. Mais on sait qu'un navire produit par la science d'un architecte atteint la vitesse de 900 stades par jour, alors qu'un navire construit contre les règles de l'art en parcourt à peine 500 » [9].

Bien évidemment, une telle navigation à l'estime était peu précise, mais la géographie de la Méditerranée en limitait les effets. Atteignant la terre dans un secteur plus ou moins large par rapport à sa destination finale, le pilote achevait ensuite sa route par une navigation côtière en se repérant sur des amers remarquables. Un instrument indispensable jouait alors un rôle fondamental à l'approche des côtes, la sonde, qui permettait de mesurer la profondeur des eaux et la nature du fond. Ainsi, soupçonnant l'approche d'une terre qui se révèlera être l'île de Malte, les marins du navire sur lequel saint

7. J. Vars, 1987, p. 30-34.

8. Sur l'ensemble de ces problèmes et les différentes évaluations des distances, cf. P. Arnaud, 1993, p. 231-242.

9. K. Müller, *Geographi Graeci Minores*, I, Paris, 1855, p. 568. Nous avons suivi et adopté la traduction de P. Arnaud (1993, p. 226).

Paul avait pris place jettent la sonde à plusieurs reprises et le résultat confirme leur crainte d'être jetés sur une côte rocheuse (*Actes des Apôtres*, XXVII, 27-29). De telles sondes, en plomb, ont été fréquemment retrouvées sur les épaves des navires antiques [10].

Au total, les traversées s'effectuaient de points remarquables en points remarquables, tels des caps ou des montagnes constituant autant d'amers repérables de loin, et selon des directions générales déterminées par le régime des vents et contrôlées par rapport aux astres. Aussi, la notion de route maritime, au sens moderne du terme, n'avait-elle pas de réelle signification : en fait, d'un point à un autre, le trajet aller et le trajet retour était le plus souvent très différent.

La navigation à voile dépendant étroitement des conditions météorologiques générales, les marins de l'Antiquité étaient conscients des particularités des régimes atmosphériques de la Méditerranée où au régime anticyclonique de l'été procurant une longue période de beau temps aux vents bien établis et réguliers s'opposent en hiver de nombreuses dépressions provoquant un temps instable. De ce fait, les marins de l'Antiquité distinguaient une belle saison, où la mer était ouverte à la navigation, d'une mauvaise saison où il était préférable de suspendre les activités maritimes. Dès le VIIIe siècle av. J.-C., Hésiode dans *Les travaux et les jours* (618-630, 663-684) recommande quand vient l'hiver « ...de ne plus diriger de vaisseaux sur la mer vineuse, mais de travailler la terre... Tire le vaisseau au rivage... et toi même attends que revienne la saison navigante ». Celle-ci, précise toujours Hésiode, dure « ...cinquante jours, à partir du moment où tourne le soleil, au cœur du lourd été... Alors tu ne briseras pas tes vaisseaux, et la mer ne prendra pas tes équipages... Alors les brises sont franches, et la mer est sans danger ». Et s'il admet, non sans réticence, une navigation de printemps : « ...je ne puis en faire l'éloge... il est malaisé d'y éviter un malheur », il déconseille formellement la navigation d'automne : « N'attends ni le vin nouveau avec les pluies de l'arrière-saison, ni l'approche de l'hiver avec les souffles terribles du Notos, qui accompagne, en soulevant les flots, les abondantes pluies du ciel d'automne et rend la mer périlleuse » [11]. Les Romains reprendront cette distinction et durant la mauvaise saison la mer est fermée à la navigation. C'est le *mare clausum*. Mais dans la pratique, les limites du *mare clausum* sont variables selon que l'on y inclue ou non le printemps et l'automne [12]. Aussi, à une conception courte qui va du milieu novembre au début mars s'oppose une

---

10. P.A. Giangrotta, P. Pomey, 1981, p. 288-289.
11. Texte établi et traduit par P. Mazon, Paris, Les Belles Lettres, 1964.
12. J. Rougé, 1952 et 1966, p. 32-33.

conception longue qui s'étend de la mi-septembre à la fin mai. Il ne s'agit pas pour autant d'une interdiction formelle mais d'un usage fondé sur l'expérience qui selon les circonstances et les nécessités pouvait être transgressée.

Si le navire antique a constamment évolué au cours de son histoire, ses caractères essentiels apparaissent néanmoins fixés vers le IVe siècle av. J.-C. [13]. Au-delà de la diversité des types que révèle l'iconographie et qui traduit des traditions régionales différentes ainsi qu'une certaine diversification des fonctions, on peut dégager quelques caractères généraux qui ont leur importance pour les techniques de navigation [14].

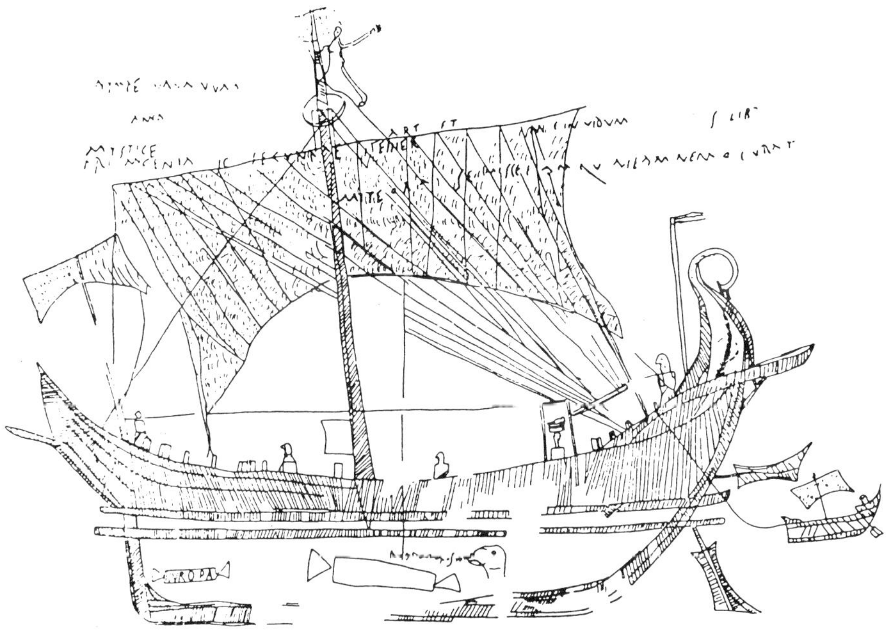

FIG. 1. — Pompéi : graffito du navire *Europa*, Ier siècle ap. J.-C. (d'après A. Maiuri).

13. Dans l'état actuel de nos connaissances, on peut considérer le navire de l'épave de la fin du IVe s. av. J.-C. de Kyrenia tout à la fois comme l'aboutissement d'une longue tradition archaïque et comme le point de départ de l'évolution du navire gréco-romain des époques ultérieures dont il possède l'essentiel des caractéristiques (cf. en dernier lieu J.R. STEFFY, 1994, p. 24-78).

14. Sur l'iconographie du navire antique : L. BASCH, 1987 ; L. CASSON, 1971 ; P. POMEY, 1978.

La coque puissante et ventrue pour répondre aux besoins du commerce masque en fait une carène souvent très élaborée — révélée par les épaves sous-marines — dotée de fonds pincés à quille proéminente, de taille mer ou d'aileron de dérive qui conféraient aux navires de bonnes qualités nautiques [15].

Le gréement constitué fondamentalement d'une voile carrée possède déjà tous les agrès dormants ou courants essentiels qui permettaient d'un modifier à volonté la géométrie, conférant ainsi à la voile carrée antique une très grande souplesse d'utilisation. À partir d'un certain tonnage, la plupart des navires étaient équipé d'un second mât, incliné sur l'avant, portant une petite voile carrée dont la fonction plus directionnelle que propulsive permettait de bien équilibrer le navire. Les plus grandes unités pouvaient, pour leur part, porter trois mâts.

Quant au gouvernail antique, si souvent décrié, il était constitué de deux véritables gouvernails latéraux de type compensé. En dépit de leur fragilité, due à leur position latérale, ils étaient particulièrement sensibles et efficaces [16].

À côté des petits caboteurs d'une quinzaine de mètres de longueur pouvant porter une vingtaine de tonnes de cargaison, les plus grands navires de l'époque hellénistique et de la fin de la République romaine atteignaient couramment une quarantaine de mètres de longueur pour une capacité de charge de 4 à 500 tonnes — sans parler des tonnages exceptionnels pouvant atteindre et dépasser les 1 000 tonnes [17].

Compte tenu de ces caractéristiques, les traversées s'effectuaient normalement aux allures portantes, du vent arrière au largue, qui correspondaient le mieux aux capacités de la voile carrée antique. Les nombreux textes, à commencer par le récit du voyage de saint Paul, évoquant des navires détournés de leur route directe par des vents contraires montrent bien que l'on ne cherchait pas à effectuer de long trajet contre le vent. Pour autant, on ne peut en conclure — comme on l'a souvent fait — que les navires antiques n'avaient aucune possibilité de faire route contre le vent et Pline (*H.N.* II, 128) ne manque pas de remarquer : « avec les mêmes vents, on navigue dans des directions opposées, les voiles orientées au plus près, si bien que, souvent, de nuit, des navires marchant en sens inverse entrent en collision » [18].

---

15. Cf. notamment P. Pomey, 1982.
16. P. Adam, L. Denoix, 1962 ; J. Rougé, 1966, p. 61-65.
17. P. Pomey, A. Tchernia, 1978.
18. Texte établi, traduit et commenté par J. Beaujeu, Paris, Les Belles Lettres, 1950.

D'autres textes, en effet, nous montrent le capitaine manœuvrer la voilure, alors que le navire est frappé par un vent défavorable, pour faire louvoyer son bateau et ainsi poursuivre sa progression sans trop s'éloigner de sa route. Pourtant, dès le IVe siècle av. J.-C., le principe de l'évolution est expliqué par Aristote (*Mechanica*, 851 b) : « Pourquoi, après avoir navigué avec un vent favorable, lorsque (les marins) veulent poursuivre leur route contre un vent contraire réduisent-ils la partie de la voile tournée vers le timonier et laissent-ils la partie tournée vers la proue déployée et serrée au plus près ? C'est parce que le gouvernail ne peut produire d'effet contre le vent lorsqu'il est violent, mais le peut lorsqu'il est faible et c'est pourquoi ils réduisent la voile. De cette façon, le vent pousse le navire vers l'avant et l'action du gouvernail le converti en un vent favorable en utilisant la mer comme point d'appui. En même temps, les marins luttent contre le vent, car ils penchent leur corps dans la direction opposée ». La même manœuvre, à quelques détails près, est aussi décrite par Achille Tatius dans son roman *Leucippé et Clitophon* (III, I, 1-6) [19], mais pour les besoins romanesques elle s'effectue au grand dam des passagers qui, terrorisés par la tempête et ne comprenant rien à la manœuvre, craignent de chavirer à chaque virement de bord lorsque le bâtiment se met à gîter sur le côté opposé au précédent. Dans les deux cas, la manœuvre consiste, après avoir brassé la vergue pour l'amener dans l'axe du navire, à carguer la partie arrière de la voile pour ne garder de la toile que sur l'avant. La voile carrée prend alors une configuration triangulaire axiale dans laquelle il faut vraisemblablement voir l'origine lointaine de la voile latine dont le premier témoignage iconographique certain n'apparaît, dans l'état actuel de notre documentation, qu'au début du VIIe siècle [20].

La pratique du louvoyage pour remonter au vent à l'allure du près — équivalent en fait au « près bon plein » de notre terminologie moderne — était plus fréquemment utilisée près des côtes notamment pour doubler un cap, gagner un abri, entrer ou sortir d'un port. En haute mer, cette allure ne pouvait durer trop longtemps et devait seulement permettre de progresser sans perdre trop de route en attendant le retour d'un vent favorable. En revanche, lorsque les vents contraires étaient bien établis, le déroutement était souvent inévitable. À plus forte raison lors des tempêtes où il n'y avait pas d'autre solution que de fuir ou de se laisser dériver. C'est ainsi que le navire de saint Paul fut emporté durant quatorze jours de la Crète à Malte et

19. Ces deux textes ont été rapprochés et commentés notamment par L. CASSON (1971, p. 276-277) et J. ROUGÉ (1978, p. 273-276).

20. L. BASCH, 1991.

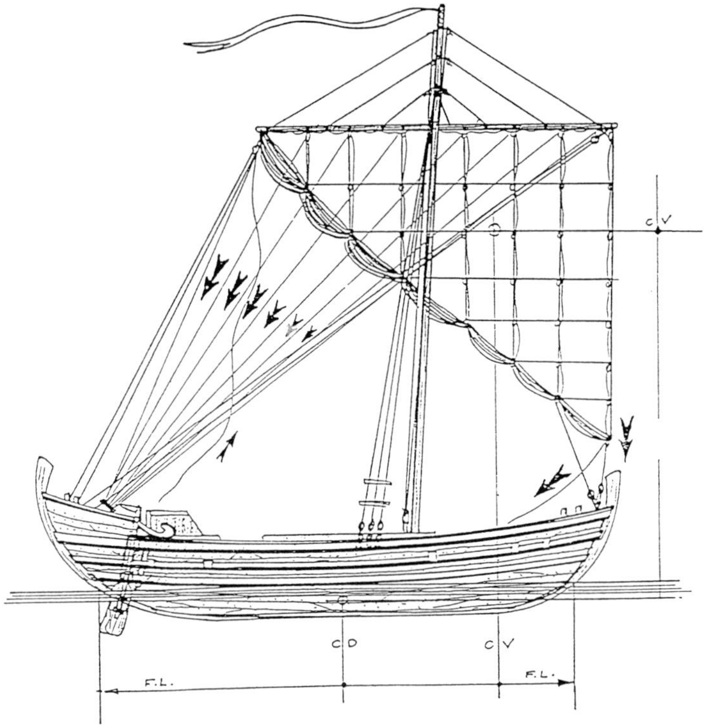

FIG. 2. *a*

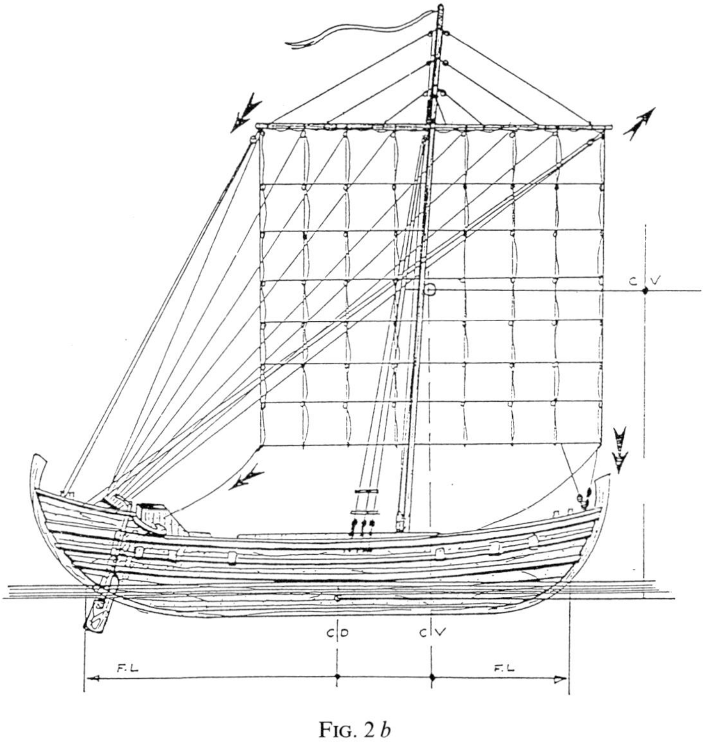

FIG. 2 *b*

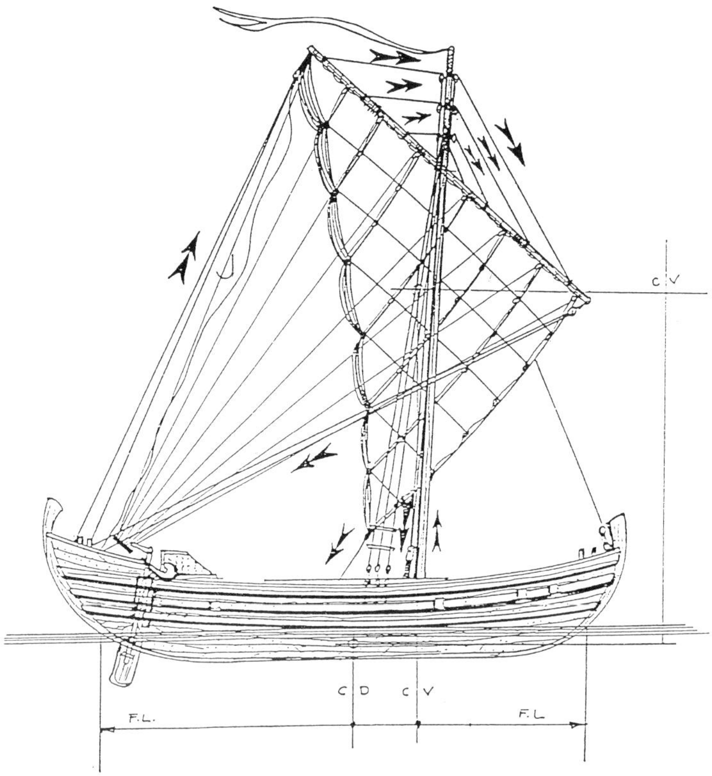

FIG. 2 *c*

FIG. 2. — Dessins d'interprétation des manœuvres de la voile décrites par Aristote et Achille Tatius pour permettre au navire de remonter au vent. Les dessins et le calcul des positions du centre de dérive (CD) et du centre de voilure (CV) ont été réalisés par R. Roman (Centre Camille Jullian, CNRS, Aix-en-Provence) d'après la restitution du navire antique de l'épave *Laurons II*.

a — la vergue est brassée en pointe pour venir dans l'axe longitudinal du navire.

b — la voile est réduite dans sa partie arrière à l'aide des cargues et affecte une forme triangulaire dans sa partie avant.

c — la vergue est apiquée sur l'avant. Bien que non explicitée dans les textes, cette dernière manœuvre (admise par L. Casson et J. Rougé) a pour effet de faire basculer le centre de voilure vers l'arrière et ainsi de le rapprocher du centre de carène dans une position relative plus favorable à la remontée au vent.

que, selon Hérodote (4, 152), Kolaios de Samos fut au VIIe siècle av. J.-C. le premier Grec à atteindre Tartessos, au-delà du détroit de Gibraltar, après avoir été détourné par des tempêtes alors qu'il faisait route sur l'Égypte.

Si les vents contraires et les tempêtes rendaient aléatoires les voyages maritimes, il n'en était pas toujours ainsi et les traversées s'effectuaient le plus souvent sans problème. Par vent favorable, on a vu que l'on estimait la distance parcourue en une journée diurne de navigation à 700 stades pour un bon navire et à 900 pour un très bon. Ces valeurs correspondent à des vitesses moyennes de l'ordre de 4 et 5 nœuds qui sont très honorables pour des bateaux à voile carrée. Ces vitesses pouvaient même atteindre 6 nœuds lors de traversées particulièrement rapides comme nous en rapporte Pline (*H.N.* 19, 3-4) : deux jours pour aller d'Ostie au cap Bon en Afrique, six jours pour rejoindre Alexandrie depuis le détroit de Sicile, ou encore sept jours pour traverser toute la Méditerranée occidentale de Gades à Ostie.

La comparaison entre ce dernier voyage et celui qu'effectua Posidonius qui mit trois mois pour aller d'Espagne en Italie après avoir été entraîné par des vents contraires vers les Baléares puis l'Afrique (Strabon III, 144), illustre parfaitement bien les avantages et les inconvénients de la navigation antique en Méditerranée.

Mais quels que soient les aléas de la navigation, le voyage maritime présentait malgré tout bien des avantages par rapport aux transports terrestres, leur lenteur, leur inconfort et leurs dangers. Sans parler des capacités de charge sans commune mesure : quelques centaines de kilos pour un chariot, plusieurs dizaines, voire des centaines de tonnes pour un navire.

Quant aux conditions de navigation, elles évolueront relativement peu en Méditerranée durant tout le temps de la marine à voile. Certes, la boussole permettra de se diriger par temps couvert et ouvrira la navigation hivernale, puis à partir du XVIIIe siècle le recours aux cartes marines et aux instruments, avec notamment le calcul de la longitude, conduira à une navigation plus précise. Mais ils n'affranchiront pas pour autant les navires à voiles des tempêtes et des vents contraires. La similitude des péripéties des voyages de saint Paul et, dix sept siècles et demi plus tard, de Chateaubriand qui, parti d'Alexandrie, mit cinquante jours pour rejoindre Tunis après avoir été dérouté pareillement sur les côtes d'Asie Mineure et les îles de la mer Égée, montre combien la navigation à voile est toujours restée soumise aux mêmes conditions précaires.

Patrice POMEY

BIBLIOGRAPHIE

P. ADAM, L. DENOIX, « Essai sur les raisons de l'apparition du gouvernail d'étambot », *Revue d'histoire économique et sociale*, XL, 1962, 1, p. 90-109.

P. ARNAUD, « De la durée à la distance : l'évaluation des distances maritimes dans le monde gréco-romain », *Histoire & Mesure*, VIII, 1993, 3-4, p. 225-247.

L. BASCH, *Le musée imaginaire de la marine antique*, Athènes, 1987.

L. BASCH, « La felouque des Kellia », *Neptunia*, n° 183, 1991, p. 1-10.

L. CASSON, *Ships and Seamanship in the Ancient World*, Princeton, 1971.

P.A. GIANFROTTA, P. POMEY, *Archeologia subacquea, storia, tecniche, scoperte e relitti*, Milan, 1981.

A. MAIURI, « Navalia Pompeiana », *Rendiconti dell'Academia di Archeologia, Lettere e Belle Arti*, Naples, 1958, 33, p. 7-34.

P. POMEY, « Les navires de commerce romains », *Dossiers de l'Archéologie*, n° 29, juillet-août 1978, p. 20-29.

P. POMEY, « Le navire romain de la Madrague de Giens », *Compte Rendus Académie des Inscriptions et Belles-Lettres*, janvier-mars 1982, p. 133-154.

P. POMEY, A. TCHERNIA, « Le tonnage maximum des navires de commerce romains », *Archaeonautica* 2, 1978, p. 233-251.

J. ROUGÉ, « La naviration hivernale sous l'Empire romain », *Revue des Études Anciennes*, LIV, 1952, p. 316-325.

J. ROUGÉ, *Recherches sur l'organisation du commerce maritime en Méditerranée sous l'Empire romain*, Paris, 1966.

J. ROUGÉ, *La marine dans l'Antiquité*, Paris, 1975.

J. ROUGÉ, « Romans grecs et navigation : le voyage de Leucippé et Clitophon de Beyrouth en Égypte », *Archaeonautica*, 2, 1978, p. 265-280.

J.R. STEFFY, *Wooden ship building and the interpretation of shipwrecks*, Texas A & M University Press, College Station, 1994.

J. VARS, *L'art nautique dans l'Antiquité et spécialement en Grèce*, Paris, 1887.

LA CARTE ARCHÉOLOGIQUE DES DÉPARTEMENTS FRANÇAIS DU LITTORAL MÉDITERRANÉEN

Adrien Blanchet, le fondateur de la prestigieuse collection de l'Académie des Inscriptions et Belles-lettres, *Forma orbis romani, Carte archéologique de la Gaule romaine,* avait réussi à publier l'inventaire topo-bibliographique des sites de la Provence romaine de 1931 à 1939 et celui du Languedoc-Roussillon de 1941 à 1959 (à l'exception des Pyrénées orientales). Est-ce pour cela qu'aucun département n'a encore été repris dans la collection relancée en 1987 sous le titre *Carte archéologique de la Gaule* ?

La collection lancée en 1931 par A. Blanchet effectuait un « répertoire des monuments et découvertes » départementales, classées par arrondissements, cantons et communes, présentées si possible dans le sens inverse des aiguilles d'une montre. Chaque volume était accompagné d'une carte au 1/200 000. Selon cette méthode, l'étude du Gard, par exemple, dirigée par A. Blanchet et publiée en 1941, commençait par l'arrondissement de Nîmes, le canton de Beaucaire, et la commune de Fourques (à l'extrême sud-est du département, au bord du Rhône).

Pour chaque commune (précédée d'un numéro), l'étude débutait par celle du nom antique présumé ; suivaient les rubriques qui correspondaient aux intérêts des chercheurs : d'abord les inscriptions et les milliaires ; pouvaient ensuite être étudiées les découvertes monumentales, les sculptures, parfois classées sous la rubrique « trouvailles diverses ». Ce parti pris d'un répertoire (facilitant l'accès à la documentation pour les chercheurs) a permis la publication rapide des départements du littoral méditerranéen sous la direction successivement d'Adrien Blanchet, d'Albert Grenier et de Paul-Marie Duval, comme en témoigne la liste suivante **(fig. 1)** :

- La Provence de 1931 à 1939 :

1931 : Alpes-Maritimes, par Paul Couissin ;
1931 et 1937 : Basses-Alpes, par Henri de Gérin-Ricard ;
1932 et 1935 : Var, par Paul Couissin ;

1936 : Bouches-du-Rhône, par Fernand Benoit ;
1939 : Vaucluse, par le chanoine Joseph Sautel ;

- La Corse, en 1933, par Ambroise Ambrosi ;

- Le Languedoc, partiellement réalisé de 1941 à 1959 :

1941 : Gard, par Adrien Blanchet et M. Louis ;
1946 : Hérault, par Émile Bonnet ;
1959 : Aude, par Albert Grenier.

FIG. 1. — *Forma orbis romani.* Carte archéologique de la Gaule romaine. Volumes publiés de 1931 à 1981.

Ces dates de publication laisseraient imaginer un mouvement scientifique qui serait né aux portes de l'Italie en 1931, qui se serait arrêté au seuil de l'Espagne (les Pyrénées-Orientales n'ayant jamais été traitées), et qui n'aurait pu atteindre l'ensemble du territoire national, peu étudié. Dans la vallée du Rhône par exemple, la Drôme est traitée en 1957 par le chanoine J. Sautel et l'Ardèche en 1975 par André Blanc. Pour le reste du territoire français, même avec l'aide du directeur de la collection, seuls quatre auteurs ont conduit à leur terme un répertoire départemental : Émile Bonnet, dès 1944, pour l'Aveyron ; Jacques Boussard, en 1960, pour l'Indre-et-Loire ; Jean Perrier, en 1964, pour la Haute-Vienne ; Guy Lintz, en 1981, pour la Corrèze. Certes, les Archives de l'Institut de France (10 G 1 à 38) conservent des fiches pour vingt autres départements (Aisne, Hautes-Alpes, Ardennes, Aube, Creuse, Deux-Sèvres, Dordogne, Gironde, Ille-et-Vilaine, Isère, Loire, Loiret, Lozère, Maine-et-Loire, Marne, Meurthe-et-Moselle, Oise, Seine-Maritime, Somme, Vendée, Vienne, Vosges). Il faut donc bien conclure que, malgré la volonté du fondateur, la *Carte archéologique de la Gaule* est restée, de 1931 à 1988, une entreprise méditerranéenne dont la qualité scientifique reposait sur les connaissances d'un chercheur.

En tout cas, bénéficiant de cet inventaire topo-bibliographique, les chercheurs des départements méditerranéens n'ont pas participé à la relance de la collection en 1987 par le Secrétaire perpétuel de l'Académie des Inscriptions et Belles Lettres, le professeur Jean Leclant, dans un cadre élargi (la Gaule de 800 av. J.-C. à 700 ap. J.-C.).

Cette nouvelle *Carte archéologique de la Gaule* est née au cœur de la France médiévale dans l'espace ligérien (en 1988), s'est étendue rapidement (de 1989 à 1996) à la Bretagne et au Massif central, et surtout à l'ensemble de la « communauté Atlantique » antique (des Pyrénées-Atlantiques au département du Nord, de l'Atlantique au Massif central). La **fig. 2** ci-jointe montre qu'à part l'étude de quelques villes (Lyon, Bordeaux, Poitiers) et de peuples à l'est (Tricasses, Sénons), la *Carte archéologique* des deux grandes provinces romaines de Lyonnaise et d'Aquitaine sera en grande partie faite en 1997. En revanche, on constate que l'entreprise n'a pas encore abouti chez les Belges (à part ceux du littoral de la Manche) et chez les Germains. Dans la partie belge, il faut noter que rien n'est encore fait du territoire des Rèmes, des Suessions, des Trévires, des Médiomatriques, des Leuques. Il en est de même en Germanie Supérieure pour les Séquanes ou les Triboques. La *C.A.G.* n'a réussi à publier que le territoire des Ambarres et une petite partie de celui des Lingons.

Sur les bords de la Méditerranée, passé l'indifférence des années 1988-1994, l'évolution nouvelle de la collection suscite un intérêt chaque jour plus grand devant la possibilité de renouveler les connaissances acquises et de confronter les expériences de spécialités diverses.

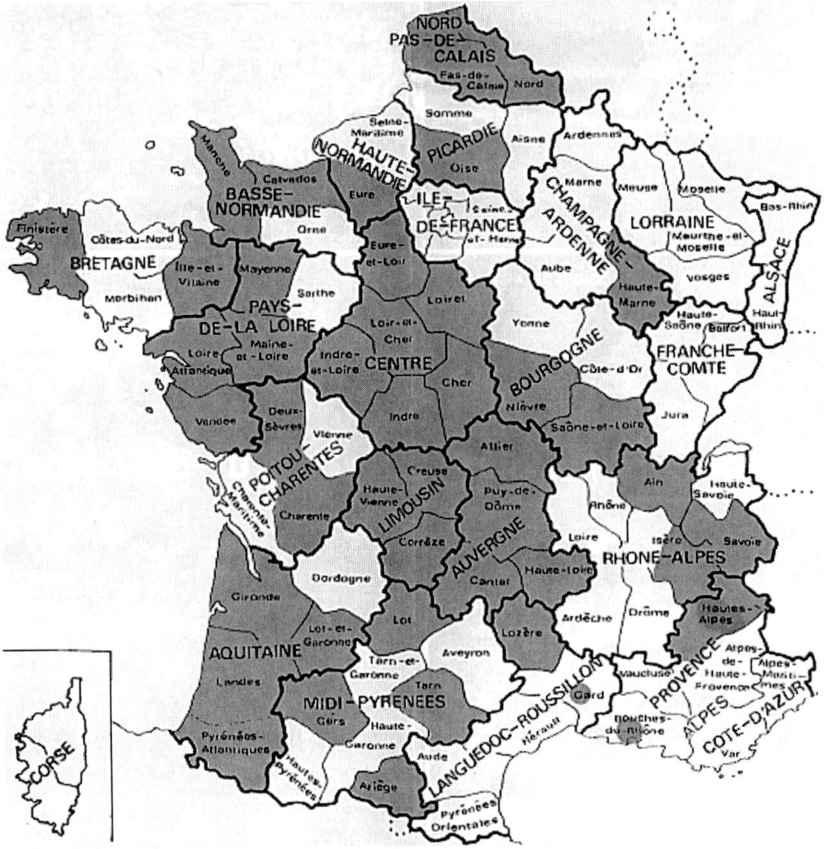

FIG. 2. — Carte Archéologique de la Gaule (1988-1996)

Ce regain s'explique parce que le « répertoire des monuments » a laissé la place à un « Pré-inventaire archéologique » (classé par communes I.N.S.E.E. et par sites archéologiques) qui est en train de réaliser un triple objectif :

1) rassembler (en un même endroit) l'ensemble des découvertes sur une période chronologique élargie (Âge du fer, époque romaine et haut Moyen Âge) ;
2) étudier par site archéologique l'ensemble des documents (réinterprétés, datés et référencés) en privilégiant le travail de l'historien, tout en préparant celui des divers spécialistes (qui participent à cette opération) ;
3) publier immédiatement cette documentation sur papier (et la conserver sur un support informatique).

Les 50 volumes publiés de 1988 à 1996 montrent l'efficacité de la formule de cette collection de l'Académie des Inscriptions et Belles-Lettres, désormais coéditée avec le Ministère de la Culture, l'Enseignement Supérieur, le C.N.R.S. et diffusée par la Maison des Sciences de l'Homme.

Tel qu'il est réalisé, ce pré-inventaire est capable d'apporter des réponses concrètes à des problèmes que se posent les multiples équipes de chercheurs sur l'espace méditerranéen.

Plus qu'ailleurs, en raison de la qualité et du nombre des chercheurs répartis entre Toulouse, Montpellier, Aix, Marseille et Nice, l'« ère de la quantité » est arrivée en archéologie et dans les sources documentaires pour l'histoire de la Gaule. Cette documentation, naguère si pauvre (parfois limitée à une inscription, à de rares tessons), est désormais surabondante : c'est par tonnes que les tessons s'entassent dans des « réserves archéologiques » ; pour la *C.A.G. Nîmes,* Michel Christol a dû étudier 1450 inscriptions ; à la rareté des sites archéologiques dans beaucoup de communes de la Gaule du Nord s'oppose l'abondance de certains territoires méditerranéens : dans la *C.A.G. 13/1* par exemple, la commune de Martigues (I.N.S.E.E. n° 056) comprend 94 sites importants **(fig. 3)**. Cela explique que ce volume des Bouches-du-Rhône ait dû se limiter aux 29 communes bordant l'étang de Berre.

Ce règne de la quantité a nécessité, pour la *C.A.G.,* à la fois le « découpage » d'un département en plusieurs volumes (6 ou 7 sont prévus pour les Bouches-du-Rhône) et la constitution d'équipes pluridisciplinaires. Il n'est plus possible d'avoir un seul auteur par fascicule. La publication en 1996 des deux volumes *C.A.G. 30/1* et *C.A.G. 13/1* est significative de ces exigences et de cet état d'esprit nouveau.

Pour le volume sur Nîmes (*C.A.G. 30/1*), la documentation, dépouillée par Alain Veyrac dans le cadre d'un mémoire de l'E.H.E.S.S. sous la direction de Jean Guilaine, complétée par les responsables des fouilles et des Services (régional, départemental, municipal), est entrée dans des notices de sites, à la rédaction desquelles chaque spécialiste a participé, sous la direction de Jean-Luc Fiches, directeur de recherches au C.N.R.S. : numismate (Michel Amandry, directeur du département des monnaies, médailles et antiques de la B.N.F.), épigraphiste (Michel Christol, professeur à l'Université de Paris I), spécialiste de la mosaïque (Jean-Pierre Darmon, directeur de recherches au C.N.R.S.), de la sculpture (Danièle Terrer, ingénieur au Centre Camille Jullian, C.N.R.S.), conservateur du Musée de Nîmes (Dominique Darde), étudiants préparant une thèse (sur la ville ou sur son territoire) à l'Université de Provence (Yves Manniez, Martial Monteil, Alain Veyrac) ou à l'Université Paul

Valéry (Laurent Vidal), dessinateurs du C.N.R.S. au C.R.A. de Valbonne (Jean Chevalier, Madeleine Sintès-Aïoutz).

Ces notices sont précédées d'un bilan des connaissances effectué par chaque chercheur dans sa propre spécialité, constituant autant d'exposés introductifs au volume.

Alors que dans le volume qu'A. Blanchet et M. Louis avaient consacré au Gard en 1941, Nîmes occupait 106 pages, la *C.A.G. 30/1* consacrée à la même ville, en 1996, comprend 676 pages, 388 figures, 32 planches et un grand plan hors-texte au 1/2000. Replacée à l'échelle des départements méditerranéens, la *C.A.G.* devient une entreprise gigantesque.

Mais, si les objectifs signalés sont communs à tous les volumes, chaque fascicule d'un département méditerranéen doit former nécessairement une « aventure » scientifique originale : la *C.A.G. 13/1* (Étang-de-Berre) en fournit un exemple qui sera forcément différent des autres volumes des Bouches-du-Rhône. Depuis 1986, s'est mise en place, autour de l'étang de Berre, une recherche pluridisciplinaire sous la direction du Centre Camille Jullian à Aix-en-Provence. Au sein de cette équipe, Philippe Leveau, professeur à l'Université de Provence, a joué un rôle moteur important. Ces travaux ont justifié le choix de l'espace géographique de la *C.A.G. 13/1* (Étang-de-Berre), notamment par l'intermédiaire de trois thèses de Doctorat soutenues en 1994 et en 1995 : celle de Fabienne Gateau sur la « chaîne de la Nerthe et son piémont nord », celle de Frédéric Trément sur « le secteur des étangs de Saint-Blaise », celle de Florence Verdin sur « les Salyens et leur territoire présumé ». Les archéologues de collectivités ont largement ouvert leurs dossiers (N. Coye et J.-Ph. Lagrue sur Fos, J. Chausserie-Laprée à Martigues, L.-F. Gantès à Marignane). Chacun a pu livrer les résultats de ses travaux dans la synthèse introductive orchestrée par Philippe Leveau.

Ces deux volumes ont constitué de véritables « laboratoires » dont les expériences vont être étendues à tous les départements méditerranéens. Pour les Bouches-du-Rhône, un fichier bibliographique informatisé sur « Filemaker pro. » est en cours de réalisation par Fabienne Gateau. Chaque chercheur des 6 ou 7 volumes de la *C.A.G. 13* à venir pourra y puiser à loisir ; la collaboration de l'Atelier du Patrimoine de Marseille et d'archéologues de collectivités territoriales sera précieuse.

La méthode de rédaction des sites a aussi évolué. Une liste classée de sites archéologiques peut laisser désormais la place à un tissu archéologique au travers duquel on cherche à comprendre l'organisation du territoire par une communauté d'hommes à un moment donné.

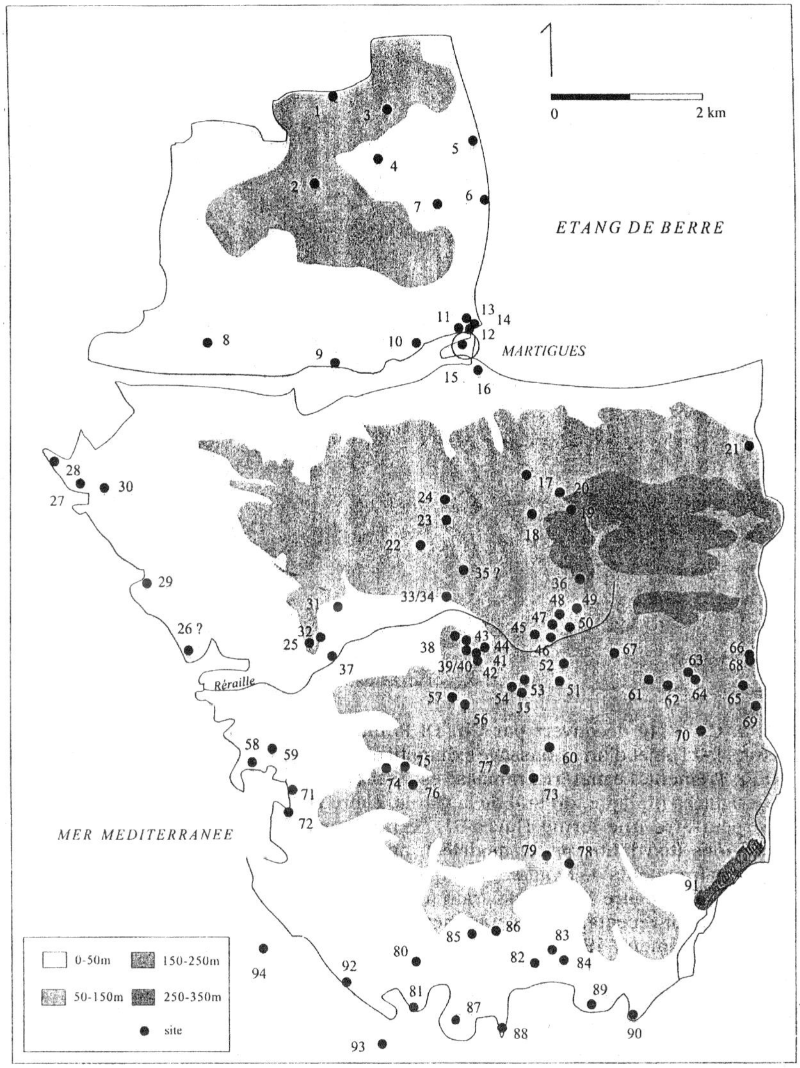

FIG. 3. — Commune 056 (Martigues)

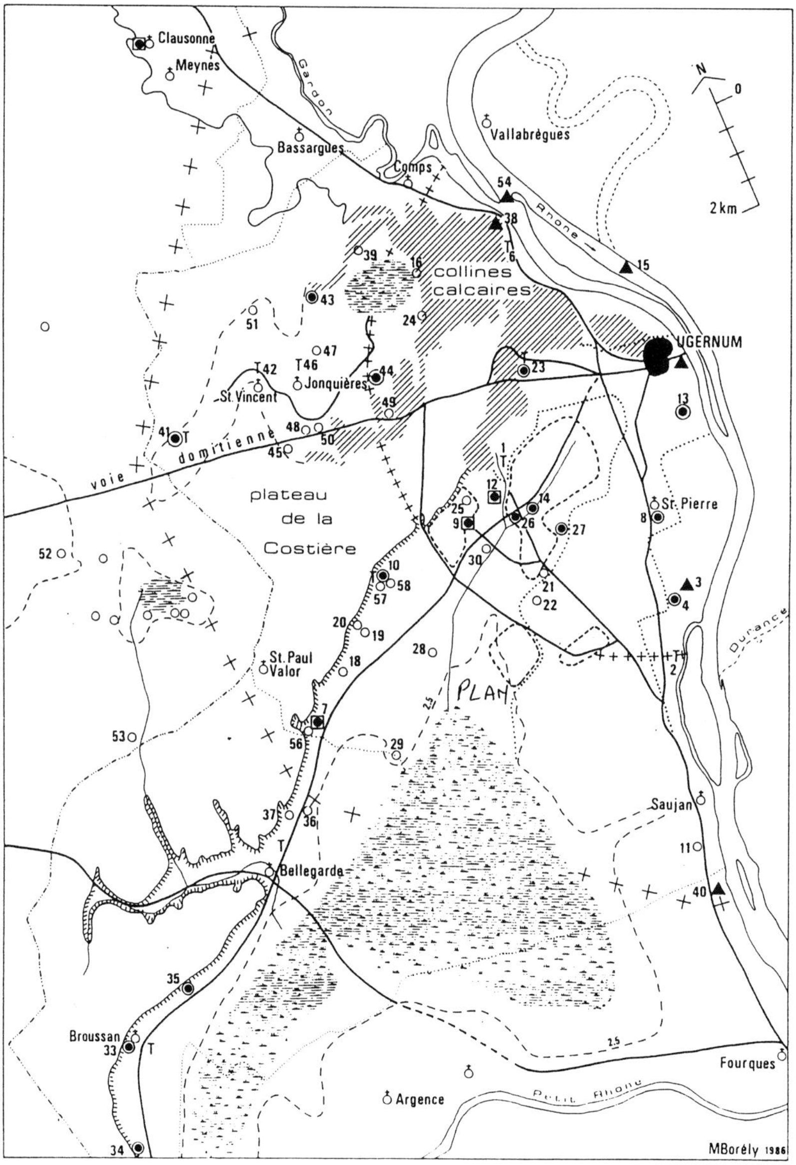

FIG. 4. — La commune de Beaucaire
(J.-Cl. Bessac et *alii, Vgernum*, ARALO, cahier 15, 1987, p. 89)

La rédaction de la notice Beaucaire (pour la *C.A.G. Gard*) illustre cette démarche. Les recherches universitaires **(fig. 4)** effectuées sur cette commune (I.N.S.E.E. n° 032) permettent de dépasser la seule approche archéologique pour poser des problèmes nouveaux tout en préservant le cadre de la recherche et l'étude du mobilier. La première partie de cette notice 032 reste classique dans son organisation : l'agglomération d'*Ugernum*, de la Protohistoire au haut Moyen Âge. En revanche, la seconde partie débute par une observation attentive des frontières et des réseaux centuriés (rapports d'*Ugernum* et des habitats voisins, divers cadastres régionaux), avant d'envisager l'évolution du réseau routier et surtout l'étude organisée du territoire : *Garrigue, Costière, Plan* (avec sa cuesta et sa façade monumentale sur le Rhône). Cette étude archéologique n'est donc pas neutre, car, même à l'échelon communal, elle débouche sur une interprétation historique des découvertes archéologiques replacées dans leur contexte de civilisation. Cette thématique nouvelle est évidemment à comparer avec l'étude de Beaucaire d'A. Blanchet et M. Louis, publiée dans la même collection en 1941, qui comprenait 4 pages (p. 2 à 4) avec, en rubriques successives : *Rhodanusia*, inscriptions, milliaires, carrières, château, trouvailles diverses.

De semblables expériences ont été mises en chantier dans tous les départements provençaux : dans le Var, sous la direction de Jean-Pierre Brun et de Gaëtan Congès ; dans les Alpes-de-Haute-Provence, avec Géraldine Bérard ; dans le Vaucluse, avec le Service départemental d'Archéologie ; dans les Alpes-Maritimes, sous la double direction de l'Université de Nice (avec le professeur Pascal Arnaud) et du C.R.A. de Valbonne-C.N.R.S. (avec le directeur de recherches François Braemer). Quant au Languedoc-Roussillon, le retard de la *C.A.G.* est évident. L'expérience de Nîmes et du Gard n'est prolongée que par celle que Dominique Garcia et Laurent Schneider mènent en 1997 sur l'arrondissement de Lodève (Hérault), même si des négociations sont en cours pour les autres départements.

Conclusion : Désormais, la mission de la *C.A.G.* va bien au-delà d'un simple pré-inventaire archéologique. La collection de l'Académie des Inscriptions et Belles-Lettres permet à toute la communauté archéologique de faire un bilan global des connaissances et de mettre en lumière les orientations futures, nécessaires, de cette recherche. Cette expérience pourrait bien tenter les autres pays des rivages méditerranéens.

Michel PROVOST

L'HOMME ET L'ENVIRONNEMENT DANS LE MONDE MÉDITERRANÉEN : LE REGARD DU MÉDIÉVISTE

I. Quelques considérations préliminaires

Je voudrais dès le départ souligner le fait que l'étude des rapports entre l'homme et le milieu naturel constitue — pour l'Occident médiéval en général et le monde méditerranéen tout particulièrement — un des domaines les plus féconds et l'un de ceux où les acquis récents de la recherche sont parmi les plus remarquables. Ces avancées, pour une bonne part, sont dues à une collaboration de plus en plus étroite des historiens avec les géographes et les archéologues, certes, mais aussi avec tous les spécialistes des paléoenvironnements (botanistes, palynologues, anthracologues, carpologues, etc). Forte d'une telle pluridisciplinarité, l'histoire agraire « traditionnelle » du monde méditerranéen ambitionne aujourd'hui de restituer toute la dynamique des rapports entretenus au Moyen Âge par l'homme avec le milieu naturel. Elle se donne pour objet de définir *des modèles d'occupation du sol* à visée heuristique, c'est-à-dire des structures stables permettant de comprendre dans la longue durée ces trois ordres de phénomènes connexes que sont :

- — les structures de l'habitat (*stricto sensu*) ;
- — les structures d'occupation du sol (types de terroirs, forme des champs, rapports entre agriculture et vie pastorale, etc) ;
- — les rapports que ces deux ordres de structures entretiennent entre eux et avec les phénomènes de conjoncture tels que la guerre, la tendance démographiques, la politique des États (colonisation, politique des frontières, etc).

De plus en plus, par conséquent, cette histoire des rapports entre l'homme médiéval et le milieu méditerranéen se définit, pour reprendre un terme cher à Fernand Braudel, comme une « géohistoire » à ambition globalisante, puisqu'elle choisit comme objet d'étude la genèse et le devenir de ces structures d'équilibre entre les sociétés et l'environnement que sont les écosystèmes en général et, en particulier, les agrosystèmes.

Une telle approche géohistorique du milieu méditerranéen — et c'est là sa première caractéristique — *est une science jeune*. Les causes de ce relatif retard, par comparaison avec les pays de l'Europe du Nord, sont sans doute multiples. Il me semble cependant qu'elles tiennent pour l'essentiel à des raisons d'ordre culturel et, plus précisément, académique. Alors, en effet, qu'en Allemagne, en Angleterre ou en France, de fortes liaisons se sont établies dès le XIXe siècle entre l'enseignement universitaire de l'histoire et celui de la géographie, les pays méditerranéens à tradition universitaire forte — l'Italie et l'Espagne — ont eu tendance, à la même époque, à lier le sort des disciplines historiques à l'enseignement du droit et de la philosophie plus qu'à celui de la géographie. C'est bien en Allemagne, sous l'impulsion essentielle d'August Meitzen, que l'histoire de l'occupation du sol (« Siedlungsgeschichte ») est née dans le dernier tiers du XIXe siècle en tant que discipline scientifique autonome. C'est donc sans surprise que l'on constate qu'à partir des années 1900, c'est en Allemagne que se dessinent les premiers intérêts pour une approche historique et anthropogéographique des milieux naturels méditerranéens, avec les travaux pionniers de Friedrich Ratzel, de Theobald Fischer et de Robert Gradmann [1]. D'un autre côté, la forte liaison qui s'établissait alors en France entre histoire et géographie a abouti à l'élaboration de quelques grandes thèses de géographie régionale qui ont puissamment contribué à imposer l'idée que la forte originalité des paysages méditerranéens et des formes typiques d'occupation du sol qui leur étaient associées ne pouvaient être comprises que par le recours à la longue durée du temps de l'histoire.

Il suffira, à cet égard, de citer les noms bien connus de Jean Brunhes, de Daniel Faucher, d'André Meynier, de Pierre Deffontaines, de Jules Sion et, *last but not least,* celui de Maurice Le Lannou. Les *Caractères originaux de l'histoire rurale française* publiés par Marc Bloch en 1931 marquent, à cet égard, une date majeure. Ils ont révélé d'un coup tout le profit qu'une histoire agraire renouvelée dans son esprit et ses méthodes pouvait tirer de ce que Jules Sion appelait, à propos du livre de Bloch, une exceptionnelle « convergence des

1. Sur l'apport de la géographie et de la « Siedlungsgeschichte » allemande à l'étude des terroirs et des faits de civilisation agraire, voir en dernier lieu P. Toubert, « Histoire de l'occupation du sol et archéologie des terroirs médiévaux : la référence allemande », dans *L'archéologie des terroirs : approches archéologiques et historiques* (= CASTRUM 5), Rome et Madrid, sous presse (1997).

disciplines »[2]. À la différence, en effet, de ses devanciers comme Henri Sée, dont les paysans — au dire de Lucien Febvre — « semblaient ne labourer que des cartulaires », Bloch a eu le rare privilège de révéler tout l'attrait singulier d'une histoire agraire sans frontières, ouverte non seulement à la géographie, à l'histoire économique et juridique (comme en Angleterre), à la « Siedlungsgeschichte » (comme en Allemagne), mais aussi au folklore, à l'histoire de l'agronomie et des archéotechnologies, à la toponymie, à la linguistique, aux sources iconographiques, à la photointerprétation aérienne, à l'analyse des cadastres et des plans parcellaires anciens, etc. Fort de tels recours documentaires étayés par une méthodologie exigeante, Bloch a pu placer au cœur de notre histoire rurale le fait original que la France était située au carrefour des trois grandes civilisations agraires de l'Occident : la civilisation des champs ouverts et de l'open-field de l'Europe du Nord, la civilisation du bocage, des haies vives et des champs enclos de l'Europe de l'Ouest et la civilisation agraire méditerranéenne. Si c'est peut-être sur les caractères distinctifs de cette dernière que le grand livre de Bloch apparaît comme le plus rapide et le moins satisfaisant aujourd'hui, ses mérites historiographiques demeurent considérables. En dégageant pour la première fois avec rigueur le concept de « civilisation agraire » comme la résultante structurale complexe des interactions entre un milieu naturel donné, des formes typiques d'habitat et de mise en valeur des terroirs, des technologies spécifiques et des usages agraires et sociaux précis, il a doté la recherche d'un fil conducteur qu'il nous appartient de saisir. Nous allons dans cet esprit nous attacher dans les pages qui suivent à mieux définir le type de civilisation agraire que le Moyen Âge méditerranéen a produit et quels types de paysages en résument encore bien aujourd'hui visuellement — pour qui sait les voir — les traits essentiels.

Dans unc première partie, je vais ainsi rapidement définir les caractères originaux des milieux naturels méditerranéens et, par là même, essayer d'évaluer, au-delà de tout déterminisme géographique, le poids dont les contraintes propres à l'espace méditerranéen ont pesé sur l'homme médiéval. Dans une seconde partie, j'évoquerai plus précisément la part de l'homme dans l'aménagement de cet espace au Moyen Âge, tant au niveau de l'habitat qu'à celui de l'organisation des espaces cultivés.

2. Sur Marc Bloch, l'histoire agraire et l'historiographie des *Caractères originaux*, voir P. Toubert, *Préface* à M. Bloch, *Les caractères originaux de l'histoire rurale française*, 3e éd., Paris 1988, p. 5-41 (avec bibliogr.).

II. La part du milieu

La première contrainte que le milieu méditerranéen impose à l'homme tient à l'extrême morcellement des cadres du relief. Les contrastes y sont brutaux entre la mer et la montagne. Des plaines littorales parfois étroites et souvent marécageuses voisinent avec de hauts-reliefs marqués par l'abondance des accidents tectoniques. Ici, des failles et des bassins d'effondrement délimitent des conques et des plaines intérieures. Là, prévalent des hauts-reliefs massifs et tabulaires qui connaissent leur plus grande extension dans la Meseta ibérique. Instabilité tectonique, tremblements de terre, volcanisme, éboulements catastrophiques (« frane ») y sont les compagnons du paysan autant que les épidémies et les famines. À en croire l'inventaire déjà ancien de Mario Baratta [3], chroniques et annales monastiques italiennes permettent, par exemple, de dénombrer pas moins d'une dizaine de tremblements de terre importants pour le XIe siècle, trente pour le siècle suivant, soixante-dix pour le XIIIe siècle, selon une progression qui ne reflète évidemment que l'enrichissement de notre documentation écrite. Presque partout, les plaines littorales nées des incertitudes du remblaiement alluvial sont mal drainées et insalubres. Les côtes sont plates et inhospitalières, sauf dans les secteurs privilégiés où la montagne tombe directement dans la mer et y découpe des anses et des ports naturels en eau profonde.

Le milieu naturel fait ainsi obligation à l'homme d'occuper en permanence les zones intermédiaires de versant tout en s'assurant, si possible, des ressources pastorales complémentaires fondées sur l'exploitation extensive des hautes surfaces montagneuses ou steppiques et des basses plaines littorales répulsives du point du vue de l'occupation agricole.

Ce compartimentage des reliefs est accentué par un climat qui multiplie, lui aussi, les contrastes brutaux et la variété extrême non seulement des types de temps mais aussi des micro-climats. Pour s'en tenir aux pays du pourtour septentrional de la Méditerranée, la gamme typologique de ces derniers va des climats à nuance subaride de Sicile ou de la Meseta ibérique au climat doux et tempéré des zones littorales comme celui de la Riviera ligure et aux micro-climats de type lombard ou subcarpathique où la chaleur estivale s'accompagne d'une assez forte humidité. Ceci, pour ne rien dire de toute la série de

---

3. M. Baratta, *I terremoti d'Italia. Saggio di storia, geografia e bibliografia sismica italiana*, Turin, 1901, 951 p. Notons en passant que, pour les XIVe et XVe siècles, l'auteur ne dépasse guère le chiffre des 70 séismes importants par siècle enregistré pour le XIIIesiècle. Pour le Moyen Âge du moins, il n'y a donc pas un rapport simple et direct entre le nombre de séismes connus et l'état de la documentation conservée.

nuances qu'apporte l'étagement en altitude des variantes climatiques de la montagne méditerranéenne. Mis à part les sous-types à tendance continentale évoqués ci-dessus, les climats méditerranéens se traduisent par un fort déficit du bilan hydrologique qu'explique l'intensité de l'insolation estivale et l'importance du prélèvement dû à l'évaporation.

Il en résulte cette constante bien connue du milieu méditerranéen que constitue sa pauvreté générale en eaux de ruissellement superficiel, pauvreté accentuée par la concentration de la pluviosité sur une saison humide à maximum automnal, intense mais plus ou moins brève selon les régions. Un tel déficit du bilan hydrologique a eu des conséquences considérables sur l'occupation humaine. Il a obligé le paysan méditerranéen à développer des techniques d'irrigation souvent très raffinées. Ces dernières, fondées sur des pratiques collectives, ont engendré à la fois des espaces irrigués (les « *espacios idráulicos* » si bien étudiés aujourd'hui par les archéologues médiévistes espagnols) [4] et des institutions communautaires vouées à la gestion de ces systèmes hydrauliques, qu'il s'agisse de répartir entre les ayants-droit les eaux disponibles selon les fluctuations du calendrier, d'entretenir les canaux et dispositifs techniques ou de réguler les conflits inévitables entre utilisateurs du système.

Ces conditions climatiques permettent ainsi de définir deux types de régions où l'agriculture permanente apparaît comme relativement moins défavorisée qu'ailleurs. Il s'agit, en premier lieu, des zones de huerta qui correspondent aux plaines d'alluvionnement les plus fertiles, commes les « *vegas* » du Sud-Est ibérique, riches en possibilités d'irrigation grâce à la présence d'une nappe phréatique abondante et accessible. Le second cas, moins connu mais également significatif, est celui des massifs calcaires des péninsules occidentales. Grâce aux phénomènes de rétention karstique des eaux de pluie, la montagne y joue en effet le rôle de réservoir d'accumulation des eaux pluviales et nivales qu'elle restitue, au terme d'une circulation souter-

4. Le repérage archéologique des « espaces hydrauliques » médiévaux et leur interprétation historique constituent un des points forts de la recherche espagnole aujourd'hui. Citons parmi les meilleurs travaux récents (avec bibliographies détaillées) : M. Barceló *et al.*, *Arqueología medieval en las afueras del « medievalismo »*, Barcelone, 1988 ; M. Barceló, « El diseño de espacios irrigados en al-Andalus : un enunciado de principios generales », dans *El Agua en zonas áridas : Arqueología e Historia,* Almeria, 1989, t. I, p. XIII-XLVIII, ainsi que H. Kirchner et C. Navarro,« Objetivos, métodos y prática de la arqueología hidráulica », dans *Archeologia medievale*, XX, 1993, p. 121-151, repris dans *Arqueología y territorio medieval,* 1, Jaén, 1994, p. 159-182. En dernier lieu, voir M. Barceló, *El agua que no duerme. Fundamentos de la arqueología hidráulica andalusí,* Grenade, 1995 (avec bibliogr.).

raine parfois abondante, par voie de sources de résurgence basale bien réparties. Tel est le cas, en particulier, des massifs calcaires de l'Apennin. Il en résulte que l'influence du déficit hydrologique sur la distribution et la fixation des points de peuplement est très variable selon les régions à l'intérieur même du monde méditerranéen. Il est démontré que, dans des régions bien connues pour leur habitat rural concentré sur sites de sommité — comme par exemple l'Apennin central et ses marges —, les sources de résurgence karstique sont assez nombreuses et bien étagées pour que les points d'eau n'aient pas joué un rôle de facteur déterminant dans le choix des sites de peuplement. Mais une situation inverse est offerte par les régions à sécheresse très marquée et à nuance subaride où les points d'eau ont effectivement contribué de manière essentielle à la sélection des sites d'habitat rural permanent. Ce n'est que par exception — comme par exemple dans les plaines littorales de l'Andalousie orientale — que la durée et l'intensité de la saison chaude, conjuguée au développement de techniques d'irrigation sophistiquées d'importation orientale a permis la pratique de cultures de type « tropical » comme la canne à sucre ou le palmier-dattier.

Né de ces conditions hydrologiques autant que de la diversité des microclimats et du compartimentage des reliefs, le morcellement caractéristique des régions méditerranéennes a été encore accentué par l'extrême discontinuité des sols et de la couverture végétale.

Du point de vue pédologique tout d'abord, la gamme des types de sols est très étendue et il nous suffira ici d'en énumérer les principales composantes :

— arènes de décomposition granitique et « croûtes cristallines » dans les zones de piémont des massifs anciens (Corse, Sardaigne, piémont pyrénéen, etc) ;
— sols volcaniques limités en extension mais assez riches (Étrurie, Latium, Sicile orientale, etc) ;
— sols alluviaux quaternaires des zones de remblaiement récent et, en particulier, des plaines littorales ;
— sols, surtout, élaborés sur soubassement calcaire formant toute la famille des sols dits de *terra rossa.*

Il s'agit fondamentalement, dans ce dernier cas, de sols argileux de décalcification riches en oxydes de fer auxquels ils doivent leur coloration plus ou moins rouge, mélangés en proportion très variable d'éléments détritiques qui leur confèrent une grande variété de texture physique. Sans pouvoir évoquer ici tous les problèmes complexes que posent les sols dits à *terra rossa*, largement présents dans les péninsules méditerranéennes, on notera cependant qu'en dehors des zones de huerta, ce sont les sols rubéfiés qui constituent les sols agricoles par excellence du monde méditerranéen. Ils sont aptes à la fois à la céréaliculture extensive et à l'arboriculture sèche. Assez pauvres en éléments nutritifs (carbonates et phosphates), ils ont imposé à l'homme médiéval des systèmes de culture à faible productivité fondés, dans le meilleur des cas, sur une rotation biennale et sur le système de l' « *año y vez* » faisant alterner jachère morte et céréale d'hiver. Sols fragiles, exposés au risque de lessivage superficiel lors des grandes pluies automnales, les sols à *terra rossa* constituent en outre des terres agricoles légères, bien adaptées au travail de l'araire qui aère le champ sans provoquer l'évaporation excessive et la remontée conséquente des sels minéraux qu'entraînerait un labourage plus profond.

Cette mosaïque des sols a pour corollaire une égale discontinuité et une égale fragilité de la couverture végétale. Dans les zones littorales et régions à nuance subaride, prévalent les formations dégradées de type steppique comme la garrigue, avec prédominance d'espèces xérophiles adaptées à une sécheresse prolongée et à une insolation estivale intense (cystes, myrtes, laurier, espèces aromatiques diverses, etc). C'est le *lauretum* des botanistes et des biogéographes.

Dans la zone de collines basses de l'*ilicetum*, l'espèce dominante est constituée par le chêne-vert (Q. *ilex*) considéré souvent par les botanistes comme la formation d'équilibre typique de la végétation méditerranéenne, de préférence à l'olivier qui en serait plutôt le révélateur anthropo-géographique. Le chêne-vert est associé, dans cette formation, à d'autres variétés de chênes méditerranéens xérophiles comme le chêne-liège (Q. *suber*) et le chêne-kermès (Q. *coccifera*) qui ont laissé des traces visibles dans la microtopymie médiévale et moderne. Au dessus de l'*ilicetum*, se développe la chênaie à feuilles caduques (chêne chevelu, chêne pédonculé, chêne pubescent) associée à d'autres feuillus comme le frêne, le charme, le micocoulier, l'érable-sycomore. Cette forêt mixte à feuilles caduques est caractéristique, dans le monde méditerranéen à nuance tempérée, de la tranche d'altitude comprise entre 400-500 mètres et 900-1 000 mètres. C'est, par excellence, la zone d'occupation humaine où, au Moyen Âge, se sont effectuées les principales conquêtes de terres agricoles par voie de défrichement. Au-dessus de la zone des 1 000 mètres en effet, s'étendent la hêtraie puis les conifères méditerranéens d'altitude comme le pin laricio, la prairie alpine enfin.

Du point de vue qui est le nôtre, c'est-à-dire celui du médiéviste, cette très rapide revue des conditions naturelles du milieu invite à quelques conclusions essentielles à la compréhension même de *la logique qui a présidé à l'occupation humaine du Moyen Âge.*

Première conclusion : mises à part quelques exceptions notables comme la vaste plaine alluviale du Pô ou le haut-plateau ibérique, l'espace méditerranéen est caractérisé par la variété et la discontinuité des sols à aptitudes agricoles très variées. Il en résulte que les communautés paysannes ont dû construire un équilibre productif à la fois subtil et précaire, souvent remis en question, du XIe au XIVe siècle, par une croissance démographique soutenue.

Deuxième conclusion : dans cette gamme pédologique très étendue et diversifiée, les sols agricoles les plus exploités au Moyen Âge ont été les formations meubles de versant et de piémont. Ils ont poussé à la construction de ces terroirs de champs en terrasses si caractéristiques du paysage méditerranéen. Ils correspondent souvent à des sols à *terra rossa* voués à la céréaliculture et à l'arboriculture sèche associée au vignoble.

Ce sont ces terres qui répondent le mieux à la définition médiévale d'un « bon » terroir. Les sols alluviaux trop lourds pour être labourés à l'araire nécessitent en effet la maîtrise de trains de culture importants. Ce n'est qu'à l'époque moderne, par exemple, que la diffusion de l' « aratro bolognese » capable d'atteler en ligne six et même parfois jusqu'à huit bœufs à permis le labour des sols profonds d'Émilie [5]. On notera aussi que les sols gagnés au Moyen Âge par défrichement des espaces forestiers de l'*ilicetum* et de la chênaie à feuilles caduques ont souvent donné des sols agricoles décevants, à couche d'humus mince (sols dits à *terra bruna*), fragiles et vulnérables par lessivage superficiel. On constate ainsi sans surprise que ce sont souvent les terroirs gagnés par les dernières vagues de défrichements du XIIIe siècle ou du début du XIVe siècle qui ont été les premiers à être désertés à partir des grandes crises démographiques du milieu du XIVe siècle et au-delà.

Troisième conclusion : dans l'espace méditerranéen, les seuls terroirs agricoles vraiment riches — en termes de productivité médiévale — sont les terroirs de « jardins-vergers » voués à la polyculture vivrière intensive. De tels terroirs ne correspondent, il faut le souligner, à aucune formation pédologique précise. Il s'agit bien, en fait, de sols artificiels, d'« anthroposols » façonnés par la concentration séculaire des maigres capacités de fumure dont dispose le paysan méditerranéen, de son savoir en matière d'irrigation, de sa force de travail à l'outil manuel. Il est clair que le système de culture auquel sont soumis ces terroirs intensifs de polyculture vivrière impliquait, par cette triple concentration que l'on vient d'évoquer, une réelle proximité topogra-

5. Voir sur ces problèmes C. PONI, *Gli aratri e l'economia agraria nel Bolognese dal XVII al XIX secolo,* Bologne, 1963.

phique des jardins-vergers par rapport aux habitats permanents et aux lieux de résidence paysanne.

III. La part de l'homme médiéval

Ces dernières remarques nous invitent à examiner de plus près les formes d'aménagement du milieu méditerranéen par l'homme médiéval et la manière dont s'est alors construite cette « civilisation agraire » du Midi, pour reprendre les catégories de Marc Bloch.

Nous étudierons pour cela successivement les trois grands problèmes connexes que pose l'analyse de cet aménagement :

- — les formes d'habitat prédominantes qui se sont alors mises en place ;
- — la manière dont, à partir de ces habitats se sont construits les espaces agricoles et dont les terroirs se sont agencés ;
- — la manière, enfin, dont l'homme a utilisé et aménagé les espaces extérieurs aux zones d'habitat et de cultures permanentes.

C'est dans l'étude de l'habitat qu'apparaît le mieux le rôle déterminant joué par les siècles médiévaux dans la création et même la morphogénèse des habitats villageois qui sont encore, pour l'essentiel de leurs structures, ceux que nous avons aujourd'hui sous les yeux. C'est le domaine aussi où, depuis une vingtaine d'années, les acquis historiographiques ont été particulièrement marquants. On peut, me semble-t-il, en donner la présentation synthétique suivante :

Premier acquis : le très haut Moyen Âge (v^e^-viiie siècles) est marqué, dans les pays méditerranéens où ces phénomènes sont assez bien documentés tant par l'archéologie que par les sources écrites latines ou grecques, par un déclin démographique très accentué. Les effets de la peste bubonique dite de Justinien (à partir des années 541-542) et les récurrences de cette pandémie jusqu'à ses dernières mentions dans la décennie 740 sont aujourd'hui bien reconnus et avérés [6]. Les vi^e^-viie siècles sont ainsi marqués, dans l'Orient byzantin et en Occident, par des vagues d'abandons massifs de villages et par

6. Le travail classique sur la peste « justinienne » est celui de J.-N. Biraben et J. Le Goff, « La peste dans le haut Moyen Âge », dans *Annales E.S.C.*, 6, 1969, p. 1484-1508 mais surtout, aujourd'hui, l'enquête approfondie de L.I. Conrad, *The Plague in the Early Medieval Near East*, diss. Princeton, 1981. Je remercie très vivement mon collègue M. Mc Cormick qui m'a signalé l'importance du travail de Conrad, qui rend négligeables tous les efforts faits par divers auteurs pour limiter la portée — voire nier l'existence — de la pandémie pesteuse des années 541 et suivantes.

une vaste désertification conséquente de terroirs agricoles, d'*agri deserti*. C'est ainsi, par exemple, que des travaux anciens comme ceux de G. Tchalenko ou récents comme ceux de G. Tate ont souligné l'ampleur des désertions de villages dans le massif calcaire de Syrie du Nord antérieurement au VIIIe siècle (soit 700 villages abandonnés pour un espace d'environ 1 500 km^2) [7]. Dans le bassin occidental de la Méditerranée, cette grande phase de dépression démographique a eu des conséquences plus variées. Dans les zones à tendance subaride, comme — en partie — la Sicile, on assiste comme en Orient à une extension considérable des *agri deserti*. Dans les zones tempérées, en revanche, les abandons se sont traduits non par un retour à la steppe mais par un retour à la forêt et à des formations végétales secondaires. Ce retour à la forêt durant le haut Moyen Âge, donné comme « massif » par certains auteurs, mériterait sans doute d'être mieux évalué. Son existence même ne peut cependant être mise en doute. Elle est attestée par deux ordres de preuves. L'étude, tout d'abord, du rythme de remblaiement des estuaires de certains fleuves comme le Tibre ou le Rhône confirme le retour, dans les arrière-pays, d'une végétation protectrice des sols propre à la reconstruction de l'humus. Les études palynologiques, de leur côté, révèlent pour les IVe-VIIIe siècles, en particulier dans les zones anciennement peuplées le long des voies romaines, une forte remontée des pollens de feuillus comme le charme ou l'érable-sycomore et une baisse corrélative des pollens des espèces cultivées. On y note également l'apparition des pollens typiques des formations végétales de reconstitution secondaire comme le plantain [8]. C'est très vraisemblablement dans un tel contexte qu'il faut replacer le début de l'extension — en Italie du moins — de formations végétales secondaires dégradées comme le maquis, même si le terme de maquis (*maccla* > * *« macchia »*) n'apparaît que vers l'an Mil dans la documentation écrite parvenue jusqu'à nous [9].

Deuxième acquis récent : on fait aujourd'hui remonter à une date beaucoup plus précoce qu'autrefois les débuts de la reprise

7. Voir G. TATE, *Les campagnes de la Syrie du Nord du IIè au VIIè siècles*, t. I, Paris, 1992 (I.F.A.P.O., Bibl. archéol. et hist., t. CXXXIII).

8. Voir, en particulier, les analyses palynologiques effectuées à partir des prélèvements opérés dans les sédiments lacustres du lac de Monterosi, non loin de la *via Aurelia* par G.-E. HUTCHINSON *et al.*, « Ianula — An Account of the History and Development of the Lago di Monterosi, Latium, Italy », dans les *Transactions of the Amer. Philos. Soc.*, n.s., vol. 60, part 4, 1970, 178 p.

9. Sur les problèmes de genèse du maquis méditerranéen et de ses premières attestations textuelles, voir en particulier P. TOUBERT, *Les structures du Latium médiéval*, Rome, 1973 (rééd. *ibid*, 1993), t. I, p. 183-187.

démographique et du décollage corrélatif de l'économie agraire [10]. Un traitement de plus en plus raffiné des données anthracologiques recueillies sur sites de fouilles du haut Moyen Âge (en particulier dans le Languedoc) y révèle sans ambiguité une nette reprise de l'occupation humaine et de l'anthropisation conséquente du milieu végétal alentour dès les VIIIe-IXe siècles. Ces conclusions ne viennent, au demeurant, que confirmer les renseignements également clairs fournis par la documentation écrite contemporaine et, en particulier, par les polyptyques monastiques italiens et provençaux des IXe-Xe siècles (St-Victor de Marseille, Bobbio, S. Giulia de Brescia) [11].

Un traitement méthodologique sûr des données démographiques contenues dans ces polyptyques a permis d'établir que, dès les IXe-X^e^siècles, la population paysanne connaissait déjà un taux de croissance encore modéré, certes, mais constant dans la longue durée. Il a également permis d'assurer que, si les crises et disettes pouvaient, comme dans le cas de St-Victor de Marseille, affecter momentanément la conjoncture, elles ne pouvaient pas peser durablement sur la tendance à la hausse de longue durée. À titre très approximatif mais avec de bonnes raisons, il a été proposé de considérer comme acceptable un taux de doublement de la population durant une période variant de 50 à 150 ans selon les polyptyques [12].

Ce renversement de la conjoncture démographique de longue durée à partir du milieu du VIIIe siècle a eu des conséquences décisives du point de vue de l'histoire de l'environnement lui-même. Dans une première phase (VIIIe-Xe siècles), la croissance démographique s'est faite dans le cadre latifundiaire très souple de la *curtis* ou de la *villa* que nous décrivent bien les sources écrites du moment. L'expansion a alors eu pour acteur principal une petite paysannerie dépendante mais, en général, de condition libre. Elle s'est accomplie dans un cadre de colonisation agraire et dans un style de vie pionnier assez éloigné de l'image traditionnelle du régime domanial carolingien « classique ».

10. État de la question dans P. Toubert, « La part du grand domaine dans le décollage économique de l'Occident (VIIIe-Xe siècles) », dans *La croissance agricole du haut Moyen Âge, Flaran 10, 1988*, Auch, 1990, p. 53-86.

11. P. Toubert, « Le strutture produttive nell'alto Medioevo : le grandi proprietà e l'economia curtense », dans N. Tranfaglia et M. Firpo (édd.), *La Storia. I grandi problemi dal Medioevo all' età contemporanea,* Turin, 1988, p. 51-89.

12. Ces problèmes d'analyse démographique des polyptyques du haut Moyen Âge ont fait l'objet de plusieurs études pertinentes de J.-P. Devroey que l'on trouvera commodément réunies dans J.-P. Devroey, *Etudes sur le grand domaine carolingien*, Aldershot, 1993 (Variorum Eds, Collected Studies Series, 391) — Voir aussi nos contributions citées ci-dessus, n. 10 et 11 (avec bibliogr.).

Troisième acquis majeur de l'historiographie récente : après les crises de la fin du IXe siècle et des débuts du Xe siècle liées à l'effondrement de la puissance publique carolingienne, à la dernière vague d'incursions « barbares » (sarrasines et hongroises) et à une série de crises sociales et de révoltes paysannes, on assiste à partir des années 900-920 au démarrage d'un processus capital de reprise en main de la situation par la classe seigneuriale. La mise en place de ce « premier âge féodal » a été fort bien éclairée, depuis le début des années 1970, par une série de grandes études régionales consacrées à l'Italie du Nord et à l'Italie centrale, à la Provence, au Languedoc et à la Catalogne.

Du seul point de vue qui nous intéresse ici, celui de l'occupation du sol et de l'aménagement de l'espace, ce puissant mouvement de « renaissance du Xe siècle » s'est traduit par un phénomène essentiel [13]. La population rurale, en effet, jusque-là dispersée et vouée à une colonisation de type pionnier a été progressivement concentrée sur des sites d'habitat nouveaux — souvent des sites perchés — suivant des exigences de défense et de protection, certes, mais aussi de contrôle social de la part des seigneurs promoteurs de telles opérations. À des dates, suivant des rythmes et des modalités qui varient dans le détail selon les régions, on assiste ainsi à peu près partout dans les pays latins du pourtour méditerranéen entre le Xe siècle et la seconde moitié du XIIe siècle à ce phénomène aujourd'hui bien connu sous le nom d' « incastellamento ». La morphologie de ces habitats groupés et souvent fortifiés sur sites de perchement (les « castelli ») varie sans doute sensiblement de région à région. Leur densité, leurs rapports avec les habitats groupés en villages ou hameaux non fortifiés, la présence plus ou moins marquée d'habitats dispersés intercalaires ou résiduels, la force de survie très inégale des anciennes structures de peuplement latifundiaires : tous ces éléments introduisent dans le paysage rural et les structures agraires des nuances que les études régionales se sont appliquées, depuis des années 1970, à relever et à expliquer [14]. Mais le fait essentiel demeure. Partout dans le

13. L'idée d'une « renaissance du Xe siècle » a été lancée de manière très stimulante par R.-S. LOPEZ, « Still another Renaissance ? », dans l'*Amer. Hist. Rev.*, LVII (1951-1952), p. 1-21 et dans R.-S. LOPEZ *et al.*, « The Tenth Century : a Symposium », dans *Mediaevalia et Humanistica*, IX (1955).

14. Plusieurs colloques, depuis les années 1980, se sont appliqués à établir des confrontations régionales et des bilans historiographiques sur le problème de l' « incastellamento ». Outre la série bien connue des colloques CASTRUM (CASTRUM 1 à CASTRUM 7, à paraître, Rome et Madrid, 1997), on citera : *Castelli : Storia e archeologia*, Cuneo, 1981 ; *Lo scavo archeologico di Montarrenti e i problemi dell'incastellamento medievale. Esperienze a confronto*, Sienne, 1988 ; *L'incastellamento vint anys deprés*, Gérone, 1992 et *L'incastellamento : confronto fra società feudale e non feudale*

monde méditerranéen latin on est passé durant le premier âge féodal — entre le Xe siècle et le XIIe siècle — d'un habitat rural ouvert et le plus souvent dispersé et inorganisé à la structure de plus en plus rigide d'un habitat concentré, fortifié, contrôlé par une aristocratie « châtelaine ». Pour dire les choses avec les mots de l'époque, on est alors passé de la *curtis* au *castrum*, du grand domaine ouvert et librement offert à la conquête agraire au village fortifié dominé par la résidence seigneuriale. Ce nouveau modèle de peuplement et d'habitat offert à partir du Xe siècle par l'expansion castrale a obéi à des normes de structuration logique des espaces cultivés. Il a imposé à l'ensemble des pays latins de la Méditerranée occidentale une évidente communauté de paysages, de genres de vie, de règles de sociabilité, bref de culture.

Des fouilles archéologiques soigneuses conduites sur des sites bien choisis, par exemple, les fouilles de l'École française de Rome sur le site du village sabin de Caprignano déserté à la fin du XIIIe siècle ont permis de confirmer, préciser, voire corriger les enseignements tirés de la lecture des sources écrites. Par plusieurs voies d'approche complémentaires, on saisit ainsi fort bien aujourd'hui ce phénomène de construction méditée des nouveaux espaces habités liés à l' « incastellamento » et que j'ai proposé ailleurs de qualifier d' « urbanisme villageois méditerranéen » [15]. Au terme d'une évolution qui, presque partout, s'essouffle à partir de la fin du XIIe siècle, le mouvement d'« incastellamento » a marqué les paysages méditerranéens de sa prédilection pour les sites d'habitat de sommité de colline, de dorsale ou d'éperon rocheux. L'espace est partout quadrillé par ces villages perchés, entourés d'enceintes à fonction de défense et de protection mais aussi de contrôle par les seigneurs de leurs dépendants ruraux. Dans ce monde méditerranéen où le paysan est désormais voué jusqu'à l'époque contemporaine à être un villageois, les espaces sont eux-mêmes de plus en plus strictement clos par l'imbrication des districts de juridiction seigneuriale, eux-mêmes centrés sur une géographie du peuplement fondée sur cette structure portante de toute la société féodale qu'est le « castello ».

Je n'entends pas m'attarder ici sur ce qu'à été, alors, le contenu institutionnel, économique, social, voire religieux de ce nouvel ordre castral qui s'est mis en place entre le Xe et le XIIe siècle. Il est en revanche essentiel à mon sujet de préciser la manière dont ces habitats groupés *per castra* ont édifié autour d'eux des espaces agricoles cohérents, espaces de « civilisation agraire », au sens de Marc Bloch et

---

nel Mediterraneo occidentale, Rome, 1994. Les *Actes* de ces deux derniers colloques sont sous presse (1997) : M. BARCELÓ et P. TOUBERT (éd.), *L'incastellamento aujourd'hui*, École française de Rome et Escuela española en Roma (à paraître en 1997).

15. P. TOUBERT, *Les structures*... cit. *supra*, n. 9, t. I, p. 332 et suiv.

de création d'un écosystème méditerranéen typique qui a largement survécu aux conditions historiques qui en avaient marqué la genèse médiévale.

Le concept d' « incastellamento » ne recouvre en effet pas seulement les phénomènes d'habitat que je viens d'évoquer. La mise en place de ces nouvelles structures de peuplement (« Bevölkerung ») se sont accompagnées de tout un aménagement progressif des espaces cultivés (« Siedlung ») en fonction même du réseau d'habitats qui conférait son principe de centralité à toute l'occupation du sol. Cet aménagement de l'espace cultivé aboutit, dès le XIIe siècle dans certaines régions d'Italie, parfois au XIIIe siècle seulement à la constitution, autour des villages de concentration castrale, de véritables finages, c'est-à-dire de territoires agricoles structurés. À partir de sources qui deviennent alors abondantes (actes notariés, statuts des communautés rurales, puis « cadastres » ou registres fiscaux, etc), on peut se faire une idée assez précise, à partir du XIIIe siècle, des principes de structuration des espaces cultivés et de la mise en place d'un agrosystème méditerranéen typique. Celui-ci reposait sur un équilibre productif complexe, fondé sur les ressources complémentaires procurées par l'exploitation de plusieurs terroirs appartenant eux-mêmes à une gamme typologique assez constante. Si l'on définit les terroirs au sens strict comme les différents secteurs du finage villageois consacrés à des cultures déterminées et régis par des modes propres de production à la fois sur le plan technique et sur le plan social, on observe que c'est bien en concomitance avec l'« incastellamento » que s'est mise en place la mosaïque des terroirs caractéristique du paysage rural méditerranéen [16]. On peut par ordre décroissant d'intensité productive, citer les principales composantes de cet espace cultivé, à la fois très divers et très ordonné :

- — terroirs de jardins-vergers irrigués typiques de la huerta ;
- — terroirs à spécialisation intensive comme les chènevières, linières, parcelles fourragères du type des *ferraginalia* ;
- — terroirs à spécialisation moins intensive et arboriculture spécialisée (vignoble, olivettes, etc) ;
- — terroirs céréaliers soumis à des systèmes d'alternance (jachère — culture) plus ou moins réguliers et intensifs, biennaux dans les cas les plus favorables mais souvent beaucoup plus irréguliers et extensifs. Nombreuses sont à cet égard, dans les contrats agrai-

16. Ces problèmes de genèse des terroirs méditerranéens et de leur progressive structuration en un finage cohérent et typique sont au centre du colloque CASTRUM 5 de Murcie (1992), en cours de publication (v. *supra*, n. 1).

res, les mentions de champs ensemencés une année sur trois ou sur quatre, voire de temps en temps ;
— terroirs de prairies naturelles, irriguées ou non, occupant fréquemment les fonds de vallée humides.

Par gradations insensibles, on passe ainsi dans le paysage méditerranéen des terroirs intensifs les plus proches des sites villageois à des terroirs de céréaliculture extensive (voire intermittente) et à des terroirs d'arboriculture sèche puis à des zones de forêt claire aménagée comme la châtaigneraie de subsistance (le « castagneto da frutto » des cadastres italiens), à la forêt-pâtis et enfin aux pâturages de montagne.

Plus que partout ailleurs, sans doute, en Occident, la mise en place de cet agrosystème méditerranéen fondé sur un habitat groupé et une forte dispersion des diverses parcelles constitutives de chaque exploitation paysanne a marqué de ses traits propres une « civilisation agraire » aux caractères accusés.

Cette dispersion des parcelles a entraîné une dissociation entre la résidence paysanne et les terres à cultiver qui est, elle aussi, une composante structurale de la civilisation agraire méditerranéenne. Il s'agit en effet d'un écosystème (et agrosystème) où, plus que dans les civilisations de l'Europe du Nord, le paysan doit compter avec la distance. Il lui faut pour cela entretenir un cheptel, si modeste qu'il soit, d'animaux de bât (âne, mulet) destiné à faciliter les liaisons et les transports entre le lieu de résidence et les lieux du travail quotidien. Au niveau enfin de la structure même du finage villageois, cette distribution des parcelles est allée de pair avec la constitution d'un réseau dense de chemins vicinaux et de voies secondaires de circulation intérieure. La qualité, et donc le bon entretien de ce chevelu de *viae vicinales,* fait l'objet de dispositions souvent minutieuses dans les statuts communaux des XIIIe-XIVe siècles. C'est alors, me semble-t-il — et, plus précisément, dans les décennies qui précèdent la Peste Noire de 1348 — que cette civilisation a atteint son point d'apogée. La réussite du « modèle castral » d'occupation du sol que l'on observe alors dans les pays latins du pourtour de la Méditerranée occidentale n'est pas seulement celle d'un type d'habitat, le « bel paesaggio » des villages groupés de sommité qui marquent de leur présence suggestive les arrière-plans de la peinture toscane du Trecento [17]. C'est aussi celle d'une forme originale d'organisation d'ensemble de l'espace agricole en corrélation logique avec la structure typique de l'habitat.

17. Voir E. Sereni, *Histoire du paysage rural italien*, trad. fr., Paris, 1964.

La nature que l'on peut dire systémique de ce lien unissant terroirs et habitat trouve sa confirmation *a contrario* dans l'analyse des désertions castrales contemporaines. Il est en effet avéré aujourd'hui — et c'est là un des acquis récents les plus intéressants de la recherche —, que, loin d'être une simple conséquence des crises démographiques du XIVe siècle, ces désertions sont attestées dès les XIe-XIIe siècles et sont donc contemporaines, pour une bonne part, du mouvement d' « incastellamento » lui-même. Lorsqu'il est possible, par les textes, l'archéologie et l'étude de terrain d'en reconstituer la genèse, il est clair que ces premiers abandons de sites castraux n'ont pas eu pour cause essentielle la guerre, les épidémies ou autres causes liées à une conjoncture catastrophique. C'est, de manière plus profonde et structurale, dans l'incapacité à construire un espace agricole cohérent autour — et à partir — d'une fondation castrale qu'il faut chercher, le plus souvent, la raison de ces échecs.

La mise en place, aux Xe-XIIe siècles, dans le monde méditerranéen du modèle de peuplement *per castra* que l'on vient d'esquisser à grands traits a ainsi impliqué, dans la réalité, l'aboutissement de deux séries d'opérations concomitantes : la concentration des hommes sur les sites villageois et la construction de finages intégrant des terroirs répondant eux-mêmes à la gamme typologique évoquée ci-dessus. On observera au passage que les contemporains ont eu une conscience assez claire de cette dualité du processus d' « incastellamento ». Elle s'exprime, par exemple, dans ces chartes de fondation castrale du Latium et de Campanie aux Xe-XIe siècles où l'objectif recherché par les fondateurs de nouveaux villages — les *populatores* — était ainsi fixé : *homines congregare et fundos consolidare* [18].

Comment cet écosystème si cohérent, mis en place aux Xe-XIIe siècles, a-t-il évolué au cours des derniers siècles du Moyen Âge ? Il est difficile de répondre sans schématiser, tant les situations régionales diffèrent entre, par exemple, un royaume de Valence encore offert au « repeuplement » et à la reconquête chrétienne en plein XIIIe siècle d'un côté et, de l'autre, des « vieux pays » où, comme le Latium et la Campanie, le remodelage de l'occupation du sol par l' « incastellamento » était en acte depuis la première moitié du Xe siècle. Si l'on fait abstraction des rares angles de colonisation agraire qui demeurent encore ouverts — essentiellement dans les terres reconquises de l'ancien Sharq al-Andalus —, il semble qu'à peu près partout dans les pays latins de la Méditerranée occidentale, la fin du XIIIe siècle et la

18. Pour le Latium, voir P. TOUBERT, *Les structures*... cit. *supra*, n.9, en particulier p. 303-368. Pour la Campanie, Id., « Pour une histoire de l'environnement économique et social du Mont-Cassin (IXe-XIIe siècles) », dans les *C.R.A.I.*, 1976-1977, p. 689-702.

première moitié du XIVe siècle marquent le point de saturation du système. Cette saturation se révèle clairement par toute une série d'indices, tant au niveau de l'habitat qu'à celui des finages. Au niveau de l'habitat, la documentation écrite et l'exploitation archéologique des sites désertés vers 1300 comme Caprignano en Sabine, attestent une densité d'occupation des surfaces habitées considérable au XIIIe siècle, avec réduction des espaces de circulation, croissance en hauteur des habitations, multiplication des conflits de voisinage liés à une excessive promiscuité, etc. Les indices d'un réel surpeuplement relatif des espaces agricoles ne sont pas moins nets. On note alors un morcellement critique des parcellaires et des tentatives d'intensification de la productivité dans les terroirs de huerta avec une extension-limite des systèmes d'irrigation. On observe surtout les efforts accomplis pour conquérir de nouvelles terres céréalières aux dépens des surfaces boisées qui subsistaient encore aux marges des territoires villageois. Au XIIIe siècle, ces restructurations en série des terroirs agricoles portent la marque, dans nos régions, d'une surcharge démographique critique. Elles sont contemporaines d'interventions plus subtiles de l'homme sur la composition du manteau végétal. On sait ainsi, par exemple, grâce à l'apport conjoint des textes, de la microtoponymie et de la palynologie que c'est à une date assez tardive, à partir précisément du XIIIe siècle, que démarre le développement de la châtaigneraie méditerranéenne et même son extension à des sols calcaires peu favorables [19]. Dans de nombreux cas, des déboisements excessifs ont alors créé des situations périlleuses pour l'équilibre productif des communautés paysannes. Des défrichements engagés dans des zones marginales de la forêt claire jusque-là affectées au pacage n'ont fait que créer des terres agricoles à très bas rendements, voire à production problématique. Ces défrichements tardifs n'ont souvent dégagé que des sols fragiles à *terra bruna*, promis à une érosion rapide par lessivage superficiel, comme il advient si souvent dans le monde méditerranéen lorsque les délicats équilibres de l'écosystème sont rompus par une intervention humaine trop énergique. Les statuts communaux des communes rurales destinés, aux XIIIe-XIVe siècles, à protéger le manteau forestier subsistant et même, dans quelques cas, à promouvoir des initiatives de reboisement fournissent un témoignage notable sur le caractère excessif et imprudent de nombreux déboisements antérieurs. Il sont aussi révélateurs d'une certaine prise de conscience, à l'intérieur des communautés rurales,

19. Voir J.-R. PITTE, *Terre de castanide. Hommes et paysages du Châtaignier, de l'Antiquité à nos jours*, Paris, 1986, en particulier p. 78-94 pour l'extension de la châtaigneraie médiévale.

d'une nécessaire protection des équilibres naturels.

Le problème de l'élevage, dans le monde méditerranéen, est de son côté étroitement lié à celui des destinées du manteau végétal, compte tenu du rôle d'espaces de parcours pour le bétail qu'y jouait la forêt claire. Pendant toute une première phase de l' « incastellamento », jusqu'aux XIe-XIIe siècles, l'élevage des ovins et des bovins à l'intérieur des finages castraux a sans aucun doute occupé une place importante dans l'équilibre productif des communautés. Les rares chartes d' « incastellamento » des Xe-XIe siècles parvenues jusqu'à nous comme, par exemple, celle du Castelvecchio près de Velletri en 978 ne laissent planer aucun doute sur ce fait : l'élevage était alors bien conçu comme partie intégrante du projet de fondation et les entrepreneurs de la colonisation *per castra* en attendaient des revenus substantiels, au moins durant la phase de lancement des nouveaux habitats castraux [20]. Il n'est pas moins clair que ce secteur de profit pastoral n'a fait que se réduire au rythme même des progrès de la colonisation. La construction autour des villages d'un système de terroirs diversifiés qui avaient tous pour caractère commun une faible intégration de l'animal dans les modes techniques de production a ainsi tendu à exclure progressivement l'animal du finage par une sorte de concurrence vitale avec l'homme. Du même coup, les activités pastorales sont devenues un secteur productif extérieur, confiné aux espaces incultes des pâturages montagnards d'été et des pâturages hivernaux dans les basses plaines littorales. On sait que ce confinement progressif de l'élevage dans les zones marginales extérieures aux habitats permanents et à la vie agraire a entraîné la formation d'un monde de bergers, étranger et parfois hostile à la société « civile » des agriculteurs, fort de sa marginalité, de ses lois non écrites, de sa fréquente implication dans des actions de brigandage et d'abigéat. Tous ces faits sont bien connus et illustrés, par exemple, dans la belle thèse de Maurice Le Lannou (1940) sur les *Pâtres et paysans de Sardaigne*. Avec moins d'éclat, le Latium méridional a offert au même style de vie pastorale de remarquables opportunités. Outre les prédispositions du milieu naturel à la transhumance du bétail, sa situation de confin entre l'État pontifical et le Royaume de Naples en faisait un territoire d'incertitude du point de vue de la puissance publique dont le brigandage pastoral local a largement profité, jusqu'au XIXe siècle inclus. Le principal problème que pose la transhumance méditerranéenne alternée entre les « altipiani » estivaux et les bas pâturages

20. On trouvera les références précises de ces chartes d' « incastellamento » et leur analyse dans P. TOUBERT, *Les structures*... cit. *supra*, n. 9, p. 322 et suiv. Pour la charte de 978 : doc. n. 4, p. 322, n. 1.

hivernaux est moins, aujourd'hui, celui d'un système d'élevage extensif dont les caractères et les variétés régionales sont bien connus qu'un problème de chronologie de sa mise en place. Dans ses grandes lignes, avec ses zones de pacage saisonnier délimitées, ses itinéraires obligatoires, ses relais organisés, ses possibilités d'exploitation fiscale, etc., la « grande » transhumance méditerranéenne s'affirme décidément au XIIIe siècle, en rapport étroit avec le pouvoir monarchique : dans les Pouilles sous Frédéric II et en Castille avec les Ordonnances de la Mesta à partir des années 1270. On a toutes raisons de penser que cette grande transhumance institutionnalisée à partir du XIIIe siècle a été précédée, dès le XIIe siècle en Occident, et sans doute plus tôt encore dans le monde byzantin, de pratiques de transhumance plus limitées quant aux itinéraires et à l'importance des mouvements du bétail. Nous avons ainsi pu déceler les premiers indices d'un élevage transhumant dans le Latium méridional dès les années 1160-1180. Il ne nous est pas possible, en raison de l'état des sources subsistantes, de mesurer la part que les grandes abbayes cisterciennes de la région (Casamari et Fossanova) ont pu jouer dans l'instauration de ces mouvements de troupeaux. Elle est fort vraisemblable en raison de l'orientation bien connue de l'économie cistercienne vers le profit pastoral. On notera d'autre part, sans en tirer de conclusions excessives, que les premières mentions locales de brigandage pastoral et d'abigéat, dans les années 1180, suivent de peu les premières mentions d'élevage transhumant organisé [21]. En Occident comme à Byzance, il semble donc bien qu'avant même que l'État n'ait pris en mains à des fins fiscales le système de la transhumance, ses premiers promoteurs aient été les agents économiques alors les plus actifs, essentiellement les grandes abbayes. Comme tel, le système répond ainsi à un effort de rationalisation de l'exploitation des zones incultes — prairies d'alpage et plaines littorales mal drainées — qui suit, avec les décalages chronologiques que l'on vient de suggérer, ce grand effort de rationalisation de l'exploitation des espaces cultivés qui caractérise l'« incastellamento ».

Il est temps de conclure. Les remarques qui précèdent sur la transhumance me fournissent à cet égard une bonne transition. Si l'on récapitule, en effet, tout ce qui a été dit sur les contraintes inhérentes au milieu naturel méditerranéen, il faut noter que toutes les conditions propres à cet espace (relief, climat, hydrographie, sols, végétation), sans exercer un déterminisme contraignant, ont néan-

21. Afin de ne pas multiplier ici les références, je me contente de renvoyer à P. TOUBERT, *Les structures*... cit. *supra*, n. 9, selon l'index s.v. Transhumance et, en particulier, t. I, p. 263-273.

moins invité l'homme médiéval à concentrer ses habitats et ses terroirs dans les zones intermédiaires de colline. Les basses plaines insalubres et les zones hautes de la montagne ou des hauts-plateaux (« altipiani ») ont au contraire été soumises à des formes d'exploitation rationnelles, certes, mais très extensives et rendues cohérentes à partir du XIIIe siècle seulement sous le contrôle de l'État et au profit des grands propriétaires laïques ou ecclésiastiques.

Si l'on considère l'essentiel de l'espace humanisé, c'est-à-dire la zone des habitats et des cultures permanentes, on constate que les conditions dans lesquelles s'est faite l'occupation du sol à partir des Xe-XIIesiècles ont marqué l'environnement méditerranéen de trois caractéristiques fondamentales.

En premier lieu, l'agriculture méditerranéenne « traditionnelle » a été condamnée à *être savante*. Elle a dû s'adapter par ses modes de production, ses techniques de travail, d'irrigation, de fumure et d'amendement des sols, etc., à un morcellement et à une variété extrêmes des types de terroirs, de la huerta à la châtaigneraie en passant par le vignoble, les terres d'arboriculture sèche ou irriguée, les terroirs céréaliers. Pour relever ces défis liés à l'environnement, le paysan méditerranéen a su inventer des systèmes de culture originaux, comme cette polyculture verticale à trois niveaux connue sous le nom de « coltura promiscua » [22]. De même dans le domaine de la production céréalière. Loin de se contenter des modestes rendements globaux procurés par la rotation biennale (céréale d'hiver — jachère morte), l'agriculteur a su développer d'ingénieuses pratiques d'intensification de la productivité. Citons à cet égard la semaille à grains mêlés ou « *mestura* » et la culture dérobée de légumineuses enrichissantes (pois, fèves, lupin, vesces, etc) sur une partie des parcelles vouées à la jachère. On voit que, si les conditions climatiques s'opposaient en milieu méditerranéen à l'insertion dans les cycles de rotation d'une véritable céréale de printemps, l'inventivité paysanne a été capable, par ces habiles pratiques palliatives, d'accroître le volume des subsistances disponibles pour une population en croissance soutenue, du VIIIe siècle à la Peste Noire de 1348 [23].

---

22. Sur les systèmes agraires et les paysages ruraux liés à la « *coltura promiscua* », voir les travaux classiques de H. DESPLANQUES, « Il paesaggio rurale della coltura promiscua in Italia », dans la *Rev. geogr. italiana*, LXVI (1959), p. 29-64 et Id., *Campagnes ombriennes. Contribution à l'étude des paysages ruraux en Italie centrale*, thèse, Paris, 1969.

23. Pour une critique de l'approche réductrice de la « rotation biennale » et une étude plus concrète et plus fine des pratiques de rentabilisation agricole des jachères dans les céréalicultures pré-industrielles, voir en particulier Fr. SIGAUT, « L'évolution technique des agricultures européennes avant l'époque industrielle », dans la *Rev.*

Cette agriculture, en second lieu, a été condamnée, au-delà de ces capacités d'innovation, à constituer dans les derniers siècles du Moyen Âge *une civilisation agraire de plus en plus rigide*. Ceci, dans la mesure même où cette savante organisation de la mosaïque des terroirs en un écosystème structuré autour des habitats concentrés s'est souvent révélée, à partir des XIIIe-XIVe siècles, impropre aux reconversions et adaptations aux mouvements de la conjoncture démographique et économique.

Troisième caractéristique essentielle : à la fois savante et rigide, la civilisation agraire que le Moyen Âge a édifée dans les pays latins du pourtour méditerranéen nous apparaît en outre comme *vulnérable*. Les sols sont fragiles, les formations végétales aussi. Les formations d'équilibre primaire — le climax des biogéographes — sont souvent impuissantes à se régénérer spontanément en cas de dégradation massive par l'homme, qu'il s'agisse de la hache du défricheur ou du feu pastoral. Il est également bien connu qu'en cas d'abandon conjoncturel des terroirs cultivés, les sols agricoles se dégradent eux aussi rapidement, conférant ainsi aux désertions un caractère souvent irréversible. La vulnérabilité des espaces irrigués de la huerta n'est pas moins grande. L'irrigation organisée suppose en effet non seulement des dispositifs techniques complexes à entretenir mais aussi des systèmes sociaux de régulation collective de ces espaces hydrauliques. L'exemple privilégié — et bien étudié — de la Reconquête chrétienne de l'ancien Sharq al-Andalus est révélateur de l'ampleur des abandons qui peuvent survenir à la suite d'un grand tournant politique et social. Cette vulnérabilité, enfin, explique le caractère envahissant des formations végétales dégradées telles que le maquis, la garrigue, les formations steppiques en général.

Une des grandes satisfactions intellectuelles qu'éprouve le médiéviste face à l'environnement méditerranéen, c'est de comprendre la complexité, la subtilité mais aussi la fragilité des écosystèmes qui s'y sont développés durant le millénaire médiéval. C'est aussi de trouver dans les documents de l'époque eux-mêmes, et en particulier dans les actes émanés à partir des XIIIe-XIVe siècles des communautés paysannes, la preuve que l'homme y a été alors pour la première fois conscient de la nécessité de protéger ces équilibres fragiles qu'il nous a légués en patrimoine.

Pierre TOUBERT

---

archéol. du Centre de la France, 27, 1988, p. 8-41 et Id., « La jachère dans les agricultures pré-contemporaines de l'Europe », dans *La jachère en Afrique de l'Ouest,* Paris, Ed. de l'ORSTOM 1993, p. 113-123.

LA MÉDITERRANÉE DES CROISADES

Dans le découpage chronologique familier aux historiens, l'époque des croisades s'ouvre avec la prédication du pape Urbain II pour s'achever avec la perte des dernières places franques de Terre Sainte, bien que la croisade soit encore longtemps restée un phénomène d'importance méditerranéenne [1]. C'est cette période qui a vu la Méditerranée passer de la prépondérance des marines byzantine et arabe à une situation nouvelle où les Chrétiens d'Occident ont affirmé leur présence dans ses eaux. Ceci a pu être interprété comme la transformation de cette mer en un « lac latin », et l'une des meilleures historiennes de la Méditerranée byzantine n'a pas hésité à y voir la conséquence d'une « politique arrogante et expansionniste de l'Occident », perspective qu'il y a lieu, croyons-nous, de nuancer [2].

Les mots de « thalassocratie latine », l'idée d'un effort conscient des Latins pour s'assurer le contrôle du *mare nostrum* font choc ; ces expressions doivent donc nous inciter à la réflexion. Et il ne nous faut pas perdre de vue un constat de caractère géographique : le détroit de Sicile, qui sépare cette île du cap Bon, sépare en même temps la Méditerranée en deux bassins, celui de l'Est et celui de l'Ouest.

Le bassin occidental avait cessé de bonne heure d'être contrôlé par les Byzantins, lorsque ceux-ci avaient été chassés, d'abord d'Afrique du Nord, puis de Sicile, en ne se maintenant que dans quelques ports de la côte napolitaine. Les souverainetés arabes et arabo-berbères, maîtresses de l'Espagne, du Maghreb, de la Sicile, avaient poussé leurs avant-gardes jusqu'au Garigliano, au massif des Maures, aux îles de la mer Tyrrhénienne et du golfe du Lion. Les émirs de Denia, d'Almeria, ont mené des raids de pillage qui n'épargnaient pas

1 Nous nous limitons ici aux aspects proprement maritimes des répercussions des croisades sur l'histoire de la Méditerranée, sans envisager le destin des pays qui la bordent. Un aperçu d'ensemble, rapide mais complet, dans G. JEHEL, *La Méditerranée médiévale,* Paris, 1992.

2. Cf. G. JEHEL, *Les Génois en Méditerranée occidentale (fin XIe-début XIVe siècle). Ébauche d'une stratégie pour un empire*, Paris, 1993. L'auteur fait remonter le début du refoulement des Sarrasins au lancement de la *repressio Sarracenorum* par l'évêque de Gênes Théodulfe, en 945, au lendemain des raids fatimides qui avaient saccagé la ville.

les côtes italiennes et provençales. Mais la réaction des princes territoriaux — ceux de Provence ou de Barcelone —, celle des villes maritimes de l'empire franc, surtout Gênes et Pise, ont éliminé les pointes les plus avancées, pris le contrôle de la Corse et de la Sardaigne, au cours du XIe siècle [3]. À la fin de ce siècle, les Pisans, non contents de prêter leur aide aux Normands pour prendre Palerme, ont réalisé un raid sur Mahdia. Ainsi la Tyrrhénienne est-elle devenue le champ de l'activité des cités maritimes de l'Italie occidentale, qui l'interdisent aux entreprises des marines d'Afrique du Nord et d'Espagne.

Pour autant, celles-ci restent en mesure d'assurer le trafic au long de leurs côtes. De Ceuta et d'Almeria, de Tunis, jusqu'à l'Égypte et à la Syrie, leurs navires circulent sans obstacle, transportant les hommes et les denrées. L'installation même des Normands en Italie méridionale et en Sicile, et même à Malte, n'a pas en ce domaine de conséquences immédiates, et la naissance d'une puissance navale sicilienne n'est pas intervenue avant le XIIe siècle. Toutefois les navires de Gênes ou de Pise fréquentent les ports maghrébins, tout comme les navires musulmans semblent avoir touché aux ports du Languedoc [4].

En Méditerranée centrale et orientale,jusqu'à la fin du XIe siècle, ce sont surtout les sujets de l'empire byzantin et ceux du khalifat fatimide qui parcourent l'espace maritime. La dynastie macédonienne a réoccupé la côte anatolienne et celle de la Syrie jusqu'à Laodicée, assuré son contrôle sur Chypre et sur la Crète ; les corsaires arabes ne courent plus la mer Égée et les basileis ont mis sur pied une organisation permettant la levée de marins pour armer leurs dromons dans les régions côtières. Cette sécurité revenue se complète par l'établissements de relations diplomatiques avec les khalifes du Caire, et les marchands, de part et d'autre, fréquentent aussi bien Damiette et Alexandrie que Constantinople.

Les Occidentaux ne sont cependant pas absents ; et d'abord ceux qui relèvent de l'orbite byzantine. Les Amalfitains fréquentent Alexandrie et Constantinople, fondent des hôpitaux et des monastères à Jérusalem, à Antioche et au mont Athos. Les marins de Bari qui ont enlevé en 1086 les reliques de saint Nicolas à Myre assuraient un transport de vivres à Antioche.Mais ce sont surtout les Vénitiens, déjà actifs au Xe et au début du XIe siècle à Byzance comme en Égypte, qui s'assurent la première place dans le commerce entre l'Italie et l'Orient à la faveur du chrysobulle obtenu d'Alexis Comnène en contrepartie

3. Chr. PICARD, « La Méditerranée musulmane à la veille de la première croisade », dans *Il concilio di Piacenza e le crociate*, Plaisance, 1996, p. 265-296.

4. H. AHRWEILER, *Byzance et la mer*, Paris, 1966.

de l'aide apportée à l'empire grec contre Robert Guiscard, ce qui leur ouvre les ports des territoires byzantins. D'autres Italiens, et déjà des Pisans et des Génois, ont touché Alexandrie, mais leur présence semble sporadique.

* * *

Là-dessus survient la croisade. Il est remarquable que les croisés n'aient pratiquement pas utilisé la voie de mer pour acheminer leurs armées [5]. La lettre d'Urbain II aux Génois presse ceux-ci de participer à l'expédition, mais ne fait aucune allusion au transport des croisés. Godefroy et Raymond (mise à part la traversée du Bosphore) n'ont utilisé que la voie de terre. Les chefs des autres contingents ont borné leur expérience maritime à la traversée de l'Adriatique, entre Bari ou Brindisi et le port albanais de Dyrrachion, point de départ de la route qui conduisait à Constantinople ; l'expérience ne fut d'ailleurs guère encourageante : Hugues le Grand a fait naufrage, et la marine byzantine a intercepté au moins un navire chargé de croisés. Ceux-ci ont surtout été sensibles au rôle joué par les navires de charge qui apportaient au port de Saint-Siméon, pendant le siège d'Antioche, un ravitaillement très attendu, en provenance essentiellement des terres byzantines.

Toutefois les cités maritimes, qui se sont associées à la croisade, ont mis leurs contingents en route plus tard que les princes dont il vient d'être question. Et les flottes qu'elles ont constituées étaient destinées à transporter leurs propres croisés. Ce fut d'abord le cas des croisés génois, sans doute partis à titre individuel, qui rejoignirent la croisade pendant ou après le siège d'Antioche, et qui fournirent une aide appréciée pour prendre Jérusalem. Ce fut surtout celui des flottes constituées qui furent équipées par Pise, puis par Venise et Gênes, qui survinrent entre 1099 et 1102, et qui représentaient un effort de chacune de ces cités.

On a ainsi l'impression qu'au moment de l'appel du pape les ports italiens ne disposaient pas d'un tonnage suffisant pour assurer un transport d'une grande ampleur, et qu'il a fallu aux cités maritimes elles-mêmes un assez long délai pour équiper les bateaux nécessaires à l'acheminement de leurs propres contingents. Et ce sont surtout des navires grecs qui ont ravitaillé la croisade sur les côtes syriennes.

5. J. Richard, « L'acheminement par mer des croisades du XIIe siècle », à paraître dans les actes de la Journée d'archéologie maritime de la Société des Antiquités, Paris, 26 septembre 1995.

On trouve cependant des Occidentaux, venus des mers du Ponant : ceux qui sont présentés comme des « pirates » et dont le chef était le Boulonnais Guynemer. Ils auraient opéré en Méditerranée bien avant la croisade, et ont apporté leur aide aux croisés quand ceux-ci les ont rencontrés, près de Tarse ; mais ils ne semblent pas avoir été eux-mêmes mis en mouvement par l'appel à la croisade. Il peut en avoir été différemment pour les Anglais, dont on signale la présence dans les premiers mois de 1098 dans les eaux syriennes ; une hypothèse retenue par Christopher Tyerman admet qu'ils auraient quitté les ports anglais indépendamment des contingents normands de Robert Courteheuse et qu'ils auraient gagné la Méditerranée pendant que ceux-ci peinaient dans la traversée de l'Asie mineure [6]. Par contre, le contingent danois qui a essayé de rejoindre l'armée principale au début de 1098 et qui se fit anéantir par les Turcs avait certainement suivi la voie de terre.

Ainsi, au temps de la Première Croisade, ce sont les villes maritimes déjà actives au cours du XIe siècle qui furent pratiquement les seules à armer des flottes, lesquelles ont parfois eu maille à partir avec les Byzantins, pour emmener leurs croisés en Orient. Elles ont agi de façon indépendante, et on les voit soucieuses de s'assurer des avantages économiques dans les terres conquises. Génois, Pisans et, à un moindre degré, Vénitiens conçoivent donc dès ces années 1099-1102 la perspective d'une présence durable dans les eaux de la Méditerranée orientale [7].

*
* *

Or, tandis que les armées de l'Arrière-Croisade, en 1101-1102, restent fidèles à l'utilisation des routes terrestres — notons toutefois que les rescapés de cette expédition malheureuse rentrèrent chez eux par mer, comme l'avaient fait en 1099 certains des croisés revenant de Jérusalem (tel Robert Courteheuse qui revint par la Sicile où il se procura l'argent nécessaire au rachat de son comté) —, l'année 1102 nous fait assister à un phénomène nouveau : la brusque intensification de l'arrivée par mer des pèlerins du Saint-Sépulcre. Certes, il y avait longtemps que, concurremment avec la voie de terre, des pèlerins avaient gagné Jérusalem par mer. Au fort des campagnes menées par les Sarrasins contre l'Italie méridionale, on avait vu un moine du Mont-Saint-Michel s'embarquer sur un des navires qui transpor-

---

6. Chr. TYERMAN, *England and the crusades. 1095-1588*, Chicago-Londres, 1988, p. 15-21.

7. M.-L. FAVREAU-LILIE, *Die Italiener im heiligen Land,* Amsterdam, 1989.

taient en Égypte ses coreligionnaires de la terre de Bénévent voués à devenir esclaves en terre musulmane (vers 870). Mais la voie de terre avait été préférée par beaucoup depuis que la conversion des Hongrois au christianisme avait rendu possible le passage par la vallée du Danube [8]. De toute façon, les effectifs des pieux voyageurs restaient limités, et il ne semble pas que leur transport ait fait l'objet d'une navigation organisée : on le voit par le récit du pèlerinage de l'Anglais Saewulf qui, pour atteindre la Terre Sainte, doit traverser la Grèce et s'embarquer successivement sur plusieurs bateaux qui se rendent d'une île à l'autre. Quand il arrive à Jaffa, c'est pour être témoin d'un désastre : la destruction par une tempête d'un grand nombre de navires entraînant la mort de beaucoup de pèlerins [9]: il y avait donc sur rade de nombreux bateaux de transport. La même année, nous apprenons que l'arrivée de toute une flotte amenant des centaines de passagers est venue à point nommé pour renforcer l'armée du roi Baudouin Ier. Désormais chaque année amène ses flottes de pèlerins.

Les Francs de Terre Sainte sont conduits à procéder à la conquête de la façade maritime de leur royaume. C'est successivement Césarée, Acre, Tripoli, Beyrouth, Sidon et enfin Tyr qui tombent entre leurs mains ; et nous savons qu'un des motifs de ces conquêtes tient au désir de supprimer des repaires de pirates qui s'en prenaient aux pèlerins. Point toujours avec succès : les grosses nefs et les buzes qui portaient ceux-ci, et dont beaucoup venaient des mers du Ponant, échappaient souvent aux pirates en raison de la supériorité de leur voilure et ausssi parce que la hauteur de leur bordé et le grand nombre de passagers susceptibles d'être armés rendaient difficile de les prendre à l'abordage. Mais il fallut une véritable guerre navale pour écarter les escadres fatimides qui venaient secourir les places [10] assiégées.

Le trafic des passagers entre l'Occident et l'Orient a ainsi pu prendre une importance croissante. Chaque année, c'est par centaines qu'on aurait compté les bateaux qui amenaient les pèlerins, si nous

---

8. Fr. MICHEAU, « Les itinéraires maritimes et continentaux des pèlerinages vers Jérusalem », dans *Occident et Orient au Xe siècle. Actes du 9e congrès de la société des historiens médiévistes*, Paris, 1979, p. 79-104 (Publ. de l'Univ. de Dijon, 57) ; P. MARAVAL, « I pelegrinaggi dei cristiani nei luoghi santi della Palestina prima della crociata », dans *Piacenza e la prima crociata*, a cura di P. Racine, Reggio Emilia, 1995, p. 35-50.

9. *Peregrinatores tres : Saewulf, John of Wurzburg, Theodericus*, ed. R.B.C. Huygens, with a study of the voyages of Saewulf by J.H. Pryor, Turnhout, 1994 (Corpus christianorum. Continuatio medievalis, 131).

10. J. RICHARD, « Les bases maritimes des Fatimides, leurs corsaires et la conquête de la Syrie par les Francs », à paraître dans *Egypt and Syria in the Ayyubid, Fatimid and Mamluk Eras*, ed. D. de Smet, II, Louvain, 1997.

pouvons nous fier aux dires des chroniqueurs qui donnent aussi des chiffres impressionnants en ce qui concerne le nombre de passagers qu'ils transportent. Ce trafic a ses règles : d'ouest en est, on arrive par le « passage de printemps » et, les dévotions accomplies, on repart par le « passage d'automne ». Il en résulte un renversement de la maîtrise de la mer. Celle-ci appartient jusqu'en mai aux escadres égyptiennes, qui la recouvrent en octobre ; entre temps, elles n'osent guère s'en prendre aux navires des Francs [11].

Mais les armateurs ont vite compris que ce rythme des passages rendait leurs navires disponibles pour des voyages commerciaux. On quittait Acre ou Jaffa une fois les passagers mis à terre ; on gagnait Limassol, en Chypre, et de là Alexandrie ou Damiette, d'où l'on revenait charger les « paumiers » qui rapportaient en Occident les palmes, témoignage du pèlerinage accompli. Restait à caser à bord les ballots de marchandises sans empiéter sur la place, d'ailleurs exigüe, réservée aux passagers.

Les villes franques de la côte, où les cités maritimes s'étaient fait concéder des comptoirs en retour de l'aide apportée pour leur conquête, n'ont pas d'emblée répondu aux espoirs qu'on avait mis en elles : comme l'ont montré Claude Cahen et Marie-Luise Favreau-Lilie, ce n'est que peu à peu qu'elles ont attiré à elles les courants du grand commerce. Ce pas est franchi entre 1130 et 1150. Les marchands de l'intérieur apportent leurs denrées pour en trafiquer sur les marchés de Tyr, d'Acre, de Tripoli où ils rencontrent leurs homologues venus d'Occident, comme en de véritables foires. Les comptoirs s'animent : on loue magasins, chambres et boutiques, qui se rendorment au moment du passage d'automne.

Sans doute les navires grecs ou musulmans ne sont-ils pas assujettis aux mêmes contraintes. Ils relient les ports de l'Asie mineure, encore tous byzantins, avec ceux de l'Égypte et de la Syrie franque qui en attend une part de son ravitaillement. Les princes accordent des sauf-conduits : nous conservons celui que le roi Baudouin IV accorda à un certain Abû 'Ali, marchand de Tyr, pour conduire en Égypte un navire chargé de marchandises [12]. Ces sauf-conduits n'étaient pas toujours respectés, si nous en croyons l'émir Usamâ ibn Munqidh qui en avait obtenu un du roi Amaury, ce qui n'aurait pas empêché celui-ci d'envoyer des hommes défoncer les flancs du navire pour permettre au roi de s'approprier la cargaison en vertu du droit

11. J. RICHARD, « Le transport outre-mer des croisés et des pèlerins (XIIe-XVe siècle) », dans *Maritime Aspects of migration*, ed. Kl. Friedland, Cologne-Vienne, 1989, p. 27-44 (Quellen und Darstellungen zur hansischen Geschichte, n. F., 34).

12. H.E. MAYER, « Abû 'Alîs Spuren am Berliner Tiergarten. Ein diplomatisches Unikat ... », dans *Archiv für Diplomatik*, 38, 1992, p. 113-133.

d'épave [13]. Mais Ibn Jobaïr, qui pour se rendre en pèlerinage à la Mecque avait emprunté un navire franc et traversé les terres chrétiennes, nous apprend que ce commerce se déroulait très normalement, au milieu même des hostilités.

* * *

La faveur dont jouit désormais la voie maritime se manifeste au temps de la Deuxième Croisade. Louis VII a hésité à accepter les propositions de Roger II de Sicile, qui lui offrait ses navires pour transporter son armée, et il a finalement retenu celles de Manuel Comnène, qui l'invitait à traverser son empire par voie de terre. Eudes de Deuil a incriminé à ce propos les intrigues byzantines ; il est permis de penser que la crainte de la mer, que Joinville a fort bien exprimée, a dû jouer son rôle chez des chevaliers peu familiers avec l'élément marin.

Mais cette hésitation atteste que, désormais, on peut envisager le transport par mer d'effectifs importants, les chevaliers emmenant leurs chevaux (Albert d'Aix signale la présence de ceux-ci dans un navire pris à l'abordage par les Sarrasins en 1103). La flotte sicilienne a pris une importance nouvelle. Dès 1111, elle pouvait envoyer sept nefs et un dromon participer à une attaque de Tyr. Roger II est en mesure de lutter avec succès contre les flottes byzantines ; ses successeurs enverront à plusieurs reprises leurs navires faire des descentes en Égypte. Un moment, la Sicile profitera de l'effondrement de la puissance almohade pour réaliser l'occupation de nombreux points de la côte africaine [14]. Le royaume sicilien aurait donc pu satisfaire aux exigences du transport d'une armée nombreuse. C'est d'ailleurs lui qui assura le retour du roi de France et de son armée — bien amenuisée — en 1148.

Louis VII a bénéficié, durant sa marche le long des côtes d'Asie mineure, de la présence de navires marchands byzantins grâce auxquels on pouvait tenir un marché pour fournir aux troupes le ravitaillement nécessaire. Elle lui a manqué pendant la difficile marche à travers les montagnes séparant Éphèse d'Adalia. À Adalia, soucieux de l'état d'épuisement de ses chevaux, le roi a accepté les offres des Byzantins qui, cette fois, proposaient de le porter avec ses hommes jusqu'au port d'Antioche. Mais ici le tonnage disponible s'est avéré

13. *Souvenirs historiques et récits de chasse par un émir syrien au premier siècle de la croisade. Autobiographie d'Ousamâ ibn Mounkidh*, trad. H. Derenbourg, Paris, 1895, p. 34-35 .

14. Les Siciliens se maintinrent notamment à Mahdia de 1148 à 1159.

très insuffisant, sans parler des erreurs de calcul (volontaires ou non) sur la durée de la traversée. Deux voyages successifs n'ont pas permis de transporter tous les combattants, et beaucoup de ceux-ci sont restés à Adalia. Ce qui nous oblige à ne pas surestimer le nombre des bateaux que les Byzantins de la côte sud de l'Anatolie pouvaient armer.

Mais la Deuxième Croisade a vu aussi une flotte anglo-flamande quitter la Manche et longer les côtes de l'Atlantique jusqu'à Lisbonne, qu'elle aida les Portugais à conquérir, puis continuer son périple le long des côtes andalouses. D'autres l'avaient précédée, et notamment les soixante grosses nefs du frère du roi de Norvège, Magnus, qui avaient participé en 1110 au siège de Sidon, et d'autres rassemblements de navires venant de Frise, de Westphalie et d'Angleterre avant 1110. Ces flottes venant du Ponant ont donc opéré en Méditerranée, à la faveur de l'acheminement de pèlerins qui se transformaient à l'occasion en combattants [15]. Les marines des puissances méditerranéennes ne sont donc pas les seules dont il fallait tenir compte dans la balance des forces.

La marine byzantine reste puissante : les navires que l'empereur Manuel a envoyés pour participer aux expéditions du roi Amaury de Jérusalem et de son successeur en Égypte le démontrent. Mais elle trouve une rivale dans celle du roi de Sicile, qui a sauvé le pouvoir du despote Isaac Comnène lorsque l'empereur Isaac l'Ange a envoyé pour lui reprendre Chypre une flotte que Margarit a détruite, et qui a permis la campagne de Guillaume II contre ce même empereur. Et le même Margarit, avec ses navires et le détachement de chevaliers qu'il y avait embarqué, a très efficacement contrecarré les entreprises de Saladin contre Tripoli et Tortose, en 1188. C'est donc en Méditerranée orientale comme en Méditerranée occidentale que les rois de Palerme afffirment leur puisance sur mer [16].

*
* *

Lorsqu'en 1187 Saladin eut détruit l'armée du roi de Jérusalem, et se fut porté sur Acre, il trouva dans le port un grand nombre de navires grecs et francs ; le passage était en cours, et des pèlerins tombèrent entre ses mains, certains d'entre eux au moins ayant la bonne fortune de bénéficier de la bienveillance de tel émir musul-

15. J. RICHARD, « Les bases maritimes... »

16. H. WIERUSZOWSKI, « The Norman kingdom of Sicily and the crusades », dans *A history of the Crusades*, ed. in chief K.M.Setton, II, 2e ed., Madison, 1969, p. 3-44.

man [17]. Nous avons ainsi le témoignage de l'activité de ce grand port et de ses relations tant avec les pays byzantins (Guillaume de Tyr mentionne comme tout naturels les voyages d'Acre à Constantinople) qu'avec l'Occident.

Le sultan n'avait pas négligé sa flotte : on sait qu'il avait recruté des marins dans le Maghreb et fait procéder à des constructions navales, qui lui avaient permis d'insulter les côtes franques entre 1170 et 1187. Il semble même avoir eu recours à des marins francs : le concile du Latran de 1179 dénonce ces mauvais chrétiens qui se mettent au service des Sarrasins pour piloter leurs navires et les assistent dans leurs pirateries, et nous connaissons les exploits de tels d'entre eux qui, ayant obtenu des barques du sultan, enlevèrent en 1191 la population d'un village de Chypre pour vendre hommes et femmes comme esclaves [18]. Le concile du Latran de 1215 a repris ces anathèmes.

Mais le développement de la piraterie qui caractérise les dernières années du XIIe siècle a d'autres causes, et en premier lieu l'effondrement de l'autorité impériale dans l'empire byzantin sous Andronic Ier et sous les Anges. Lorsqu'un pirate banni de Chypre, Cannaquis, enlève la reine de Chypre et ses enfants, c'est le seigneur grec d'Antioche de Pisidie qui lui avait confié un navire et qui reçoit les captifs qu'il entend rançonner [19]. Philippe Auguste a dû nettoyer un repaire de pirates sur la côte anatolienne. Les basileis, par les mesures qu'ils ont prises à l'encontre des marines et des colonies italiennes, ont attiré des représailles sur leurs sujets. Et Alexis l'Ange, supprimant par mesure d'économie les escadres impériales, s'en remet aux corsaires génois pour la défense de ses mers : les Vénitiens auront, au lendemain de la Quatrième Croisade, à nettoyer la mer Égée et la Crète [20]. Quant aux Pisans, leurs pirateries leur attirent l'hostilité d'Henri de Champagne, seigneur du royaume de Jérusalem [21].

17. D'après les souvenirs d'un Guillaume, plus tard moine cistercien, rapportés dans le *Dialogus miraculorum* de Césaire de Heisterbach, IV, 15 : un neveu de Saladin accepte de laisser libres les passagers d'un navire de pèlerins entré par mégarde à Acre après la prise de la ville.

18. MANSI, *Sacrorum conciliorum*, XXI, c. 230-231 ; *Le livre des Deux Jardins, Recueil des historiens des Croisades, Historiens Orientaux*, V, p. 7-8 ; A. EHRENKREUTZ, « The place of Saladin in the naval history of the Mediterranean in the Middle Ages », dans *Journal of American Oriental Society*, 75, 1955.

19. *La continuation de Guillaume de Tyr (1186-1197)*, ed. M.R. Morgan, Paris, 1982, p. 162-165 (Documents relatifs à l'histoire des croisades, 14).

20. F. THIRIET, *La Romanie vénitienne au Moyen Âge. Le développement et l'exploitation du domaine colonial vénitien (XIIe-XVe s.)*, nouv. éd., Paris, 1975.

21. M.-L. FAVREAU-LILIE, « Graf Henri von Champagne und die Pisaner im Königreich Jerusalem », dans *Bolletino storico Pisano*, 47, 1978, p. 97-120 ; — du même

L'effondrement des États latins de Syrie provoque la réapparition de la piraterie musulmane sur la côte phénicienne : les émirs de Beyrouth et de Sidon ont repris cette activité, et seule la réoccupation de ces villes par les Francs, en 1197 et 1205, y a mis fin.

C'est là une des constantes de l'histoire de la Méditerranée : la piraterie est un fléau quasi-endémique qui réapparaît dès que les terres riveraines ne sont pas aux mains d'une autorité politique cohérente.La sécurité des mers n'a pu être rétablie que grâce à la reconquête des côtes syriennes par les Francs, à l'établissement de l'empire vénitien en mer Égée, et à la substitution à la domination byzantine sur l'Anatolie méridionale d'un empire seljuqide soucieux d'assurer ses débouchés maritimes [22]. Ce fut l'oeuvre des premières années du XIIIe siècle.

* * *

Autre conséquence des conquêtes de Saladin, le déclenchement de toute une série de croisades qui ne sont plus, comme celles du siècle précédent, le fait de barons partant en pèlerinage avec une retenue de chevaliers plus ou moins nombreuse, en partie pour répondre aux appels des Francs de Terre Sainte, mais des expéditions importantes, auxquelles participent des souverains couronnés, montées à l'instigation des papes et, de plus en plus, financées avec leur concours. Elles se poursuivent de 1188 à 1271, et toutes, à l'exception de celle de Frédéric Barberousse, empruntent désormais la voie de mer.

Ceci exige la réunion de flottes importantes. Pour la croisade qu'il envisageait, Henri II d'Angleterre escomptait la fourniture par son gendre, le roi normand de Sicile, de 200 navires et d'un an de vivres. Richard Coeur de Lion, qui réalisa son projet, dut substituer à celle-ci l'équipement d'une flotte constituée de navires construits à cette fin ou réquisitionnés dans ses États, et transportant depuis l'Angleterre toute une partie de son armée, à quoi il fallut ajouter des bateaux nolisés à Marseille pour le transport des troupes levées dans ses domaines continentaux. Les navires venus d'Angleterre n'étaient en effet pas au rendez-vous, s'étant attardés au passage à participer à la conquête d'Alvor par les Portugais (lesquels devaient également

---

auteur, « Die Italienische Levante-Piraterie und die Sicherheit der Seewege nach Syrien im 12. und 13. Jhdt. », dans *Vierteljahrschrift für Sozial - und Wirtschaftsgeschichte*, 65, 1978, p. 461-510.

22. J. Richard, « La Méditerranée et ses relations avec son arrière-pays oriental (XIe-XVe s.) », dans *Navigazioni mediterranee e connessioni continentali. Congresso di storia marittima, Bari-Nave Ausonia, 1969*, a cura di R.Ragosta, Naples, 1983, p. 265-299.

mettre à profit le passage des croisés venus des mers septentrionales pour attaquer Silves en 1198 et Alcacer do Sal en 1217). Néammoins quand toutes ses forces furent réunies, c'est avec 180 nefs et buzes, plus une trentaine de galères [23], que Richard quitta Messine. Philippe Auguste s'est contenté d'une flotte bien moins nombreuse, louée aux Génois, du fait que la plupart des barons français avaient déjà rejoint les croisés qui assiégeaient Acre. En face de ces forces navales, les Égyptiens se trouvaient en une telle situation d'infériorité que c'est en déguisant leurs bateaux pour leur donner l'apparence de navires chrétiens qu'ils essayèrent de faire parvenir des renforts à Acre.

La flotte que rassemble l'empereur Henri VI, en 1197, tant en Allemagne que dans son royaume de Sicile, aurait compris près de 250 navires. Et on sait comment les croisés de 1202 qui traitèrent avec Venise avaient tablé sur un effectif de 4 500 chevaliers, 9 000 écuyers et 20 000 piétons, ce qui contraignit la République à un effort exceptionnel de construction navale, exigeant, selon Martino da Canale, des mesures d'ordre monétaire pour permettre le paiement des salaires des ouvriers — et comment cette surestimation du nombre des croisés entraîna toute une chaîne de conséquences imprévisibles, de l'attaque de Zara à la prise de Constantinople [24].

Le souci de réunir le tonnage indispensable se répercute sur les constitutions conciliaires : en 1215, le pape institue des indulgences spéciales pour les armateurs et prohibe le commerce avec les Sarrasins pour retenir dans les ports chrétiens les navires nécessaires à la Cinquième Croisade. Et, pour la croisade de 1248, il a fallu faire construire des nefs jusqu'en Écosse et en Norvège, faute pour Saint Louis d'avoir pu obtenir la coopération du roi de Norvège dont il avait espéré qu'il pourrait fournir ses navires pour acheminer les croisés ; mais c'est essentiellement à Gênes, et aussi à Marseille, qu'il convint de noliser des bateaux. En 1270, Saint Louis a fait construire ses propres nefs dans ces derniers ports. Néammoins les envoyés du roi lui précisaient qu'en ce qui concernait les navires d'escorte et les bateaux auxiliaires, on pouvait en trouver autant qu'il serait nécessaire sans recourir à des constructions nouvelles.

Le transport des chevaux nécessite un aménagement particulier que John H. Pryor a spécialement étudié : sangles pour maintenir les bêtes, caisses à eau, rampes pour faciliter le débarquement [25]. Le transport des vivres, des machines de guerre, des munitions (les traits

23. S. PAINTER, « The third crusade », dans *A history of the crusades*, II, p. 58-62.

24. J. RICHARD, « Le transport... », p. 30-31.

25. J.H. PRYOR, « The naval architecture of the Crusaders transport ships and horse transports revisited », dans *The Mariner's mirror*, 76, 1990, p. 255-272.

pour les arbalètes) doit aussi être pris en compte. Et, une fois l'armée transportée, il faut compter sur les navires des marchands pour ravitailler les croisés et amener éventuellement des renforts. Les ports de la côte des Pouilles, gros exportateurs de grains, jouent ici un rôle essentiel.

Il s'agit donc de très grosses flottes. Mais dans quelle mesure s'assurent-elles de la maîtrise de la mer ? Les escadres du sultan, nous le savons, ne se soucient pas de les affronter [26] ; mais il ne semble pas que les Latins aient utilisé leurs forces pour chercher à les bloquer dans leurs ports. L'exemple de la Cinquième Croisade est ici significatif. Le légat Pélage, soucieux de garder sa flotte rassemblée, interdisait aux galères dont il disposait de s'éloigner de Damiette ; celles du sultan en profitèrent pour se porter sur les lignes de communication des croisés et détruisirent en particulier sur la côte de Chypre le navire qui portait le comte de Katzenellenbogen. Et, en 1249-1250, Saint Louis n'a pas été en mesure d'empêcher le sultan de faire transporter des galères sur le cours du Nil et d'intercepter les relations de son armée avec Damiette d'où lui venait le ravitaillement et où il chercha à évacuer ses malades. La maîtrise de la mer reste donc très ponctuelle et elle n'est effective que là où la flotte des croisés se trouve rassemblée.

D'autre part la guerre entre chrétiens et musulmans n'a rien d'une guerre totale. Des trêves interviennent à la fin de chaque flambée guerrière et stipulent la liberté du commerce et celle de la navigation. Les marines occidentales qui continuent à transporter en grand nombre les pèlerins de Terre Sainte bénéficient de privilèges concédés par les sultans pour la fréquentation de leurs ports — Alexandrie, d'où viennent les épices venues de l'Inde par la mer Rouge, mais aussi Laodicée où l'on va chercher le coton qui vient de la région d'Alep. La Turquie fournit les teintureries occidentales en alun, et produit aussi la laine dont on fait les bonnets. L'Occident livre à l'Égypte beaucoup de ses productions, et même certains matériaux d'intérêt stratégique, malgré les interdictions. Et il y a tout un trafic qui se fait entre les pays de la Méditerranée orientale. La Turquie a ouvert une route reliant Sinope à Adalia, d'où partent les navires qui se rendent en Égypte [27] ; la Syrie franque fournit à ce dernier pays jusqu'à l'huile dont on fait le savon. L'ouverture de l'Asie intérieure au commerce occidental, par la Crimée, n'empêche nullement les

---

26. Toutefois en 1187, le biographe de Saladin se flattait que la « flotte victorieuse » du sultan couperait le chemin des flottes ennemies et les bloquerait « dans les îles » (*Le livre des Deux Jardins, Recueil des historiens des croisades, Hist. Orient.*, IV, p. 316). Un échec subi devant Tyr suffit à faire abandonner ce projet (p. 342).

27. Cl. CAHEN, « Le commerce anatolien au début du XIIIe siècle », dans *Mélanges d'histoire du Moyen Âge dédiés à la mémoire de Louis Halphen*, Paris 1951, p. 91-101.

marchands francs de continuer à fréquenter les marchés de Constantinople. Les navires qui assurent ces échanges sont évidemment ces navires de Gênes, de Pise, de Venise, de Marseille, mais aussi de Barcelone ou d'Ancône, sur lesquels nous disposons d'une documentation abondante, mais aussi des navires grecs ou musulmans sur lesquels nous avons moins d'informations.Il faut aussi faire place aux navires du royaume de Sicile qui, sous les Hohenstaufen comme sous les Angevins, a entretenu des relations privilégiées avec les sultans d'Égypte comme avec les Hafsides, qui avaient remplacé les Almohades en Tunisie, et dont les sujets, en particulier les marchands de Messine, fréquentent les ports du Delta et ceux d'Afrique du Nord.

On a l'impression que les navires francs offrent des possibilités de passage et de transport aux Musulmans comme aux Chrétiens, et qu'ils sont plus nombreux que ceux des armateurs musulmans. Ceci serait la conséquence de l'importance du tonnage qui s'est mis en place, en particulier dans les cités maritimes, à la faveur des croisades et des voyages des pèlerins.

* * *

La dernière grande croisade a été celle de 1269-1271, qui s'est égrenée au cours des années, les Aragonais étant partis les premiers, suivis par les Français et finalement par les Siciliens et les Anglais. Mais tous ne sont pas arrivés en Terre Sainte : le roi d'Aragon a fait demi-tour à Montpellier, le roi de France est mort sous Carthage et sa flotte a été détruite à Trapani par une tempête, et seuls les infants d'Aragon, quelques barons français et Édouard Ier d'Angleterre ont atteint Acre. Les grands « passages » restent en projet ; mais les crises qui surviennent en Occident amènent les princes et les papes à en différer la réalisation, et celà bien qu'ils aient reçu l'appui de Michel VIII Paléologue et des Mongols de Perse.

Mais la navigation entre dans une nouvelle période de turbulence, du fait de la conjonction de différents facteurs. La reconquête de la Romanie franque par les Byzantins, qui jouent des Génois contre les Vénitiens, entraîne le renouveau des hostilités en mer Égée, où l'aventurier Licario, promu mégaduc, s'en prend aux seigneuries franques des îles, au grand dam des relations maritimes. La guerre de Saint-Sabas, qui a pris son origine en Terre Sainte, se prolonge sur de longues années, et l'on voit Génois, Pisans et Vénitiens pratiquer la guerre de course, enlever des navires dont la cargaison appartient parfois à des parties étrangères au conflit, ce qui entraîne des règlements complexes, intercepter des convois. La guerre de Sicile suscite d'autres opérations navales. Mais surtout le déclin irrémédiable de l'empire des Turcs seljuqides, vassalisé par les Mongols et miné par la collusion des begs turcomans avec les Mamelûks d'Égypte, donne naissance à tout un ensemble de petites dominations dont les chefs vont pratiquer la *ghazzwa*, forme de guerre sainte caractérisée par les razzias menées contre les Infidèles pour faire du butin et rafler des esclaves. Tel de ces héros de la guerre sainte est célébré pour ses attaques contre les navires des Chrétiens dont, en plongeant, il allait percer les coques. Les défenses de l'empire byzantin, en particulier dans les îles, sont inefficaces. Et c'est ainsi que l'occupation de Rhodes par les Hospitaliers, à partir de 1306, témoigne de ce que les Occidentaux prennent la mesure de ce nouveau danger turc [28].

Les courants commerciaux se modifient. Si Alexandrie reste la plaque tournante du commerce avec les Indes, la constitution de l'empire mongol a détourné ce qui passait par la Mésopotamie vers les deux nouveaux ports ouverts aux marchands d'Occident : l'Aïas en Arménie et Trébizonde sur la mer Noire. Constantinople reste un point de passage obligé, mais Chypre se dote d'un nouveau port, Famagouste [29]. La chute de Tripoli et d'Acre, dont les Mamelûks démantèlent les murs et détruisent les équipements, abolit le rôle de transitaire qui était jusque-là celui de ces villes.

La perte de ces deux villes a une autre conséquence : la Papauté, espérant par là affaiblir l'empire mamelûk en le privant de ressources financières, interdit les pèlerinages et proclame un embargo sur le commerce avec les pays du sultan. Une flotte a été mise sur pied, sous le commandement d'un Zaccaria, pour faire respecter ce *devetum*. Trois ans après, la guerre ayant repris entre Gênes et Venise, les navires des uns et des autres se retrouvent dans des camps opposés et se livrent à la guerre de course ; les Aragonais n'ont pas rompu leurs relations avec l'Égypte ; Génois et Vénitiens reprennent les leurs — les Vénitiens fréquentant Alexandrie, les Génois Laodicée et les Chypriotes Beyrouth [30].

On ne saurait mieux démontrer l'impossibilité d'une thalassocratie latine ; les puissances maritimes sont avant tout attentives à

28. J. RICHARD, « La Méditerranée et ses relations... », p. 284-287.

29. J. RICHARD, « La situation juridique de Famagouste dans le royaume des Lusignans » dans *Praktikon* du 1er congrès international d'études chypriotes, Nicosie, 1972, II, p. 221-229 .

30. J. RICHARD, « Le royaume de Chypre et l'embargo sur le commerce avec l'Égypte », dans *Comptes rendus de l'Académie des Inscriptions et Belles-Lettres*, 1984, p. 120-134 ; — du même auteur, « L'état de guerre avec l'Égypte et le royaume de Chypre », dans *Cyprus and the Crusades. Papers given to the international conference. Nicosia 1994*, Nicosie, 1995, p. 83-95.

s'assurer des positions privilégiées à l'encontre de leurs rivales. Une véritable tentative de caractère thalassocratique a marqué les années 1280-1290, lorsque Benedetto Zaccaria a cherché à asseoir la prédominance gênoise dans les mers d'Orient, notamment en faisant de Tripoli une base génoise, avec l'appui du sultan. Le succès n'a pas répondu à l'effort, mais celui-ci était avant tout dirigé contre les ennemis traditionnels de Gênes : Pise et, après la mise hors de combat de celle-ci, Venise.

Quant aux Mamelûks, ils ont fait preuve d'une grande timidité. Baîbars a bien essayé d'envoyer une escadre avec un corps de débarquement contre Chypre, mais ses galères se sont mises au sec et il n'a pas cherché à reprendre l'entreprise. Al-Ashrâf a envisagé lui aussi une descente en Chypre, mais ses émirs n'ont manifesté aucun enthousiasme pour ce projet, ce qui a peut-être été l'une des causes de son assassinat. L'Égypte n'est pas alors prête à redevenir une puissance navale. Et c'est même alors que certains Occidentaux ont pensé à lancer dans le Golfe Persique une escadre basée sur les ports mongols pour intercepter ses relations maritimes avec l'Inde [31].

C'est la piraterie turque qui allait faire prendre conscience aux Byzantins comme aux puissances maritimes occidentales de la nécessité d'assurer une police des mers. Les premières décennies du XIVe siècle ont vu la naissance des « Saintes Ligues », nouvelle forme de la croisade, essentiellement dirigée vers l'élimination de ces nids de pirates que les begs avaient établis sur les côtes d'Asie mineure, et qui devait finalement parvenir à ses fins. Jusque-là, les Occidentaux n'avaient pas véritablement établi cette police des mers qui leur aurait donné une prédominance incontestée.

* * *

En fait les croisades n'ont pas trouvé en face d'elles sur le plan naval une opposition véritable de la part des adversaires que les croisés voulaient affronter : les dynastes musulmans d'Orient. Rien de comparable à celle que les Byzantins ont mise en œuvre face aux entreprises de Robert Guiscard ou à celle de Bohémond que la flotte d'Alexis Comnène bloqua si efficacement sous Dyrrachion en 1108. Les flottes des croisades ont pu atteindre les rives du Levant sans rencontrer des forces navales significatives en face d'eux ; même en 1123, lorsque les navires fatimides affrontent les Vénitiens qui vont

31. J. RICHARD, « Les navigations des Occidentaux sur l'Océan Indien et la mer Caspienne (XIIIe-XVe siècles) », dans *Sociétés et compagnies de commerce en Orient et dans l'Océan Indien*, Paris, 1970, p. 353-363 .

assiéger Tyr, c'est seulement un convoi apparemment détaché du gros de l'armada ennemie qu'ils essaient de surprendre, pour d'ailleurs tomber dans un piège. Les grands rassemblements de navires de transport, encadrés de galères et de toute une « poussière navale », qui emmènent les armées chrétiennes en Orient ne se heurtent pas à des escadres, lesquelles se sont habituellement retirées à leur approche. Il semble que le caractère massif de ces rassemblements ait dissuadé les Musulmans de s'opposer à eux. Une guerre de course se dessine parfois ; il est difficile de la distinguer de la piraterie. Les flottes franques ne se sont pas vu disputer la suprématie dans les eaux orientales ; ceci d'autant plus qu'elles n'ont pas non plus cherché à annihiler les forces navales adverses, sauf à mener ici ou là des opérations de harcèlement, des débarquements accompagnés de pillages sur des points de la côte en particulier.

Pas davantage ne voit-on mener une guerre au commerce des adversaires des Francs. Bien que les marins italiens aient concurrencé leurs émules d'Afrique du Nord, d'Espagne ou d'Égypte pour le transport des denrées et des passagers jusque dans leurs propres eaux, il ne semble pas qu'ils aient cherché à éliminer ces concurrents : ils ont été davantage portés à le faire quand il s'agissait de leurs rivaux traditionnels : les Génois ont essayé d'interdire aux Languedociens de transporter des pèlerins en Terre Sainte ; ils se sont durement affrontés aux Pisans et par la suite aux Vénitiens. Néammoins personne ne leur a contesté le droit de trafiquer au long des côtes musulmanes.

Ce qui a assuré cette liberté de passage dans les eaux de la Méditerranée aux navires qui gagnaient l'Orient, c'est sans doute l'importance du tonnage mis en oeuvre. Et c'est là la conséquence du caractère massif qu'a pris le transport des pèlerins se rendant aux Lieux Saints, dès le lendemain de la Première Croisade. Les nefs, les galères, les buzes, venues aussi bien des mers du Ponant que de celles qui bordent les rives de la France du Sud et de l'Italie, ont acheminé ces pieux voyageurs par centaines et par milliers chaque année, et celà pendant deux siècles. Les marchands, eux aussi présents dès avant les croisades dans ces eaux et dans les *emporia* du Levant, ont mis ces voyages à profit pour développer leur commerce avec les pays musulmans, byzantins, plus tard turcs et arméniens. La Méditerranée n'a sans doute pas été un lac latin, puisque les Latins n'en ont pas exclu les navires des autres. Mais elle a été une mer où les marins du monde latin ont navigué librement et en grand nombre.

Jean RICHARD

LES MUSULMANS SUR LA MÉDITERRANÉE [1]

Il y a quelque 60 ans, à quelques semaines près, Henri Pirenne montrait, dans un livre célèbre [2], comment l'expansion de l'Islam avait rompu l'unité méditerranéenne, et fait de la mer une frontière et un champ de bataille, déclenchant par là l'évolution autonome de l'Occident. Dans cette lutte l'Islam a été vaincu, et il l'a été de façon décisive, malgré des efforts considérables et des succès passagers. Il y a eu en effet de grandes politiques maritimes musulmanes, depuis celle du premier califat omayyade, puis des Aghlabides et des Fatimides, jusqu'à celle de l'Empire Ottoman. Il y a eu, plus disparates, moins coordonnées, mais tout aussi redoutables, des sociétés de pirates, depuis celles des Andalous au Haut Moyen Âge jusqu'aux Barbaresques des Temps Modernes, qui ont disputé la suprématie sur les eaux. Tout ceci, finalement, a échoué à deux reprises : en gros, une première fois à partir de l'an mil avec l'émergence des flottes des cités italiennes [3] ; une seconde fois, définitivement, à Navarin en 1827 [4]. Les plus lucides des observateurs ottomans l'avaient depuis longtemps constaté. En 1540, au plus haut de la présence maritime turque en Méditerranée, lorsque le bassin occidental lui-même leur est largement ouvert après leur triomphale tournée à Toulon lors de l'alliance avec François Ier [5], le grand vizir Lutfi Pacha écrivait que « beaucoup de

1. Cet exposé présente quelques conclusions d'un livre en voie d'achèvement « *L'Islam et la mer : la mosquée et le matelot* », à paraître aux éditions Plon-Perrin dans la collection « Histoire et décadence » dirigée par Pierre CHAUNU.

2. *Mahomet et Charlemagne*, Paris, 1937.

3. Le récit des événements, pour cette première phase, a fait l'objet de la synthèse magistrale d'Ekkehard EICKHOFF, *Seekrieg und Seepolitik zwischen Islam und Abendland bis zum Augstiege Pisas und Genuas (650-1040)*, 1954 (*Schriften der Universität des Saarlandes*).

4. Aucun traitement comparable d'ensemble n'a été donné pour l'histoire de cette seconde phase. Sur les corsaires barbaresques on dispose de l'excellente étude générale de Salvatore BONO, *I corsari barbareschi*, Turin, 1964 ; mais sur la marine ottomane on ne possède encore que des études partielles, d'ailleurs parfois excellentes, et dont plusieurs seront citées par la suite.

5. Sur l'atmosphère navale de cette époque on pourra voir les mémoires de Hayreddin (Barberousse), le *Gazevat -i Hayreddin Paşa*, dû à son secrétaire Sinan Çavuş, dont une traduction commentée a été procurée par Jean Deny et Jane Laroche,

sultans du passé ont dominé à terre, mais peu ont régné sur les mers. Dans l'organisation des expéditions navales, l'infidèle nous est supérieur » [6]. Et tel autre encore en 1668, alors que l'Empire Ottoman venait, grâce à sa flotte, de s'emparer de la Crête, déclarait au secrétaire de l'ambassade britannique à Constantinople que « Dieu a donné la mer aux Chrétiens mais la terre aux Turcs » [7].

Échec militaire, donc ! Mais aussi, et surtout, échec humain, au sens large ! Au cours de ces quelques 13 siècles, la présence musulmane pacifique, dans ces eaux médittanéennes, aura été négligeable, et d'abord dans les activités de transport et de commerce. Il faut rappeler qu'à l'époque moderne tout le commerce extérieur des pays barbaresques, aux XVIIe et XVIIIe siècles, est assuré par des navires européens. On avait donné de cet état de choses des explications assez dérisoires [8] : danger de l'inquisition pour les renégats, qui n'auraient pu être employés dans les ports chrétiens ; tracasseries des commerçants marseillais, et de l'administration, envers les capitaines maures d'origine. En fait il suffit d'une comparaison avec le bassin oriental de la Méditerranée pour voir que rien de tout ceci n'a pu avoir d'influence réelle. À l'intérieur même des mers ottomanes de l'Est à la même époque, et à l'exception de la mer Noire qui restera strictement fermée aux étrangers jusqu'au dernier quart du XVIIIe siècle, la plus grande partie du trafic est assurée, de la même façon, par le système dit de la « caravane maritime » [9], où les affréteurs ottomans engagent pour cela des navires européens, et particulièrement français. En 1785, dans le trafic intra-ottoman d'Alexandrie, 40 % en valeur est ainsi réalisé par des navires de l'Europe. Et le pavillon ottoman est en fait, on le sait, représenté quasi-exclusivement par des navires grecs. Même situation à Salonique au XVIIIe sicèle [10], et ailleurs. Et au XVIIe siècle le commerce du port d'İstanbul sous pavillon ottoman semble bien avoir été essentiellement le fait des capitaines grecs, les quelques

« L'expédition en Provence de l'armée de mer du Sultan Suleyman sous le commandement de l'Amiral Hayreddin Pacha dit Barberousse », *Turcica*, I, 1969, p. 161-211.

6. R. TSCHUDI, Hrsbg., *Das Asafname des Lutfi Pascha*, Berlin, 1910, p. 30-31.

7. Paul RYCAUT, *The Present State of the Ottoman Empire...*, Londres, 1668, p. 216.

8. Marcel EMERIT, « L'essai d'une marine marchande barbaresque au XVIIIe siècle », *Cahiers de Tunisie*, III, 1955, p. 363-370.

9. Daniel PANZAC, « Affréteurs ottomans et capitaines français à Alexandrie : la caravane maritime en Méditerranée au milieu du XVIIIe siècle », *Revue de l'Occident Musulman et de la Méditerranée*, 34, 1982, p. 23-38 ; *Id.*, « Les échanges maritimes dans l'Empire Ottoman au XVIIIe siècle », *Ibid.*, 39, 1985, p. 177-188.

10. N.G. SVORONOS, *Le commerce de Salonique au XVIIIe siècle*, Paris, 1956.

Turcs qui y participaient ne dépassant pas la mer Égée [11].

Cette situation n'était pas nouvelle. Nous n'avons pas de données quantifiables comparables pour les siècles du premier grand affrontement. Relevons simplement que, dans cette Méditerranée des Croisades dont il nous est parlé par ailleurs [12], lorsque l'Andalou Ibn Djobaïr accomplit, en 1183-1185, son célèbre pèlerinage, il emprunta en Méditerranée 4 navires, tous chrétiens, et qu'il en rencontra 10 autres, tous chrétiens également.

Même constat pour la pêche. La colonisation des côtes méditerranéennes du Maroc, de l'Algérie et de la Tunisie septentrionale par les pêcheurs espagnols qui, naturalisés, avaient fourni l'essentiel des pêcheurs français d'Algérie, ne fait qu'exprimer le vide quasi-absolu des activités indigènes, qu'ils ont comblé. Et jusqu'à la deuxième guerre mondiale les chalutiers italiens ou les pêcheurs grecs de Rhodes avaient une prépondérance totale sur la côte du Levant [13]. L'étiquette musulmane, lorsqu'on la rencontre, est d'ailleurs souvent trompeuse. Les marins musulmans de Sitia, la péninsule orientale de la Crète, qui allaient, jusqu'au début de ce siècle, pêcher les éponges sur la côte tunisienne, étaient des Grecs musulmans [14]. La plupart des groupements de pêcheurs musulmans du bassin oriental de la Méditerranée qu'on peut observer aujourd'hui sont en fait des développements tout à fait récents, où l'acculturation européenne est manifeste. Tel est le cas des pêcheurs berbères de la péninsule de Fâroua, en Tripolitaine, près de la frontière tunisienne, dont l'activité remonte à la colonisation italienne [15]. Et ce sont des Grecs crétois musulmans, encore, qui ont développé à Bodrum, sur la côte turque, la pêche, essentiellement des éponges, depuis 1930 seulement [16]. La pêche égyptienne sur les côtes du delta, quant à elle, n'est apparue qu'au XIXe siècle, à la suite de l'influence européenne.

Au total les foyers de véritable culture maritime musulmane, en Méditerranée, sont rarissimes, et se comptent sur les doigts d'une main. Ce sont les quelques îlots de la côte du Rif, comme Alhucemas,

11. Robert MANTRAN, *Istanbul dans la seconde moitié du XVIIe siècle*, Paris, 1962 (*Bibliothèque Archéologique et Historique de l'Institut Français d'Archéologie d'Istanbul*, XII), *passim* et notamment p. 120, 184, 352, 421, 450-451, 488, 491, pour l'activité maritime des Grecs de la ville.

12. Voir la communication du Doyen Jean Richard au présent colloque.

12. Jacques WEULERSSE, *Le pays des Alaouites*, Tours, 1940, I, p. 168, 170.

14. Victor BÉRARD, *Les affaires de Crète*, Paris, 1900, p. 233.

15. Umberto PARADISI, « I pescatori berberi della penisola di Fàrwa (Tripolitania) », *L'Universo*, XLII, 1962, p. 295-300.

16. Michèle NICOLAS, « La pêche à Bodrum », *Turcica*, III, 1971, p. 160-180 ; Fatma MANSUR, *Bodrum, a town in the Aegean*, Leyde, 1972 (*Social, Economic and Political Studies of the Middle East*, III), p. 45-52.

où la tradition semble ancienne. Encore faudrait-il y regarder de plus près quant aux origines. Léon l'Africain connaît sur ce rivage une population mixte, de « Frères de la Côte », pirates chrétiens et musulmans qui vivaient en bonne intelligence, que je soupçonne en être le fondement [17]. Il n'y a en fait que deux exceptions significatives à cette carence quasi-absolue. C'est d'abord le centre très ponctuel de l'île de Rouad, sur la côte syrienne [18]. Mais il s'agit d'une île-refuge, surpeuplée, où la vocation maritime exprime une nécessité quasi-absolue. C'est surtout le fond du golfe de Gabès et les Kerkena, dont la culture maritime, naguère analysée avec soin [19], paraît un développement spontané, évidemment secrété par un milieu physique très particulier, à très nombreux hauts fonds, qui a suscité de nombreuses innovations techniques, comme des bateaux plats d'un type très particulier. C'est à vrai dire le seul domaine maritime musulman original de quelque importance en Méditerranée, et qui s'explique certainement par ces conditions naturelles.

Cette absence presque totale des Musulmans sur la mer n'a pas manqué d'éveiller l'attention des orientalistes, et ceci depuis fort longtemps. Herbert Jansky [20], Louis Brunot [21], Ekkehard Eickhoff [22], Kurt Hoernebach [23], pour ne citer qu'eux, ont écrit sur le sujet des pages fort pertinentes. Mais ils se sont bornés presque exclusivement à constater, voire à discuter, le fait, sans en rechercher vraiment les causes, qu'on voudrait explorer ici. Pourquoi donc cette infériorité ?

---

17. Jean-Léon l'Africain, *Description de l'Afrique*, édit. et trad. A. Epaulard, Paris, 1956, I, p. 274-276 ; Brigitte Grohmann-Kerouach, *Der Siedlungsraum der Ait Ouriaghel im östlichen Rif. Kulturgeographie eines Rückzugsgebietes*, Heidelberg, 1971 (*Heidelberger Geographische Arbeiten*, 35), p. 134-140.

18. Weulersse, *op. cit.*, p. 173-190 ; Henri Charles, « L'organisation de la vie maritime à l'île d'Arwâd (Syrie) », *Revue de l'Occident Musulman et de la Méditerranée*, 13-14, 1973, p. 231-238.

19. André Louis, *Les îles Kerkena (Tunisie), étude d'ethnographfie tunisienne et de géographie humaine*, 3 vols., Tunis, 1961-1963 (*Publications de l'Institut de Belles Lettres Arabes - Tunis*, 26-27 bis).

20. Das Meer in Geschichte und Kultur des Islams, p. 41-59 dans Hans Mžik, Hrsgb., *Beiträge zur historischen Geographie, Kulturgeographie, Ethnographie und Kartographie, vornehmlich des Orients (= Festschrift E. Oberhummer)*, Leipzig/Vienne, 1929.

21. *La mer dans les traditions et les industries indigènes à Rabat et Salé*, Paris, 1921, *passim* et particulièrement p. 1-19.

22. *Op. cit., passim* et particulièrement p. 211-214.

23. « Araber und Mittelmeer. Angänge und Probleme arabischer Seegeschichte », p. 379-396 dans *Zeki Velidi Togan'a Armağan/Symbolae in honorem Z. V. Togan*, İstanbul, 1959-55.

La première idée qui vient à l'esprit est évidemment celle d'une déficience technique. Et il est bien certain que toutes les inventions en matière maritime, aux Temps Modernes, vinrent d'Europe. Mais ceci est trompeur. Les conséquences pratiques de cette dissymétrie de l'innovation, en matière de puissance navale, ont été négligeables. La Méditerranée est à cette époque un milieu technique unique, où le brassage des hommes, des idées et des choses est intense, et où toutes les découvertes se propagent extrêmement rapidement, le rôle des renégats, dont on reparlera plus loin, étant naturellement capital. Toutes les données concordent à prouver que les progrès réalisés dans les marines occidentales sont très rapidement introduites aussi bien chez les Barbaresques que dans la grande flotte ottomane. Lorsqu'au XVIe siècle les Vénitiens inventent, vers 1530, le système suivant lequel, sur les galères, les rameurs du même banc actionnent une seule et même rame, il est immédiatement diffusé à Alger [24]. Au début du XVIIe siècle, même célérité dans cette ville pour l'introduction des voiliers à trois mats imités de l'Océan et pourvus également de rames, que propagent les renégats nordiques [25]. Ce mouvement ne cessera jamais. Au début du XXe siècle le livre des signaux de la marine d'Alger [26] révèle une profonde acculturation avec les pratiques des marines occidentales. En ce qui concerne les Ottomans le passage est également très rapide, jusque dans les moindres détails. En 1547 il y a 200 artisans de marine à Galata, dans l'arsenal de Constantinople. Ils sont presque tous chrétiens, ou renégats vénitiens [27]. Il y a, certes, quelques décalages, mais de peu de durée. En 1571 à Lépante les Vénitiens utilisent des galéasses qui combinent les avantages de la galère et du gabion en ce sens qu'elles ont de l'artillerie de flanc et peuvent tirer des bordées alors que les galères traditionnelles n'ont encore de canons qu'à l'avant. Ces galéases ne seront introduites que l'année suivante, en 1572, dans la flotte ottomane [28]. Mais leur rôle dans la bataille n'avait été aucunement décisif et l'on voit en tout cas la promptitude de l'imitation.

Aucun retard donc. Il y a seulement, ce qui est sans doute beaucoup plus grave, une négligence dans l'utilisation et dans l'entre-

24. Pierre BOYER, « Les renégats et la marine de la Régence d'Alger », *Revue de l'Occident musulman et de la Méditerranée*, 39, 1985, p. 93-106, cf. p. 97.

25. *Ibid.*, p. 98-99.

26. Albert DEVOULX, *Le livre des signaux de la flotte de l'ancienne Régence d'Alger... traduit et publié par...* , Alger, 1868, lithographié.

27. Jean CHESNEAU, *Le voyage de Monsieur d'Aramon, Ambassadeur pour le Roy en Levant, publié et annoté par Ch. Schefer*, Paris, 1887, p. 244 ; cf. C.H. IMBER, « The Navy of Süleyman the Magnificent », *Archivum Ottomanicum*, VI, 1980, p. 211-282, voir p. 242-243.

28. *Ibid.*, p. 218.

tien. L'historiographie ottomane a gardé le souvenir de l'introduction du premier navire rond dans la flotte de guerre, au milieu du XVe siècle, au temps de Mehmet le Conquérant. Ce vaisseau, qui n'aurait pas jaugé moins de 3 000 tonneaux (?), fit immédiatement naufrage, certainement par incapacité de l'équipage. Même mésaventure en 1651 pour le premier vaisseau de haut bord de la flotte impériale [29]. Mais ceci renvoie à un problème humain dont il sera parlé dans un instant. Et les carences étaient vite réparées. Une dizaine d'années après ce dernier événement, lors du siège de Candie, les vaisseaux de haut bord sont généralisés dans la flotte ottomane, et c'est leur présence qui explique en fin de compte le succès de la conquête de la ville, et de l'île. En fait la marine a toujours été dans l'empire, par rapport à l'armée notamment, un modèle d'acculturation rapide à l'Occident, où la résistance du traditionnalisme était beaucoup moins fort. C'est par elle que Selim III, le sultan « éclairé » de la fin du XVIIIe siècle, entreprendra le premier effort sérieux de modernisation du pays, qui lui coûtera son trône [30].

Quant à l'époque du premier affrontement, le niveau technique respectif apparaît inverse. Il y a eu sans doute une supériorité byzantine dans certains domaines : le feu grégeois par exemple, qui a peut-être sauvé Constantinople. Mais ce n'est pas une technique spécifiquement maritime. On a insisté par ailleurs sur certaines contraintes naturelles qui ont pu contrarier la construction des flottes musulmanes : le manque de bois de haute venue sur les côtes méridionales de la Méditerranée notamment [31]. On sait à ce propos l'importance que la perte du Maghreb et de la Sicile a eu au XIe siècle dans le déclin de la flotte fatimide. Mais ceci n'a pu être que purement conjoncturel, et n'est valable ni pour les siècles précédents, où on s'approvisionnait dans le Tell septentrional algéro-tunisien, ou à Chypre, ni à plus forte raison pour l'époque ottomane. Et d'ailleurs des prodiges ont pu être parfois réalisés pour l'approvisionnement en bois. Il suffira de rappeler, dans un contexte voisin, que Nâdir Châh, lorsqu'il voulut construire, dans les années 1740, la dernière grande flotte persane, fit venir jusqu'à Bouchir, sur le Golfe, des troncs de la forêt caspienne, qui furent transportés à travers les passes de

29. Kâtip Çelebi, *Tuhfet-ül-kibar fi esfar-il-bihar*, İstanbul, 1329/1911, p. 13, 128.

30. Stanford J. Show, « Selim III and the Ottoman navy », *Turcica*, I, 1969, p. 212-241.

31. Maurice Lombard, *Espaces et réseaux du haut Moyen Âge*, Paris, 1972, cf. chap. VI : Arsenaux et bois de marine dans la Méditerranée musulmane, et VII : Le bois dans la Méditerranée musulmane, p. 107-176.

l'Elbourz et les sentiers de l'escarpe du Fârs [32]. En tout cas durant tout le Haut Moyen Âge les innovations maritimes viennent essentiellement du monde arabe. C'est de là que sont introduits à Byzance des types de navires (*saktoura, Koumbarion*) qui y restaient inconnus. Et c'est aux Arabes qu'est dû le début de l'emploi du navire à voiles comme bâtiment de guerre, qui ne sera adopté à Byzance qu'à partir du xe siècle [33]. On sait le rôle d'intermédiaire qu'a eu la civilisation classique musulmane pour l'introduction en Occident de techniques extrêmes-orientales comme celle de la boussole [34]. Au total la conclusion sur ce point peut être formelle. Il ne faut pas chercher du côté d'une infériorité technique.

Il faut, à l'évidence, regarder beaucoup plus sérieusement du côté des hommes. Et ici une première constatation, majeure, s'impose. Aucun des trois grands groupes ethniques qui se sont lancés, à des époques diverses, sous la bannière de l'Islam, sur les eaux de la Méditerranée, n'avaient de traditions maritimes. Le fait est évident pour les Arabes et pour les Turcs, qui sont issus de l'intérieur de masses continentales. Les premiers avaient, lors de la naissance de l'Islam, à peu près totalement perdu les acquits de la marine himyarite, qui avait régné sur la mer Rouge plusieurs siècles auparavant. Rappelons que leur vocabulaire maritime a été totalement emprunté à des langues étrangères, d'ailleurs différentes sur les deux versants de leur expansion : essentiellement au persan sur le Golfe et dans l'Océan Indien [35] après une couche éthiopienne ; à l'araméen en Méditerranée [36]. Encore aujourd'hui, des statistiques de vocabulaire maritime effectuées en divers points et notamment sur les côtes syro-libanaise [37] montrent que la proportion de termes étrangers y est considérable. Le tableau est strictement identique chez les Turcs, qui, à leur arrivée dans le Moyen-Orient, n'avaient même pas de mot spécifique pour désigner la mer et qui ont conservé pour elle

32. L. Lockhart, « The Navy of Nadir Shah », *Proceedings of the Iran Society*, I, 1936, p. 3-18.

33. Hélène Ahrweiler, *Byzance et la mer*, Paris, 1966 (*Bibliothèque Byzantine, Études*, 5), p. 414-415, 418.

34. J. von Klaproth, *Lettre à M. le Baron de Humboldt sur l'invention de la boussole*, Paris, 1834 ; Léopold de Saussure, « L'origine de la rose des vents et l'invention de la boussole », *Archives des Sciences physiques et naturelles*, V^e^ période, 5, 1925, réimprimé p. 31-127 dans Gabriel Ferrand, *Introduction à l'Astronomie Nautique Arabe*, Paris, 1928.

35. Gabriel Ferrand, « L'élément persan dans les textes nautiques arabes », *Journal Asiatique*, CCIV, 1924, p. 193-257.

36. S. Fraenkel, *Die Aramäischen Fremdwörter im Arabischen*, Leyde, 1886 ; cf. p. 209-232 : Schiffhart und Seeverkehr, et particulièrement p. 210-215.

37. Par exemple Albert H. Mutlak, *Dictionary of fishing terms on the Lebanese coast. A philological and historical study*, Beyrouth, 1973.

aujourd'hui, un terme qui s'appliquait initialement aux lacs. On sait que la quasi-totalité du vocabulaire de la navigation, en Turc de Turquie, est d'origine italienne [38], tandis que celui de la pêche a été essentiellement emprunté aux Grecs.

La situation est identique, enfin, chez les Berbères, bien que ses causes soient beaucoup plus énigmatiques. On doit en tout cas constater qu'ils avaient toujours marqué, jusqu'à leur islamisation, une profonde répugnance à se lancer sur la mer, et qu'ils l'ont largement conservée par la suite. Les très rares cas d'activité maritime spécifiquement berbère dans l'Antiquité [39] n'affectent pas ce fait très général, qui est au premier chef responsable des diverses colonisations (phénicienne, grecque en Cyrénaïque, romaine) qui se sont succédées sur les côtes de l'Afrique du Nord. La course des villes barbaresques est une exception, qui s'est développée dans une conjoncture tout à fait particulière, à partir des XIIIe-XIVe siècles seulement, et s'explique par elle. On a montré depuis longtemps [40] qu'il n'y a eu là que le contrecoup des invasions des grands nomades arabes hilaliens qui, en coupant les villes de l'intérieur et en leur ôtant toute possibilité de rayonnement de ce côté, a contraint ces Berbères arabisés à une réorientation de leurs activités vers la mer, peu de temps avant l'époque où écrivait Ibn Khaldoun qui a le premier enregistré cette transformation [41]. En dehors de ce cas particulier, ni la Méditerranée ni à plus forte raison l'Océan n'ont jamais réellement vu de navigateurs berbères. On peut rappeler que les Guanches des Canaries, à l'arrivée des Européens, n'avaient plus de bateaux, et que les diverses îles ne communiquaient plus entre elles. Les pêcheurs Imraguen ou Chenagla des côtes mauritaniennes [42] sont des pêcheurs océaniques sans embarcations. Sur la côte de l'Océan on connaît bien quelques pêcheurs indigènes dans le Sud Marocain [43], mais il s'agit certainement d'un développement récent lié au surpeuplement du monde

38. Henry et Renée KAHANE, « Turkish nautical terms of Italian origin », *Journal of the American Oriental Society*, 62, 1942, p. 238-261.

39. Et que me signale aimablement Jehan DESANGES : Strabon, III, 4, 2 (navires numides se rendant à Malaga) ; Pline, VI, 203 et 205 (liaison maritime avec les îles Fortunées (Canaries) au temps de Juba II) ; cf. Stéphane GSELL, *Histoire ancienne de l'Afrique du Nord*, V, p. 151-152.

40. Georges MARÇAIS, *La Berbérie musulmane et l'Orient au Moyen Âge*, Paris, 1946, cf. p. 215-228 : l'orientation des Çanhaja vers la mer.

41. *Histoire des Berbères*, trad. de SLANE, revue par P. CASANOVA, Paris, 1934, III, p. 117.

42. Voir en dernier lieu Raphaëlle ANTHONIOZ, « Les Imragen, pêcheurs nomades de Mauritanie (El Memghar) », *Bulletin de l'Institut Fondamental d'Afrique Noire*, Série B, XXIX-XXX, 1967, p. 695-738, et 1968, p. 751-768.

43. Robert MONTAGNE, « Les marins indigènes de la zone française du Maroc », *Hespéris*, III, 1923, p. 175-216.

Chleuh. Quant aux Kabyles, refoulés dans leur massif en position littorale et chez qui on aurait pu concevoir une évolution semblable, rien de tel ne s'est produit. La mer reste pour eux une étrangère, domaine d'ogresses et de génies, lieu de non-retour, et ses rivages eux-mêmes sont l'objet d'un véritable tabou. Seuls de pieux personnages, préservés par leurs mérites, peuvent s'y installer et y vivre [44]. Là encore, le vocabulaire est révélateur. On a pu montrer que chez les Berbères il est presque totalement emprunté à l'arabe et postérieur à l'islamisation [45].

Dans ces conditions d'ignorance quasi-totale de l'élément marin, il fallait évidemment s'attendre à ce que les Musulmans, lorsqu'ils s'y sont aventurés, aient dû avoir recours aux populations antérieures. On sait que ce sont des charpentiers coptes qui ont construit la première flotte arabe à Alexandrie, et qu'on a dû en installer une colonie à Tunis lorsqu'y fut créé, à la fin du VIIe siècle, le premier arsenal maghrébin. Au milieu du IXe siècle encore ce sont des équipages chrétiens qui assurent les manœuvres de la flotte égyptienne. Seuls les soldats qui la montent, et qui jouent le rôle décisif dans les combats, sont musulmans [46]. Et l'omniprésence des renégats dans les activités maritimes est bien la manifestation la plus éclatante de cette carence. Ce sont presque exclusivement des renégats vénitiens ou grecs, ou des recrues du *devşirme*, qui ont conduit les flottes ottomanes [47]. En ce qui concerne les Barbaresques, rappelons simplement qu'à Alger en 1588 un dénombrement portant sur 34 *raïs* permet d'identifier 19 renégats (18 Chrétiens et un Juif) et deux fils de renégats, sans compter ceux de la deuxième génération, qui ne peuvent plus être distingués [48]. Le pacha de la cité était à cette date un renégat hongrois. Et à la même époque on a pu estimer que la moitié de la population de la ville, d'environ 50 000 personnes, était composée de renégats [49]. Pour la période du premier grand affrontement, contre les flottes de Byzance, on ne dispose pas de documents quantifiables équivalents. Mais le rôle des renégats fut certainement consi-

44. Camille LACOSTE-DUJARDIN, *Le conte kabyle, étude ethnologique*, Paris, 1982, p. 118-119.

45. Luigi SERRA, « Le vocabulaire berbère de la mer », dans *Actes du Ier Congrès d'études des cultures méditerranéennes d'influence arabo-berbère*, Alger, 1973, p. 111-120.

46. EICKHOFF, *op. cit.*, p. 167.

47. IMBER, *op. cit.*, p. 255.

48. André VOVARD, « La marine des puissances barbaresques. Les renégats en Barbarie », *Comité des Travaux Historiques et Scientifiques, Bulletin de la Section de Géographie*, LXIV, 1951, p. 203-210, cf. p. 208 (d'après le Père Dan) ; cf. Boyer, *op. cit.*, p. 97.

49. *Ibid.*, p. 94.

dérable. C'était l'un d'entre eux, Léon de Tripoli, qui commandait la flotte musulmane lorsque, en 904, elle pénétra dans la Propontide et, au retour, s'empara de Thessalonique [50].

Est-ce à dire cependant que cette absence évidente, sur mer, des Musulmans d'origine, ait été totale ? et qu'il convienne d'y voir une réponse à la question posée ? Ce serait tout à fait exagéré. En fait il y a toujours eu parmi eux des vocations maritimes, souvent brillantes, et des adaptations parfois étonnantes. On peut songer au destin exemplaire de Bosr ibn Abî Artât, né à La Mecque quelque 10 ans avant l'Hégire, qui sera le premier amiral des flottes arabes lancées contre Constantinople [51] ; ou au premier marin turc dont l'histoire nous ait conservé le souvenir, Tchaka, émir de Smyrne, qui, dès la fin du XIe siècle, va construire une flotte et menacer Constantinople. (Il est vrai qu'il avait été prisonnier dans sa jeunesse à la cour de Byzance et s'y était certainement familiarisé avec les choses de la mer [52] ; ou encore au créateur de la deuxième flotte turque, Umour, émir d'Aydın dans la première moitié du XIVe siècle [53], mais ce sera seulement plus de deux siècles plus tard et cet intervalle est à lui seul significatif. Je connais personnellement d'excellents marins turcs et chez qui la vocation maritime n'est pas l'effet d'un hasard : tel cet officier de marine marchande avec qui j'ai sympathisé il y a quelque 45 ans au cours d'un voyage autour des côtes méditerranéennes de l'Asie Mineure, et qui, élevé à Tunçeli au cœur du Kurdistan, me confiait qu'il n'avait pas cessé de rêver de la mer dès sa plus tendre enfance. Et combien de *raïs*, à commencer par les plus prestigieux de la période de la fin de la course, le *raïs* Embarek ou le *raïs* Hamidou [54], n'ont-ils pas été de purs produits du milieu humain d'Alger, à une époque où les renégats s'étaient faits rares et où l'injection permanente de sang nouveau y avait largement cessé. La conclusion, au total, est évidente. Il n'y a eu *aucune inaptitude, aucune incompatibilité* intrinsèque. Et il faut chercher plus loin.

---

50. Louis BRÉHIER, *Vie et mort de Byzance*, Paris, 1948 (*L'Évolution de l'Humanité*, 32), p. 150.

51. André MIQUEL, *L'Islam et sa civilisation, VIIe-XXe siècle*, Paris, 1968, p. 76.

52. On trouvera des données rassemblées sur ce personnage dans Andrew C. Hess, « The Evolution of the Ottoman Seaborne Empire in the Age of the Oceanic Discoveries, 1453-1525 », *The American Historical Review*, LXXXV, 1970, p. 1892-1919, cf. p. 1896 ; Ali SEVIM et Yaşar YÜCEL, *Türkiye Tarihi. I. Fetihten Osmanlılara kadar (1018-1300)*, Ankara, 1990, p. 82-84.

53. Dont les exploits nous ont été conservés sous la forme d'une mise en vers savante, le *Düstûr nâme* d'Enveri (terminé en 1965), édité et traduit par Irène MÉLIJOFF-SAYAR, *Le destân d'Umûr pacha*, Paris, 1954 (*Bibliothèque Byzantine, Documents*, 2).

54. Albert DEVOULX, « Le raïs El-Hadj Embarek », *Revue Africaine*, XVI, 1872, p. 35-45 ; id., *Le raïs Hamidou*, Alger, 1859 et 1911.

En fait le problème, cependant, reste bien celui de la *rareté* de ces vocations maritimes. Et ici il faut faire intervenir un élément d'autre ordre, plus général que les attitudes individuelles : c'est ce qu'on peut considérer comme le manque d'intérêt global de la société musulmane pour la mer, voire même la répulsion persistante.

Elle se manifeste déjà de façon évidente dans les orientations du Califat. Malgré la construction de grandes flottes, la mer n'a jamais été au cœur de ses préoccupations. Ses capitales furent continentales, à Damas, puis à Bagdad. En Égypte Le Caire remplacera Alexandrie comme pôle du pays. Jamais dans la titulature du Calife n'apparaîtra quelque allusion que ce soit à la souveraineté de la mer, alors que les textes byzantins insistent toujours sur le fait que l'empire s'étend « sur toute la Méditerranée et jusqu'aux colonnes d'Hercule » [55]. Pour l'une des deux grandes puissances qui se partagent alors la Méditerranée orientale, la mer est une composante essentielle. Ce n'est pas le cas pour l'autre.

De ce désintérêt global, on trouve une preuve éclatante sur le versant des mers du Sud, qu'on me pardonnera d'inclure ici dans la démonstration. On sait qu'il y a eu une grande navigation abbasside jusqu'en Chine, à l'époque du Califat, héritée d'ailleurs certainement des Sassanides [56], et que les premiers textes de cette époque, le voyage attribué au marchand Soleïman en particulier, rédigé en 851 [57], témoignent d'une bonne connaissance utilitaire des mers du Sud. Et puis à partir du xe siècle, dans le *Supplément* d'Abou Zaïd, écrit vers 915, et à plus forte raison dans le livre des *Merveilles de l'Inde*, qui est écrit vers 950 [58], le ton change, la part du mythe s'enfle démesurément et les données précises disparaissent, pour des siècles, enfouies dans un fatras de contes et d'histoires extraordinaires. Pourquoi tout ce merveilleux l'a-t-il emporté sur la connaissance objective ? On s'est naturellement posé la question, et la réponse de Jean Sauvaget [59] a été que c'était parce qu'on avait cessé de naviguer lors de la décadence du Califat abbasside, du XIe au XIVe siècle. Il a fallu toute l'érudition de

55. HOERNEBACH, *op. cit.*, p. 391-395.

56. George HOURANI, *Arab Seafaring in the Indian Ocean in Ancient and Early Medieval Times*, Princeton, 1951, repr. Beyrouth, 1963 (*Princeton Oriental Studies*, 13), p. 38, 46-50 ; David WHITEHOUSE et Andraw WILLIAMSON, *Sasanian Maritime Trade, Iran*, XI, 1973, p. 29-499.

57. *'Aḫbar aṣ-Ṣīn wa l-Hind/Relation de la Chine et de l'Inde... texte... traduit et commenté par* Jean SAUVAGET, Paris, 1948.

58. Le *Supplément* a été traduit par Gabriel FERRAND, *Voyage du marchand Sulayman en Inde et en Chine*, Paris, 1922 (à la suite de la *Relation...*) ; les *Merveilles de l'Inde*, par L. Marcel DEVIC, Paris, 1878.

59. Sur d'anciennes instructions nautiques arabes pour les mers de l'Inde, *Journal Asiatique*, 236, 1948, p. 11-20.

Jean Aubin [60] pour retrouver des preuves, péremptoires mais à vrai dire peu nombreuses, qu'il n'en avait rien été et que l'activité maritime avait été continue jusqu'à l'époque de la thalassocratie d'Hormouz [61] et jusqu'aux textes d'Ibn Mâdjid, vers la fin du xve siècle [62], qui témoignent à nouveau d'une bonne pratique de la navigation. Comment l'arabisant immense qu'était Jean Sauvaget a-t-il pu commettre cette erreur ? C'est que ce grand familier de la littérature arabe classique n'y trouvait aucune mention de la mer, aucun témoignage sur elle. Il y a là l'indice évident d'une coupure profonde, d'un fossé, entre la culture de la société lettrée de Bagdad et les choses de la mer. Bien qu'on ait accolé, quelques siècles plus tard, les histoires de Sindbad au recueil des Mille et Une Nuits, il est clair que ces contes de marins n'intéressaient aucunement les pieux personnages dont nous avons principalement conservé les œuvres. Souvenons-nous que la *haouiya*, le texte le plus important d'Ibn Mâdjid, n'est connu que par six manuscrits seulement [63], alors que les grands textes religieux, philosophiques, et même historique, de la culture musulmane, le sont souvent par des dizaines, voire des centaines de copies. Les choses n'ont pas changé aujourd'hui. Rappelons seulement ce mot du capitaine koweitien au bord duquel prit passage Alan Villiers en 1939 pour son périple sur les côtes orientales de l'Afrique. Lorsqu'il apprit que son passager voulait écrire un ouvrage sur cette navigation, sa seule réaction fut de dire qu'il n'y aurait aucun Arabe pour lire un tel livre [64].

Il n'en sera pas autrement chez les Turcs à l'époque de la grande flotte ottomane. À son apogée il est stupéfiant de voir que le *kapudan pacha*, qui la commande effectivement (ce n'est nullement un titre honorifique), est presque toujours un terrien, un politique, sans aucune expérience maritime, et dont les rapports avec les techniciens

---

60. « Y a-t-il eu interruption du commerce par mer entre le Golfe Persique et l'Inde du XIe au XIVe siècle », *Studia* (Lisbonne), 11, 1963, p. 165-171.

61. Jean AUBIN, « Le royaume d'Ormuz au début du XVIe siècle », *Mare Luso-Indicum*, II, 1973, p. 77-179.

62. Édition et traduction des textes par Gabriel FERRAND, *Instructions nautiques et routiers arabes et portugais des XVe et XVIe siècles*, 3 vols., Paris, 1921-1928 ; et plus récemment, avec de substantielles avancées historiques et critiques par Ibrahim KHOURY, *La Hawiya : Abrégé Versifié des Principes de Nautique, par Aḥmad ibn Mağid*, texte établi avec introduction et analyse en français, *Bulletin d'Études Orientales*, XXIX, 1971, p. 250-384 ; Id., « Les poèmes nautiques d'Aḥmad ibn Mğid, 2ème partie », *Ibid.*, XXXVII-XXXVIII, 1985-1986, p. 163-276 ; Id., « Les poèmes nautiques d'Aḥmad ibn Mağid, 3ème partie », *Ibid.*, XXXIX-XL, 1987-1988, p. 191-422.

63. KHYOURY, *op. cit.* (1971), p. 270, n'en connaissait encore que quatre à cette date. Trois autres ont été mentionnées par lui, mais non décrites, dans sa publication de 1985-1986, p. 163.

64. Alan VILLIERS, *Sons of Sindbad*, New York, 1940, p. 13.

de la mer, presque tous renégats, qui sont sous ses ordres, sont toujours difficiles. Pendant tout le XVIe siècle on n'en comptera que deux qui aient été des hommes de mer : Hayreddin (Barberousse) et Kılıç Ali Pacha, qui sera nommé après la bataille de Lépante, à un moment où visiblement on cherche quelqu'un d'expérimenté. À Lépante elle-même le *kapudan pacha* était Müezzinzade Ali Pacha, un agha des janissaires, et ses erreurs ont été la cause essentielle du désastre. Le *kapudan pacha* est d'ailleurs un personnage très mince dans la hiérarchie de l'empire. C'est normalement un *sancak beyi*, un gouverneur de province, comme il y en a des dizaines, c'est-à-dire un échelon au-dessous d'un commandant militaire terrestre qui a le titre de *beyler beyi*. Hayreddin accédera, par ses mérites personnels exceptionnels, au rang de *beyler beyi*, et certains de ses successeurs également, comme Piyale Pacha en 1555, mais le fait reste néanmoins exceptionnel. De toute façon le *kapudan pacha* n'est jamais membre du Divan impérial, à l'exception encore, unique cette fois, de Barberousse. Il est très au-dessous des vizirs.

Quant aux troupes, c'est bien pis ! Il n'y a pas de troupes de marine spécialisées. Les Janissaires servent à la mer sous le commandement de leurs officiers ordinaires. Il y a beaucoup de Kurdes également, qui n'ont jamais vu la mer avant d'être embarqués. La chiourme, en dehors de l'habituel ramassis de prisonniers, d'esclaves et de criminels, et d'un petit nombre de volontaires payés, et de ce point de vue il n'y a guère de différence d'avec l'Europe, est composée très largement de paysans anatoliens provenant du recrutement militaire terrestre et qui n'ont pas davantage d'expérience maritime [65]. Tout ceci se passe encore, et la comparaison est cruelle et tout commentaire superflu, à l'époque où Colbert créait, en 1673, l'Inscription Maritime.

De toutes ces marques d'indifférence, la plus spectaculaire est sans doute celle qui a suivi la bataille de Lépante. On a pu montrer, dans un petit livre très intelligent [66], à quel point la grande défaite de la flotte ottomane, qui mettait un terme au moins provisoire à sa suprématie en Méditerranée, était passée, en Turquie, totalement inaperçue. Le fait n'est que plus significatif lorsqu'on l'oppose à l'immense retentissement que la victoire avait eue dans l'Europe chrétienne. À İstanbul personne n'en parle, nul même ne s'en inquiète réellement. La flotte sera d'ailleurs très vite reconstruite. Sur les quelque 230 galères et 70 galiotes qui la composaient, 117 galères et 13 galiotes ont été capturées, 62 perdues sur le champ de bataille. Qu'à

65. IMBER, *op. cit.*, p. 247-269.

66. Michel LESURE, *Lépante, La crise de l'empire ottoman*, Paris, 1972, p. 213-233.

cela ne tienne ! Dès la nouvelle de la défaite, sans bruit mais sans mystère, 100 galères sont mises en chantier. En moins de deux ans l'équilibre des forces sera à nouveau réalisé. Lépante fut, pour les Ottomans, une défaite oubliée, et les historiens n'y attachent aucune importance.

N'insistons pas. L'apathie, la négligence de la société musulmane à l'égard de la mer ont été totales. Rien dans la littérature, alors que la mer a profondément marqué, dès le Moyen Âge, les émotions et l'imaginaire de la Chrétienté. Les chants de matelots, si riches en Occident, sont ici d'une pauvreté insigne, se limitant à l'invocation à la grandeur de Dieu et à sa miséricorde [67]. Aucune spiritualité particulière, à comparer à toute la floraison des ex-votos et à la liturgie de la mer que nous connaissons dans la Chrétienté, mais tout au plus quelques superstitions [68].

Pourquoi ? En fait cette indifférence exprime une incompatibilité. « Islam », on la sait, veut dire « soumission ». Le Musulman, c'est « le soumis ». Or le matelot, par essence, est un rebelle, ou du moins un indépendant. « Homme libre, toujours tu chériras la mer ! » [69]. Même s'il est un bon croyant, et ils le sont généralement, les marins, aux yeux de la société musulmane, sont des marginaux, des gens suspects. Dans les mers du Sud, aujourd'hui, seuls quelques capitaines, omanais ou koweitiens, rattachés par leurs origines et leurs alliances à l'aristocratie sociale des marchands, jouissent d'une considération qui exprime leur participation à l'activité commerciale, noble entre toutes. Mais les communautés de pêcheurs, quant à elles, et il s'en trouve notamment sur les côtes de l'Inde, sont fournies originellement par des basses castes, ou d'anciens esclaves [70]. Les matelots sont un ramassis d'anciens esclaves, de vagabonds et de déclassés [71]. La conduite de ces gens est profondément étrangère à la morale, et aux convenances. Leur culture est à l'opposé de la culture musulmane normale. Une analyse extrêmement pénétrante a pu en être donnée [72]. C'est une culture déstructurée, schizophrène, en

67. On en trouvera quelques exemples dans Villiers, *op. cit.*, p. 201-203, 223, 225, 231. Il semble d'ailleurs qu'il n'y ait chez les marins de haute mer aucun développement poétique original mais que tout provienne de la culture des pêcheurs de perle du Golfe (*Ibid.*, p. 396).

68. Voir des exemples dans Brunot, *op. cit.*, p. 10-12, 19-23, 54.

69. BAUDELAIRE, *Les Fleurs du Mal*, XV.

70. Mohamed Ismail SIDDIQI, *The fishermen's settlements on the coast of West Pakistan*, Kiel, 1956 (*Schriften des Geographischen Instituts der universität Kiel*, XVI, 2), p. 33-35.

71. VILLIERS, *op. cit.*, *passim* et notamment p. 142, 347.

72. A.H.J. PRINS, *Sailing from Lamu. A study of maritime culture in Islamic East Africa*, Assen, 1965, p. 263-275.

conflit perpétuel entre les valeurs pragmatiques, d'adaptation et de flexibilité, que nécessite la vie maritime, et les valeurs normatives de l'Islam ; une culture cyclothymique, fondée sur la discontinuité, alors que la vie du Musulman est foncièrement réglée, rejetant l'excès et la démesure. Pas plus que les nomades [73], les marins ne sont véritablement intégrés à la société musulmane. L'Islam les a toujours ressentis comme extérieurs à lui.

Tout ceci, naturellement, exige condamnations. Elles n'ont pas manqué, réitérées et souvent sans nuances, manifestant le refus, pour le véritable Croyant, de se risquer sur les eaux. La première formulation attestée, sans équivoque, en remonte à Omar lui-même [74], le second calife, lorsque Moaouiya, gouverneur de Syrie et futur fondateur de la dynastie omayyade, lui écrit pour solliciter l'autorisation de construire une flotte pour attaquer Chypre. Omar commence par consulter Amr, le conquérant et gouverneur de l'Égypte, qui est très réticent : « La mer est une étendue sans limites, sur laquelle de grands navires semblent de chétives taches. Il n'y a rien que les cieux en-dessus et les eaux en-dessous. Lorsqu'elle est calme, le cœur du matelot se lève ; lorsqu'elle est agitée, ses sens vacillent. Fie-toi peu à elle, crains-la beaucoup. L'homme sur la mer est une brindille, tantôt submergée, tantôt effrayée à en mourir ». Et au reçu de cette réponse Omar écrit à Moaouiya : « La mer de Syrie, me dit-on est plus longue et plus large que le désert, et menace le Seigneur lui-même, nuit et jour, cherchant à l'engloutir... Non, mon ami, la sécurité de mon peuple m'est plus précieuse que tous les trésors de la Grèce ». Des textes de ce genre, désormais, se succéderont sans interruption. On en retiendra seulement un, le célèbre *hadith*, d'attribution très douteuse mais d'autant plus significatif en ce qu'il indique clairement l'attitude générale de la société musulmane dans les premiers siècles de l'Hégire : « la mer » aurait dit le Prophète, « c'est l'Enfer, et c'est Satan qui règne sur les eaux » [75].

De tout ceci il resterait à esquisser, brièvement, les conséquences. On a écrit beaucoup de choses, de bonnes et de moins bonnes, sur le déclin de l'Islam, au moins relatif. On en a cherché les causes, qui sont

---

73. Xavier de PLANHOL, *Les fondements géographiques de l'histoire de l'Islam*, Paris, 1968, p. 25-26.

74. La source essentielle pour cette correspondance, fréquemment citée, est constituée par Tabarî, I, V, p. 2819-2822, qui en donne cependant des versions variées. J'ai suivi le récit bien coordonné de W. MUIR, *The Caliphate, its Rise, Decline and Fall*, édit. et revis. par T.H. WEIR, Edimbourg, 1924, p. 205. Cf. également HOURANI, *op. cit.*, p. 54-55 ; HOERNEBACH, *op. cit.*, p. 384-385.

75. Ibn HANBAL, *Mosnad*, 6 vols., Le Caire, 1313/1895, cf. III, p. 66, 333. D'autres traditions sont répertoriées dans Hoernebach, *Op. cit.*, p. 385.

certainement nombreuses et variées [76]. Je ne suis pas éloigné de penser que cette incompatibilité de l'Islam avec la vie maritime en est une des principales, sinon même *la* principale. Retenons simplement deux ordres de faits. D'abord l'absence à peu près totale des Musulmans dans le grand commerce maritime de la fin du Moyen Âge et des Temps Modernes, et par suite dans les plue-values considérables qu'il a engendrées, à l'époque où se construit ce qu'on a appelé l'économie-monde. Ensuite la non-participation au grand mouvement des découvertes transocéaniques, et ceci en des temps, au XVe siècle, où leur puissance équilibrait encore sensiblement celle de l'Europe [77]. Se fussent-ils lancés résolument sur la mer, il n'est pas excessif de penser que les destins du monde en auraient été changés.

Xavier de PLANHOL

---

76. Voir par exemple R. BRUNSCHVIG et G.E. von GRUNEBAUM, édit., Classicisme et Déclin Culturel dans l'Histoire de l'Islam, Actes du Symposium International d'Histoire de la Civilisation Musulmane, Bordeaux, 25-29 juin 1956, Paris, 1957.

77. La seule réelle contribution possible serait celle des « Aventuriers de Lisbonne » (avant 1147, à une époque où la ville était encore musulmane). Mais rien ne prouve en fait que les « aventuriers » aient été musulmans. Cf. la mise au point décisive de Raymond MAUNY, *Les navigations médiévales sur les côtes sahariennes antérieures à la découverte portugaise (1434)*, Lisbonne, 1960, p. 86-88 et 121. Sur les fantasmagoriques voyages transocéaniques arabes au Moyen Âge, et sur les prétendues expéditions maritimes mandigues (vers 1307), *ibid.*, p. 104-110.

LA MÉDITERRANÉE, MÈRE (ET MER) DE L'EUROPE

La légende antique d'Europe nous servira de prélude, car elle associe les éléments de notre propos. La jeune fille Europe est née sur les rives orientales de la Mer Intérieure. Elle y cueillait des fleurs quand elle fut enlevée par le maître des espaces marins, Poseidon, qui l'offrit à son frère Zeus. De l'union d'Europe et du premier des dieux, naquit celui qui devait, en régnant sur la Crète, dominer la Méditerranée orientale, Minos. Le mythe transposé au plan géographique, dès l'Antiquité, appliqua d'abord le nom d'Europe au Péloponnèse et aux îles adjacentes. Sans qu'Hérodote lui-même sache le processus, l'alliance d'Europe et de la mer et son extension vers l'ouest est attestée dès le VIIIe s. avant J.-C., et donne lieu à une tradition continue passant par Ovide et Horace et recueillie par Dante. Tout ce que l'Europe, notre Europe, doit à la mer s'y trouve rassemblé.

La *maternité* de la Méditerranée à l'égard de l'Europe s'est manifestée et se manifeste d'abord par les traits physiques, puis dans la personnalité morale de l'Europe. Il n'est pas question, après la démonstration magistrale qu'en fit Fernand Braudel, de développer l'intimité des côtes méditerranéennes avec la mer. L'alternance de larges baies ovales avec des péninsules très découpées d'orientation nord-sud, parfois en une disposition digitale (Italie du sud, Péloponnèse, Chalcidique, Crimée), fait pénétrer l'influence maritime à travers les reliefs montagneux côtiers. Et que dire de la prolifération insulaire dont l'archipel est le meilleur exemple? Aucun Méditerranéen ne peut se prévaloir d'échapper à l'imprégnation de l'air marin et à l'invitation au voyage symbolisée par l'avancée des péninsules, « premiers personnages de l'histoire », selon Braudel.

L'histoire du continent européen a pris à son compte la distinction occidentale et orientale des deux secteurs de la Méditerranée. Isthmes et détroits imposent leurs présences. L'originalité, déjà septentrionale, des rives européennes de la mer Noire s'oppose aux caractères, presque subtropicaux, des îles les plus méridionales de l'archipel hellénique. Le Bosphore reflète ces contrastes climatiques au cours des saisons. On retrouve ces oppositions sur les rives de l'Adriatique, malgré l'écran des Alpes dinariques. L'Adriatique ou, comme l'on disait au Moyen Âge, le « golfe de Venise », introduit dans le monde méditerranéen, avec une disposition méridienne, une zone séparante, sorte de marche maritime, dont Venise voulut faire l'axe de sa puissance. Ici l'histoire, plus qu'ailleurs peut-être, s'est adaptée aux conditions géographiques et aux exigences ethniques. Là s'est imposée, avec une autorité croissante, d'abord la séparation des deux « partes, occidentalis et orientalis » de l'Empire romain, puis la division de l'Église entre Rome et celle de Byzance ; plus tard, l'intrusion ottomane ajouta un facteur de tension qui depuis le XIVe s. a laissé des séquelles très vives jusqu'à ces tout derniers temps. La mer, dira-t-on, n'y a joué qu'un rôle secondaire. Sans doute, mais peut-on oublier les ambitions maritimes de l'empire austro-hongrois ? De même, l'histoire rappelle l'importance du canal d'Otrante entre l'Italie et l'Albanie : c'est là que furent livrées sur mer les batailles d'Actium, de Lépante et de Navarin.

Aux affrontements dont la domination de la mer fut constamment l'enjeu, s'opposent les liens offerts par l'orientation des péninsules, par les détroits et la présence des îles. Ainsi la nature a jalonné des parcours intérieurs et offert des possibilités de liaisons extérieures. La Méditerranée incite l'Europe à toutes les relations possibles, c'est à peine si les détroits la séparent de l'Asie. Les îles de l'Archipel sont des escales faciles ; la Crète et Chypre facilitent l'accès de Beyrouth et d'Alexandrie et de la Libye ; la Sicile est presque en vue de la Tunisie ; quant à Gibraltar, 14 km seulement le séparent de Ceuta.

On pourrait dire encore beaucoup de l'intimité physique de l'Europe et de la Méditerranée : les barrières montagneuses, dont F. Braudel a montré le rôle d'écran, n'empêchent ni la pénétration des influences climatiques ni la diaspora des hommes de marquer l'Europe entière d'un reflet méditerranéen.

Beaucoup plus qu'un reflet, la Méditerranée a apporté à l'Europe certains traits essentiels de sa personnalité. Au risque d'insister sur quelques lieux communs, il faut remonter à l'Antiquité, même la plus reculée, pour évoquer les apports des cultures orientales et classiques. La mer est avant tout « véhicule », écrivait l'amiral américain Mahan. Véhicule, elle a propagé de la côte syrienne à celle de l'Espagne, les pratiques phéniciennes du commerce. Marseille a des titres pour se proclamer cité phocéenne. Véhicule, la mer, à la faveur de l'expansion hellénique, a répandu les notions essentielles de la civilisation occidentale : la notion de cité, celle des libertés et de démocratie. Rome a insisté sur la conception de la loi, base de la vie civique, et il est inutile de commenter la signification intellectuelle autant que politique de la formule du « Mare nostrum » ; le rayonnement de la Mer Intérieure, bien au-delà de son espace, opéra à l'aide de l'instrument linguistique, le grec et le latin. Dès lors, l'Europe, comme la méditerranée est dualiste en son expression d'une culture dont le fonds est commun.

Par les mêmes cheminements maritimes, les religions orientales d'abord, puis, surtout le Christianisme suivi par l'Islam ont atteint et marqué définitivement la personnalité européenne. Moins de quarante ans après le drame du Calvaire, saint Paul a sillonné la Méditerranée orientale, pour finir comme saint Pierre, par implanter à Rome la nouvelle religion, destinée à se répandre en quelques siècles jusqu'aux extrémités du monde antique. Entre autres exemples, il faut citer l'émigration d'ermites orientaux vers la Gaule méditerranéenne, où leur monachisme essaima, notamment à partir des îles de Lérins, avec saint Honorat, jusqu'en Islande et par ce détour, gagna la Germania dans les temps carolingiens. À ces observations concernant l'Occident, l'Orient sut donner la réplique, également à partir des pays méditerranéens ; en cette perspective s'inscrivit l'action de Cyrille et Méthode. Au total, culture antique et culture chrétienne se sont conjuguées pour insuffler à la jeune Europe, par la voie de la Méditerranée, le sens de l'universel.

Celui-ci résulta d'une profonde et lente maturation du legs méditerranéen. L'idée d'empire développée par Rome à la suite des thalassocraties helléniques et du monde hellénistique survit avec Byzance et fournit à l'Europe médiévale le modèle de la monarchie carolingienne et du Saint Empire. Ce modèle resta lié à ses origines méditerranéenne par son attache romaine et par exemple, les ambitions d'un Frédéric II furent axées sur la position médiane de la Sicile, au XIIIe siècle. Aux siècles suivants un glissement s'accentua avec l' expansion catalane, notamment sous le règne d'Alphonse le Magnanime au XVe siècle, qui fit de la Méditerranée occidentale un « lac aragonais », tandis qu'à l'est, la domination byzantine agonisait lentement. Sur le plan religieux, comme sur le plan politique, les centres de gravité de la chrétienté demeuraient imperturbablement méditerranéens à Constantinople et à Rome. Même soixante-dix ans de séjour en Avignon n'avaient pas rompu cette tradition renouée définitivement au XVe siècle, avec le retour du siège apostolique à Rome.

La pensée politique occidentale évoluant de pair avec les faits demeurait fidèle à la conception universaliste héritée des anciens et voyait dans la Méditerranée, la base d'un européocentrisme avoué. Les témoignages n'en manquent pas à partir du XIIe siècle, et s'accumulent en particulier au terme du XIIIe. La cartographie traditionnelle avait transmis un modèle de caractère théologique donnant aux lieux saints et à Rome une place privilégiée. Le portulan qui prit la relève inaugura en Italie une nouvelle image du monde construite à l'aide d'une technique graphique extensible, de proche en proche à l'infini ; la carte pisane de la Bibliothèque Nationale de Paris, est considérée comme l'exemple significatif de cette recherche. Car sa date n'est pas indifférente dans l'évolution qui conservait à la Méditerranée la primauté dans le monde alors connu. La mention d'Acre permet de dater cette carte de la veille de sa perte par les Francs, soit 1291. De plus, à la même époque, des missionnaires de l'église romaine, italiens en majorité, étaient envoyés par la Papauté à l'évangélisation de l'Asie ; il suffit de citer à titre d'exemple, le nom de Giovanni da Montecorvino qui, vers la fin de décembre 1292, adressait à son confrère une description de l'Inde, plus scientifique que les propos de Marco Polo. Enfin ce fut autour de 1280 que Vénitiens et Génois ont allongé leurs parcours nautiques à l'ouest et au nord de Gibraltar, en annexant à leur profit les marchés atlantiques et nordistes en fondant à Bruges, notamment, l'antenne terminale de leur activité commerciale. Les navigateurs méditerranéens ont ainsi contribué à modeler à leur manière le visage de l'Europe de l'Ouest. Il n'est pas jusqu'à des pratiques nautiques quotidiennes que les Méditerranéens n'aient enseignées au reste de l'Europe : types de navires, usage de la boussole ; les institutions d'amirautés, s'inspirèrent du modèle légué par Frédéric II aux rois angevins de Naples dont les décisions de saint Louis et de Philippe le Bel furent l'application.

Un autre exemple, enfin, illustre, en ce début du XIVe siècle, l'ambition méditerranéenne de servir de guide à l'Europe, sinon au monde entier. La promulgation en 1300 par le pape Boniface VIII de la célèbre bulle *Unam Sanctam* affirmait la vocation de l'Église romaine à assumer le destin spirituel de l'humanité.

Cette vue coïncidait au moins en son objectif avec les conceptions humanistes qui se développaient en Italie (on songe immédiatement à Dante) et qui rayonnaient sur tout le continent, y compris sous l'angle scientifique, à Nüremberg, en particulier, avec son école géographique. On débouche alors sur une double perspective durant laquelle la Méditerranée joua un rôle fondamental et entraîna l'Europe toute entière. L'une des alternatives était toute proche et, sous son angle méditerranéen, conditionnait le destin de l'Europe, le péril ottoman. Il avait déferlé, au nord du Bosphore, jusque sur les côtes asiatiques, en menaçant Venise ; l'idéal de croisade s'était réveillé, sans grand succès, mais toute l'Europe s'était sentie concernée par le péril turc. La chute de Constantinople fut une secousse dont l'Europe ne se releva jamais. C'est d'ailleurs à la suite de cet événement que le Pape humaniste Aeneas Sylvius Piccolomini, Pie II, évoqua, pour la première fois, la solidarité européenne dans un message adressé au Sultan en 1459 du Congrès de Mantoue : « C'est en Europe même, c'est-à-dire en notre patrie, que nous sommes attaqués. Nous ne pouvons pas croire que tu sois assez ignorant pour ne pas voir la puissance du peuple chrétien. »

La notion de *Christianitas* se fondait en celle d'Europe mais la base en demeurait la Méditerranée.

L'autre occasion où la Méditerranée manifesta son rôle moteur fut, paradoxalement, l'impulsion des découvertes océaniques. Paradoxe ? En effet, l'activité méditerranéenne en allongeant ses parcours jusqu'à la mer du Nord a contribué au développement des ports océaniques et favorisé leur concurrence. Mieux encore : n'a-t-on pas pu penser et écrire que l'essor de l'Atlantique fut nuisible à la Mer Intérieure, s'est construit à ses dépens, et que finalement le centre de gravité de la navigation européenne s'est déplacé vers l'ouest réduisant la Méditerranée à un rôle annexe, attesté par l'importance secondaire des retours au terme du trafic triangulaire entre l'Ancien et le Nouveau monde. En une certaine mesure, cela fut exact jusqu'à l'ouverture du canal de Suez et une preuve évidente résulte de l'évolution de quelques ports européens, comme Marseille et Gênes. Néanmoins, en sens contraire, ne peut-on pas arguer de ce que les grandes découvertes maritimes, au moins en leurs débats, doivent beaucoup aux Méditerranéens, particulièrement aux Italiens ? On pensa, bien sûr, d'abord, aux explorateurs eux-mêmes, Colomb, Vespucci, Caboto, les frères Verrazani ; mais il faut faire, auprès d'eux, place aux innombrables agents des maisons d'affaires florentines, génoises, vénitiennes ou d'autres villes, répandues dans les ports d'armement ou d'arrivée des navires de la découverte, à Séville, Cadix et Lisbonne, à l'affût des nouvelles, auteurs de correspondances contenant des détails sur l'arrivée, par exemple, Seruigi au retour de Vasco de Gama en Inde. Certains participaient au voyage, tel Pigaletta avec Magellan. Beaucoup représentaient les intérêts commerciaux et financiers de grosses firmes italiennes, comme celles des Strozzi, Nori, Portinari, Marchioni, Lourellini, Spinola, si bien implantées de Séville à Bruges qu'ils composaient à travers l'Europe avec leurs collègues catalans et castillans une diaspora diverse mais homogène. Donc, la découverte ayant été largement l'œuvre de Méditerranéens, au point de vue naval et financier, peut-on encore alléguer une décadence historique de la Mer Intérieure sur le plan européen ? Berceau d'universalisme, la Méditerranée en a fait cadeau à l'Europe en stimulant sa vocation mondiale.

Certes, la vocation de la Méditerranée à être le cœur et le poumon de l'Europe a connu et connaît encore bien des avatars. L'ouverture du canal de Suez en 1870 mit un terme au rôle de terminus des routes atlantiques et rendit à la Mer Intérieure sa fonction intermédiaire entre l'Occident et l'Orient. La fermeture de Suez en 1956, les crises pétrolières depuis 1974, celle du golfe arabo-persique enfin en ont fait la démonstration *a contrario*. Près des trois quarts de la consommation européenne des produits pétroliers consommés par l'Europe passa par la Méditerranée vers Rotterdam. Sur ce plan-là, le Proche-Orient a retrouvé le rôle tenu jadis par l'Égypte pour l'approvisionnement du monde romain et pour le commerce des épices au Moyen Âge. Le détour par le Cap de Bonne Espérance est infiniment plus onéreux. Sans la Méditerranée, l'Europe risque la pénurie. Notre vieille mer demeure une nourrice indispensable et le visage de l'Europe, sans elle, donnerait des signes de vieillissement.

Pourtant, ce rôle dirons-nous « maternel » de la Méditerranée pour l'Europe a été et demeure contesté. Cela résulte de sa situation. La concurrence océanique l'a moins atteinte que ses contestations internes. Dans le premier cas, les complémentarités ont plus souvent joué que les concurrences ; nous l'avons vu, au cours de l'histoire, la navigation méditerranéenne fit, la première, des avances à celle de l'Atlantique, dès la fin du Moyen Âge et, celle-ci n'a guère dépassé Gibraltar vers l'est avant le XVI^e^siècle.

En revanche, les tensions propres à la Mer Intérieure ont engendré des conflits. D'abord, des rivalités proprement européennes : jadis entre les cités grecques, entre Rome et Carthage, mais surtout entre la Croix et le Croissant. L'Islam ibérique, africain et asiatique a lutté pour empêcher la Méditerranée de devenir un lac chrétien, byzantin ou « franc », c'est-à-dire européen. Les Ottomans avaient gagné une manche en conquérant la Grèce, Constantinople, le Proche-Orient et en exerçant leur suzeraineté sur le Maghreb. Le XIXe siècle et l'effondrement de l'Empire ottoman en avaient décidé autrement et jusqu'au terme de la seconde guerre mondiale la Méditerranée fut, en fait, une mer de l'Europe. Elle ne l'est plus mais les données du problème n'ont pas changé fondamentalement et la Méditerranée, de Mer Intérieure, reste une mer internationale, d'où l'Europe, dominant tous les rivages nord, continue à tirer une grande partie de ses raisons d'être et de vivre.

Encore faut-il tenir compte de la mondialisation de tous les problèmes. La Méditerranée n'est pas seulement une « mer intérieure » commune à trois continents ; à l'heure actuelle, son sort dépend de la montée en puissance de l'océan Indien dont la récente « guerre du Golfe » a fait éclater l'importance. Or par-delà l'océan Indien, et sans solution de continuité, les « mers du Sud » et le Pacifique sont prêts à entrer en lice. Les détails l'attestent : l'importance relative des flottes nationales, en tonnage du moins. Les constructions navales en Europe connaissent un effondrement devant l'essor des chantiers de l'Extrême-Orient. Or, parmi les pays de la Communauté, seule la Grèce maintient le tonnage de sa flotte commerciale à un des premiers rangs dans le monde. La Grèce ! N'est-ce-pas le symbole historique par excellence d'une antériorité méditerranéenne sur l'héritage de laquelle l'Europe, en dépit des siècles, conserve une priorité et le cadre de la Villa Kérylos me semble prédestiné à l'évocation de cette perennité du rôle maritime de la Grèce.

Michel MOLLAT DU JOURDIN (†)

L'auteur n'a pas pu relire son texte demeuré manuscrit, ni établir les notes, avant son décès survenu le 11 décembre 1996.

ANDRÉ SIEGFRIED ET LA MÉDITERRANÉE : LE TRAVAIL EMPAYSAGÉ ET LE CHASSEUR DE FRONTIÈRES

Paysages de la Provence : « Il faut recourir au vocabulaire des pierres précieuses pour les évoquer : cette chaîne lointaine et comme irréelle à l'horizon est d'améthyste ; ces rochers, si nets et cependant si vaporeux, sont d'opale ; cette rivière, dont on devine l'origine alpine en dépit des sables paresseux qui la ralentissent, est de turquoise. On sent ce couloir balayé du mistral : partout des écrans de cyprès, protecteurs des arbres fruitiers ; partout aussi des canaux, qui se glissent le long des routes, s'insinuent dans les vergers ; des bassins de vieille pierre, ovales ou rectangulaires, toujours de proportions harmonieuses, où l'eau paraît du cristal, révèlent que la véritable richesse du pays, comme en Orient, provient des châteaux d'eau qu'on aperçoit à l'horizon : ce Mont Ventoux, notamment, qui, comme une sorte de Fuji Yama est le Dieu tutélaire de la région. À l'Ouest, le mur des Cévennes, pays des pierres, déjà plus proche de l'Espagne que de l'Italie. » [1]

Ce pourrait être du Caillois, du Gracq, du Ponge, voire un peu de René Char. Ces lignes sont signées André Siegfried. Mais comment le politologue en est-il venu à s'intéresser à la Méditerranée ? À quel titre, avec un nom qui fleure bon l'Europe atlantique ou germanique, industrieuse et calviniste ? Chez un Havrais d'origine dont on connaît le *Tableau politique de la France de l'Ouest sous la Troisième République*, ou la série de livres à succès consacrés au monde anglo-saxon, Grande-Bretagne, États-Unis, Canada, Australie et Nouvelle Zélande ? Telle est la première réaction à l'énoncé d'un tel sujet. Et ce n'est pas la double campagne électorale menée et perdue dans la circonscription de Castellane (Alpes-de-Haute-Provence), en 1902-1903, contre le comte Boni de Castellane, qui a pu ancrer Siegfried dans les terres méditerranéennes : le parachutage, au nom de la défense républicaine, était trop apparent, et le nom de Siegfried autorisa son adversaire à se livrer à bien des supputations calom-

1. André Siegfried, *Géographie poétique des Cinq continents*, Paris, La Passerelle, 1952, p. 79-80

nieuses. « Siegfried, c'est tout simplement un nom allemand, c'est tout ce qu'il y a de plus prussien », écrit la feuille électorale du comte, tandis qu'une chanson, distribuée le jour du vote, déclare : « Siegfried le dreyfusard/Naturalisé sur le tard/Aime les Allemands/Juifs et protestants/Abhorre nos soldats/Défend les Judas.../Que Siegfried loin de nous/À Berlin aille planter ses choux [2] ». L'installation du politologue et de son frère Jules, un homme d'affaires comme leur père, le député et ministre Jules Siegfried, dans la région de Vence, où les deux hommes firent construire dans les années 1920 de somptueuses villas, toujours visibles, indique plus une appartenance à la haute bourgeoisie française que quelque enracinement méditerranéen.

Et cependant : l'œuvre de Siegfried, tout anglo-saxon ou planétaire que soit son versant dominant, n'en présente pas moins un versant mineur, plus intime peut-être ; qui nous ramène à la Méditerranée. C'est d'abord le cours de 1942 au Collège de France, consacré à la géographie économique et politique de la Méditerranée, et l'ouvrage de 1943, qui reprend ces leçons et constitue la principale source de cette étude, *Vue générale sur la Méditerranée* [3], vieilli à bien des endroits, toujours séduisant et intéressant à quelques autres ; ce sont les pages consacrées au « Réalisme latin » dans un ouvrage publié en 1949, *L'Âme des peuples* ; et ce grand projet, laissé inachevé, d'offrir au *Tableau* de la France de l'Ouest son pendant méridional : du livre qui aurait dû s'intituler *Tableau politique de la France du Midi sous la Troisième République*, Siegfried n'a pas moins publié deux chapitres qui comptent parmi les plus intéressants, les plus « classiques » de son œuvre [4]. Le maître de l'École libre des Sciences Politiques et du Collège de France n'a donc pas dédaigné de s'intéresser au Sud.

L'essentiel est ailleurs : par sa mère, fille du pasteur François Puaux, né à Vallon, Siegfried appartient à ce protestantisme ardéchois, et plus largement cévenol, qui offre un rare (sinon unique) exemple d'extension et d'enracinement populaire de la Réforme jusqu'aux portes de la Méditerranée : les calvinistes, depuis le XVIe siècle, sont implantés dans le Lubéron, à Marseille, à Nîmes, en

2. Cité par P. FAVRE, *Naissances de la science politique en France, 1870-1914*, Paris, Fayard, 1989, p. 264-265.

3. Gallimard, 1943. Cité désormais *VGM*. Siegfried fait paraître au même moment une partie au moins de la future matière de *VGM* dans des articles confiés à la *Revue de la Chambre de commerce de Marseille*.

4. « Le groupe protestant cévenol sous la IIIe République », Marc BOEGNER et André SIEGFRIED, dir., *Protestantisme français*, Paris, Plon, 1945, p. 23-55 ; *Géographie électorale de l'Ardèche sous la Troisième République*, Paris, Colin, 1949.

Vaunage, et jusqu'à la Camargue et à la mer [5]. Siegfried, grandi au Havre puis à Paris, n'a jamais renié cette face méridionale, maternelle, de sa personnalité ; en parfait disciple de Vidal de la Blache, sans doute son influence dominante, il a célébré dans les origines opposées de ses parents ce mariage harmonieux des contraires dans lequel l'auteur du *Tableau géographique de la France* voyait l'essence du génie national. « La famille Siegfried, il faut l'avouer, était plus sérieuse dans la conduite pratique de la vie, son crédit plus solide, ses vêtements semblaient faits d'étoffes plus robustes et ses salles de bain étaient plus efficaces. Mais la famille Puaux apportait, en même temps que sa vieille santé terrienne, plus cévenole que provençale, le charme de ses dons intellectuels, sa fantaisie, son esprit, bref, disons le mot, sa civilisation. Je ne pense pas que l'union de deux provinces ait jamais été plus heureuse [6] ». Significatif passage, que confirme un autre extrait, quasi proustien, opposant la douceur havraise à la continentale alsace [7].

Je relève toutefois dans ce chant à l'harmonie française la réserve suivante, faussement anodine : une famille Puaux « plus cévenole que provençale ». On peut y trouver une clef de l'homme et de l'œuvre Siegfried. Méditerranéen, Siegfried l'est toujours à la limite, à la frontière : *limes* géographique que ces terrasses cévenoles fermant l'amphithéâtre littoral, et au-dessus desquelles le climat, le paysage,

5. Pourquoi ne pas rappeler aussi la présence en Méditerranée, après 1685 et jusqu'au milieu du XVIIIe siècle, de « l'Église flottante » : les galériens pour la foi, embarqués sur les navires du Roi ou croupissant à Marseille, et dont la fidélité a été un des grands témoignages de la résistance multiforme et victorieuse du protestantisme français. L'académicien André Chamson, un proche de Siegfried, leur a consacré un beau roman, *La Superbe*, Plon, 1967.

6. André SIEGFRIED, *Mes souvenirs de la Troisième République. Mon père et son temps. Jules Siegfried 1836-1922*, Paris, 1946, p. 40. Et encore ce portrait du pasteur Puaux, en poste à Mulhouse au moment où le mariage se décida : « Le père Puaux, homme d'esprit, polémiste endiablé, orateur captivant, représentait authentiquement les plus séduisantes qualités méridionales et aussi, avouons-le, quelques-uns des défauts des pays du soleil : il n'attachait que peu d'importance aux comptes bien tenus, à l'ordre matériel quotidien de l'existence » (p. 39).

7. « Combien l'atmosphère était différente de celle du Havre : c'était la riche plaine d'Alsace, dominée par les Hautes Vosges, avec des vignes, du houblon, des maisons à pignon, des toits pointus, des cigognes, un confort moelleux, avec plus de nourriture, plus de tapis, plus de fauteuils, bref je ne sais quelle impression de Suisse ou d'Europe centrale, où l'on imaginait la neige, le froid, les poêles, toute une civilisation continentale, dont, je ne sais comment, je discernais, dès l'âge de cinq ans, le contraste avec nos pays de l'Ouest. Ceux-ci, proches de la mer, avec des cieux plus clairs balayés des brises du large, avec une végétation de hêtres et de pommiers qui sentait l'Ultima Thulé celtique, avec des étés plus frais, des hivers plus tièdes, des printemps qui se manifestaient, sous un vent d'Ouest vibrant de lumière, par une exubérance subite des primevères sur les fossés des fermes... », *Mes souvenirs.., op. cit.*, p. 64.

les mentalités, s'inversent brutalement ; *limes* intellectuel et religieux que cette appartenance à la Réforme, cette immersion dans un univers culturel genevois ou allemand, au cœur d'un Midi que l'on croit plus volontiers dévolu au plus baroque des catholicismes [8]. C'est de cette double appartenance décalée, religieuse et territoriale, à un arrière-pays et à son arrière-religion, si l'on peut dire, que Siegfried tire deux éléments importants. C'est d'abord un regard très particulier sur la Méditerranée (où il n'a vu peut-être que des Cévennes, c'est-à-dire des terres bâties par des paysans-maçons, pur cadeau non des dieux mais du seul travail des hommes). C'est ensuite, d'une manière qui me semble exceptionnelle, à moins qu'elle ne soit très banalement à la source de toute vocation géographique, l'importance accordée aux frontières et à leur diversité, des plus sensuelles (les couleurs et les odeurs, les heurts de vents) aux plus spirituelles : à commencer par cette rêverie sur la religion des roches (catholiques granit et calcaire, calvinisme schisteux), qui a servi quelquefois à faire condamner ses travaux pour un déterminisme trop naïf, alors qu'il s'agit toujours de ce travail proprement poétique qui est la manière de Siegfried, plus proche des poètes que des spécialistes de géographie électorale.

Les faiblesses d'une psychologie des peuples

Les charmes de cette approche en sont aussi les limites, qu'il faut avoir l'honnêteté de relever. Les faiblesses de l'œuvre ont permis à Pierre Birnbaum d'« épingler » longuement Siegfried, en réunissant un dossier par moments plutôt accablant, dans un chapitre de *La France aux Français. Histoire des haines nationalistes* [9]. Il entre une part d'injustice dans ce procès, qui fait figurer le dreyfusard Siegfried aux côtés de l'antisémite et raciste « scientifique » Georges Montandon. Birnbaum ne prend pas suffisamment en compte, comme l'a bien remarqué Pierre Milza dans son introduction à la réédition du

8. Mais il est aussi, à côté du Midi calviniste, un Midi janséniste, à Montpellier comme à Marseille et, là encore, dans les hautes terres provençales : Giono s'y est montré étrangement sensible, et ses romans, *Un roi sans divertissement* comme bien d'autres, mettent en scène ce Midi janséniste, que l'écrivain oppose avec une sorte de rage, dans des textes de commande, au Midi folklorique des félibres, de Mistral, et (sans le dire) de Pagnol, aux trop faciles succès. J'ai étudié ces images rivales dans un texte à paraître dans *Provence Historique* (1998), « Du Midi au Sud. Les images de la Provence dans la littérature française contemporaine ».

9. Paris, Seuil, 1992, p. 145-186 ; article remarquablement informé, notamment par l'utilisation des archives personnelles d'André Siegfried, déposées à la Fondation nationale des Sciences Politiques.

Tableau politique de la France de l'Ouest... [10], la banalité, alors, de thèmes que l'on est aujourd'hui agacé ou choqué de découvrir dans les textes de Siegfried, mais que l'on trouverait partout ailleurs, ou presque, dans la littérature contemporaine, même scientifique. Il s'agit essentiellement de la rêverie sur les psychologies collectives, l'« âme des peuples », parfois chargée de formules brillantes, parfois aussi encombrée de banalités dignes du *Dictionnaire des idées reçues*, et inquiétante dans la mesure où elle renvoie à la trop célèbre dichotomie des aryens et des sémites. Que Siegfried ait consacré tout un ouvrage à ces portraits collectifs, « le réalisme latin », « l'ingéniosité française », « la ténacité anglaise », « la discipline allemande », « le mysticisme russe », et « le dynamisme américain », et qu'il l'ait fait en 1949, *après* la Seconde Guerre mondiale, n'est guère significatif : on n'en doit pas moins le ranger dans une famille d'esprits à son apogée dans les années 1930, et qui compte des noms aussi importants qu'Élie Faure (*Connaissance de l'Archipel*, 1932), ou les Allemands Ersnt-Robert Curtius (*Essai sur la France*, 1930) et Friedrich Sieburg (*Dieu est-il français ?*, 1930). C'est le « son » des années 1930, ou des années 1900, dont Siegfried est exactement contemporain.

Quant à son dernier texte, posthume, les *Itinéraires de contagion : épidémies et idéologies* (1960), qui reprend le chapitre XV de *Vue générale de la Méditerranée* (« La Méditerranée et la défense sanitaire de l'Occident ») ou encore une conférence de mars 1944 au Collège de France [11], je suis tenté d'y voir une thématique ultra-conservatrice, banale entre toutes, aussi bien dans les années 1930 que dans le monde de la guerre froide, tout bruissant de murs, de rideaux de fer et de « containment » de la poussée communiste. Lisons ce passage, férocement réactionnaire : « De l'Hérault vers l'Aveyron la propagande socialiste, entre les deux guerres, suscitait ainsi, parmi les ouvriers du chemin de fer, à Séverac-le-Château dans l'Aveyron, un petit foyer d'extrémisme ; mais le milieu ne s'y prêtait évidemment pas, car sa virulence demeurait limitée et localisée : si l'extrémisme fleurit dans le bas, l'altitude ne lui est pas favorable [12] ». Ou cet extrait de la *Géographie poétique des Cinq continents* : « Point n'est besoin d'avancer bien loin vers le Nord pour sentir, comme un voisinage inquiétant, la pression démographique d'un demi-milliard de jaunes, sous-alimentés, dynamiques, ambitieux, et qui ne sauraient ignorer la faiblesse de cette petite garnison australe. La *White Australia* doit être

10. Pierre MILZA, « Présentation », André SIEGFRIED, *Tableau politique de la France de l'Ouest sous la Troisième République*, Imprimerie Nationale, 1995.

11. « Défenses contre la propagande », Archives André SIEGFRIED, 9 SI, dr 6.

12. André SIEGFRIED, *Itinéraires de contagions. Épidémies et idéologies*, préface de Pasteur Vallery-Radot, Colin, 1960, p. 146.

défendue contre l'inondation extrême-orientale avec la même vigilance qu'une Hollande contre les transgressions marines [13] » (*sic*). C'est assimiler la pensée, ou la migration (ou le christianisme naissant, dans les mêmes *Itinéraires*...), à un virus, comme l'antilibéralisme et l'antisémitisme le font depuis le dernier tiers du XIXe siècle. Reconnaissons que ces métaphores sont pour le moins troublantes : mais alors, c'est tout notre système métaphorique qu'il faut mettre en question (je songe à Michelet ou à Quinet parlant des Jésuites), tout le matériel terminologique de la guerre froide, par exemple. Des pans entiers de notre culture et de notre vocabulaire ont ainsi irrémédiablement vieilli, et nous ne saurions guère nous en étonner ou nous en scandaliser. Il est peut-être plus juste de penser que Siegfried prolonge jusqu'à son dernier souffle, dans ces *Itinéraires* litigieux, la seule interrogation qui l'ait jamais passionné : où sont les frontières, ensemble ces points d'arrêt, de contact et de retournement des choses et des hommes ? Qu'est-ce qu'une frontière ? La Méditerranée, à cet égard, fournissait ample matière à sa réflexion.

Cette Méditerranée, Siegfried l'a abordée en voyageur, la rejoignant en automobile ou la survolant en avion ; en villégiateur, à Vence ; et, disons-le, d'abord et surtout en lecteur attentif, parfois aux limites du plagiat, de quelques grands textes. Je citerai les trois principaux : le *Tableau géographique de la France* de Vidal de la Blache, et à sa suite toute la jeune école géographique française des Jean Brunhes, Jules Sion, Maximilien Sorre [14] ; l'écrivain Paul Morand (*Méditerranée, mer des surprises* [15]), mais aussi Barrès, Audiberti, Gide, la comtesse de Noailles ; et, pour l'essentiel, le Paul Valéry de *Variété III* : *Vue générale sur la Méditerranée* est par moments le commentaire ébloui de ces quelques pages dans lesquelles l'écrivain tentait de mesurer l'apport de la Méditerranée à la civilisation. Autant dire que le danger ne m'échappe pas de paraître commenter des commentaires, et d'aboutir à un enchaînement gigogne incapable de masquer que Valéry est le cœur de toute la démonstration, et d'autres sans doute avant lui — les classiques grecs. Ces réserves exprimées, il est néanmoins possible d'entendre ce que Siegfried tient à cœur de nous dire sur la Méditerranée.

---

13. *Géographie poétique.., op. cit.*, p. 324-325.

14. Ou encore l'ouvrage de Charles PARAIN, *La Méditerranée*, Colin, 1936, que le sous-directeur du Musée de l'Homme lui a indiqué parmi d'autres titres (P. BIRNBAUM, *op. cit.*, p. 171).

15. Réédité aux Éditions du Rocher, Monaco, 1991.

MORTELLE MÉDITERRANÉE

Ce serait d'abord cette « impression dominante de gloire », dont il emprunte la formule aux *Nourritures terrestres*. Mais, tout issus qu'ils soient l'un et l'autre de la bourgeoisie protestante méridionale [16], Siegfried s'inscrit immédiatement en faux contre la vision de Gide. La tristesse l'étreint dès après le sentiment de gloire et d'éternité : « La première impression est splendide, une impression de lumière, de rayonnement, de joie, mais on éprouve de suite le sentiment de la précarité et même de je ne sais quelle pauvreté ; il y a quelque chose de dévorant, qui limite, qui détruit. C'est le malentendu d'une lumière conquérante, sous une latitude qui n'est pas celle des tropiques. [...] De ce classique, presque trop beau, se dégage enfin une impression d'ancienneté formidable, presque d'éternité, qui accable. Il y a trop de souvenirs, trop de grands souvenirs. Devant cette splendeur, imperturbable, toujours la même, on a la sensation de la vanité de l'effort, d'une sorte d'arrêt du temps, et, tout au fond, en dépit de cette gloire, il y a de la tristesse » (*VGM*, p. 54 et 61). Poids accablant de la lumière, de la beauté, de l'histoire classique : l'idée de la mort est partout présente, plus exactement l'idée de la fragilité essentielle de la condition humaine — soit que la presse et la réduise la violence de la nature (ce soleil ennemi), soit que la succession des civilisations n'ait laissé que des ruines, des inscriptions, des langues mortes, des « humanités » devenues matière à baccalauréat.

Toujours le regard du géographe, l'expérience de la frontière : la civilisation, comme un littoral méditerranéen, n'est qu'une mince frange de fécondité, luxuriante mais trop mortelle, guettée par les changements du climat ou les accidents de l'histoire, et que ne cesse de menacer le sourd bourdonnement du désert à ses portes. On est là à cent mille lieues de Gide, ou de Morand, dont je donne toutefois, après Siegfried, cette vision de la Riviera de Beaulieu : « Quelques millimètres de Brésil en contreplaqué, dix mètres de Grèce en profondeur, et déjà l'on aperçoit la carcasse du théâtre : les Alpes [17] ». Ailleurs, dans un passage plus magnifique encore, Morand parle de théâtre, de scène et de gradins [18] : mais Siegfried, somme toute, est

16. À moins que le déterminisme géographique ne soit effectivement déterminant ! Les Gide sont de la région d'Uzès (où Racine vint écrire le vers célèbre : « Et nous avons des nuits plus belles que vos jours »), infiniment plus riche, et plus méridionale (« provençale » !), que les terres ardéchoises des Puaux.

17. P. MORAND, *Le Figaro*, 26 mars 1936, cité in *VGM*, p. 62.

18. « Je la vois pareille à une fosse cernée de gradins, où se pressent et se penchent les nations, dont j'aperçois les têtes sur les hauts plateaux auvergnats ou thraces, libyques ou aragonais, russes ou syriens. Dans cet amphithéâtre méditerranéen, depuis

plus profond, plus désenchanté. Il ne voit que la fragilité de la vie et de l'histoire, soit qu'il ait trop médité, avec sa génération, la méditation de Valéry au lendemain de la Première Guerre mondiale, soit que l'effondrement français de 1940 ait aggravé sa mélancolie. Énième marque de ce terrible coup de semonce que la défaite a infligé aux Français, même à celui d'entre eux que ses origines, ses relations et son champ de travail, proprement mondial, prédisposaient à faire une lecture plus distanciée et plus sereine des événements. Peu de choses, sans doute, à voir avec le moralisme maréchaliste : mais cette perception aigüe de la brièveté des choses, et, peut-être, ce premier détour par la Méditerranée, musée et cimetière de civilisations, pour remâcher le traumatisme national.

Lisons ce très significatif passage, pour ce qu'il nous dit, en outre, du paysage méditerranéen par excellence : « Le danger d'une semblable civilisation, c'est qu'elle suppose une accumulation de capital — terrasses, canaux, drainages — longue à constituer, pénible à entretenir et qu'il faut défendre constamment. Supposez une période prolongée de guerres, de désordres politiques, d'anarchie, les « planches » se délitent, les canaux se vident, les eaux croupissantes engendrent la malaria, la terre finalement risque de retourner au désert. Plusieurs régions, la Crète par exemple à la suite de l'invasion dorienne, ne se sont jamais relevées de semblables décadences, et c'est une leçon qu'il ne faut pas oublier » (*VGM*, p. 88). Et encore : « Ces conditions [méditerranéennes] [...] permettent des épanouissements merveilleux, mais comportent des éventualités de mort totale, de retour pur et simple au désert. C'est magnifique et c'est précaire » (*ibid.*, p. 46 [19]). Cette leçon de précarité, la guerre n'est pas seule à la proposer : l'exode rural, continu depuis un siècle et demi dans la France méridionale, par exemple, a suffi à faire retourner la terre à la friche, les murs des terrasses aux éboulis, et à effacer une partie du paysage monumental. Siegfried en pouvait-il être averti dès 1942 ? Probablement, mais le pire de ce point de vue était, et reste, à venir.

Au-delà du paysage et de la civilisation de la Méditerranée, c'est à l'Europe toute entière que semble songer Siegfried, que ses travaux ont particulièrement ouvert à la dimension anglo-saxonne, nord-américaine de la modernité. Et c'est précisément à la fin de l'Empire

---

les millénaires, se joue toujours la même pièce. Le décor est de pierre ; comme aux tragédies antiques, il est creusé une fois pour toutes dans le rocher. L'arrière plan, c'est la mer », *Méditerranée, mer des surprises*, cité in *VGM*, p. 56.

19. « Dans ce milieu méditerranéen, l'homme doit sans cesse entretenir la nature, la corriger, la contenir. Le résultat demeure précaire ; l'effort doit être soutenu, faute de quoi les difficiles conquêtes de la civilisation risquent toujours de retourner au désert, à la barbarie », *ibid.*, p. 34.

romain, métonymie historique de l'Occident européen, qu'il a recours pour dire la perte de prestige des Européens au XXe siècle [20]. On ne saurait trouver en lui un contempteur de l'américanisation du monde. Mais ces phrases ont valeur d'avertissement, en cette fin de vingtième siècle plus encore, peut-être : « Est-ce à dire que [l'individualisme latin] soit périmé ? Peut-être, quand c'est la quantité qui règne, mais on a toujours besoin de lui dans le domaine de la qualité. Quelles que soient les créations de la culture anglo-saxonne ou nordique, l'Europe ne saurait être elle-même sans l'appoint de la culture latine » (*L'âme des peuples*, *op. cit.*, p. 43) ; « Il y a [...] opposition entre la civilisation méditerranéenne, issue de la tradition grecque, et les civilisations de masse, qui ont pris la tête du mouvement occidental moderne. Celles-ci sont fondées sur l'automatisme de la machine, substituée à l'initiative de l'individu [...]. C'est un archaïsme [méditerranéen] qui n'est pas sans avantages, car il maintient le prestige de certaines valeurs, dont l'humanité occidentale elle-même a besoin et dont la perte la ferait à la longue péricliter » (*VGM*, p. 188).

Le travail empaysagé

La Méditerranée n'est donc, pour reprendre avec Siegfried une définition de Paul Morand, que l'« antidésert » : opposée, et accolée. La proximité, en Égypte, du désert et du delta grouillant de vie a fasciné Siegfried (« c'est le cas à Alexandrie, d'où un taxi vous mène, en un quart d'heure, soit au désert, soit au Delta », *VGM*, p. 43) — non sans qu'il ne signale l'autre désert, liquide : la mer elle-même (« glorieuse, immobile, vaine, la même depuis toujours » : c'est un portrait à charge, p. 60). Disons le tout net, en effet : la mer n'intéresse pas Siegfried, même s'il voit en elle le centre de gravité des pays qui la bordent. Ce désintérêt profond se trahit dans ce miracle rhétorique qui parvient à faire disparaître les eaux dans le repli des terres sur elles-mêmes : « Les terres qui entourent cette mer cernée de terres qu'évoque son nom » (*ibid.*, p. 66). La mer, les déserts continentaux, les montagnes propices à la transhumance sur lesquelles Braudel préparait alors les premières pages de sa *Méditerranée*, ne l'intéres-

20. « En 1898-1900, quand j'avais, jeune homme, fait le tour du monde, j'avais vu s'ouvrir toutes les portes devant l'Occidental, l'Européen que j'étais. Je pouvais dire effectivement : *Civis romanus sum*, et toutes les barrières s'abaissaient ; j'avais conscience d'un privilège, du fait de mon appartenance à la race blanche et au continent-roi. Que les temps sont changés ! J'ai maintenant l'impression d'avoir assisté à quelque chose comme la fin de l'Empire romain », *L'âme des peuples, op. cit.*, p. 19-20. Siegfried n'a cessé de revenir sur cette véritable obsession de la décadence de l'Occident et de la race blanche (pour reprendre son vocabulaire).

sent pas. « D'abord la montagne », assène Braudel. D'abord les versants, les pentes aménagées en gradins, préfère Siegfried, et ce miracle de la géologie, du climat et du travail conjugués, le surgissement de civilisations jardinées au confluent des contrastes : « en s'opposant aux océans, aux déserts, aux bâtis géologiques des continents massifs, [la Méditerranée] se définit elle-même » (*ibid.*).

Siegfried la trouve, très exactement, dans deux paysages typiques, si différents et si semblables à la fois, pour la densité de travail et d'humanité qu'ils représentent, l'horizontale *huerta* (dont Siegfried compare le grouillement de vie à celui des deltas asiatiques) et la verticale terrasse, la « planche » [21] (dont les densités de population, au XIXe siècle, sont également très fortes). L'une et l'autre cristallisent dans leurs réseaux liquides et lithiques, canaux d'irrigation et murs de soutènement, fragiles et gigantesques monuments, longs de dizaines de milliers de kilomètres, la seule valeur que l'esprit puisse reconnaître et aimer, le travail de l'homme, fruit tout ensemble de son orgueil et de son humilité, et de son active intelligence. Serait-ce un regard calviniste, « wébérien », que Siegfried, le fils d'industriel mulhousien, porterait sur un paysage qui l'émouvrait pour ce qu'il charrie ou pétrifie de travail : travail empaysagé, a-t-on envie de dire en songeant à la définition donnée par Adam Smith du travail incorporé dans la marchandise (*labour embodied*).

Regardons. L'*eau*, domptée, amenée, canalisée, froissement fluide de machine silencieusement efficace, et non plus cascade, ou mare, ou perte, et transformée, pour la juste répartition de son usage, dans les *huertas* valenciennes et jusqu'aux plus infimes hameaux de montagne, en véritables calendriers couchés sur les registres des notaires. La *pierre*, calcaire ou schiste, taillée à même la roche qui troue partout la terre, pliée et entassée selon les axes essentiels, le vertical et l'horizontal, et méthodiquement dressée à couper et dégrader la pente, à rompre l'oblique et le flou, le labile, à changer le désordre et le fuyant penchant des choses en cadastre, en escalier, en gradins de théâtre, en jardin suspendu, en architecture, dans une *composition* truffée d'angles droits et qui nous rappelle que le *land art* a été inventé depuis des millénaires dans ces musées à ciel ouvert ! Il suffit aujourd'hui de voir les versants envahis par la friche, de comparer un pré fauché à un pré laissé en l'état, dans le désordre chevelu de ses herbes, pour comprendre que la marque de l'homme

21. « Les « planches », les « restanques » de notre Riviera reflètent le patient labeur de générations innombrables : ces terrasses artificielles évoquent une humanité éternelle, échappant aux révolutions du temps », *L'âme des peuples, op. cit.*, p. 49. Siegfried n'utilise pas les deux mots occitans répandus dans tout le Midi de la France, la *faisse* et le *bancel* (le petit banc).

sur un paysage, physiquement et juridiquement, est toujours l'angle droit, la plantation et le croisement des pierres, le terrassement de la pente, quand la nature ne connaît que le courbe, l'informe, la molle étendue divagante et, somme toute, inquiétante [22].

Contemplant le paysage et les productions de Méditerranée, Siegfried retrouve partout, de mots significatifs, des *articulations*, des *compartiments*, des *arêtes*. Survole-t-il le bassin, lors de deux traversées aériennes dont il nous laisse le récit, il n'y voit que plans en relief (Marseille), profils, dentelles, échines vigoureuses, plan incliné, ossements polis et desséchés du Pirée, mer « d'un bleu dur, comme un corps solide », et, en mer Égée, « des milliers de terrasses préparées pour la culture ». Songe-t-il aux montagnes, il note que « la luminosité est exceptionnelle, avec des ciels bleus et purs, une lumière vive, une transparence de l'air qui dessine, comme à la pointe sèche, les formes nues des montagnes, que les Méditerranéens, amoureux de ces formes, préfèrent dépouillées de ces « cimes indéterminées des forêts » dont parle Chateaubriand, qui en atténuent le profil » (*VGM*, p. 37). Et comme toujours chez lui, la roche, le paysage et la civilisation entretiennent un étroit dialogue. Le droit des latins, ainsi, est un « droit écrit, aux arêtes nettes et dures comme le profil de leurs montagnes dénudées » ; « ce qui frappe, dans toutes ces conceptions latines, c'est la netteté de leurs arêtes. Le Latin possède une extraordinaire capacité d'analyse, en même temps que de généralisation : dans toute question il discerne aussitôt le principe impliqué, avec les conséquences logiques, éventuellement lointaines, de l'orientation quc l'on choisira. [...] Cc don d'analyse est, de plus, inséparable d'une belle capacité d'expression. Les langues latines, de dessin net, de composition structurale, s'y prêtent admirablement, elle semblent faites pour les inscriptions sur la pierre [23] ». Banalités, dont la belle eau tiendrait à la seule culture classique de leur auteur ? Ou, plus profondément, au mieux de son talent, un essai d'élucidation de ce qui fait l'unité d'une terre et de son esprit, reliant la pierre à la langue, et de celle-ci faisant une langue de pierre — *Stèles* —, sans négliger

22. Les bocages du Massif Central et des pays de l'Ouest, les champs en lanières de l'openfield nord-européen, opèrent pareillement la mise en cadastre, en carrés, du désordre végétal originel. Mais le travail a été moindre, et l'œil ne saisit pas aussi nettement les structures, sauf peut-être dans les prises de vues aériennes.

23. *L'âme des peuples, op. cit.*, p. 37-39. Siegfried ajoute immédiatement une critique assez calomnieuse : « C'est aussi leur faiblesse, car le plaisir de s'en servir est rempli de traîtres attraits. Dans telle d'entre elles comme l'espagnol, la sonorité est si magnifique que le plaisir de parler, de s'exprimer, supplée éventuellement, non seulement à l'action mais à la pensée elle-même ». Etc. Clichés dignes d'une psychologie d'Épinal (ou de Mulhouse !), et, plus intimement, difficile dialogue entre l'influence du père et celle de la mère.

que le lacis perpendiculaire des murs compose un authentique *texte*, dans le tressage des pierres [24], immédiatement et merveilleusement lisible, avec Siegfried, et aujourd'hui encore déchiffrable, sous les éboulements palimpsestes.

Redisons-le : c'est du côté des poètes contemporains, non des vrais géographes (à moins que le meilleur de l'esprit géographique ne soit un exercice poétique, ce que je croirais volontiers), qu'il faut situer Siegfried. Ou, plus vraisemblablement, au plus près de son influence, du côté de Valéry, écrivant dans *Variété* : « Les travaux des hommes opposent aux figures de chute et d'écroulement de la nature géologique la volonté contraire d'édification, le travail volontaire et comme rebelle de notre race » (cité dans *VGM*, p. 82). Siegfried ne cherche nullement à cacher sa dette à l'égard du grand maître : il achève sur une autre citation de *Variété* le chapitre le plus beau de *Vue générale*, « Le paysage et le décor méditerranéen » : « La considération des ombres que le soleil projette a dû servir de première observation à toute une géométrie, celle qu'on nomme projective. Sous un ciel éternellement voilé, on n'y eût pas songé, pas plus qu'on n'eût pu instituer la mesure du temps, [autre conquête primitive qui s'est d'abord pratiquée au moyen du déplacement de l'ombre d'un style, et il n'est pas d'instrument physique plus antique ni plus vénérable qu'une pyramide ou un obélisque, gnomons gigantesques] [25] ». On songe aujourd'hui au peintre Soulages, si profondément méditerranéen en ce sens, qui dit avoir puisé une partie de son désir de peindre dans l'observation des signes que tracent sur les grands Causses aveyronnais les pierres levées [26], et qui a édifié son atelier sétois comme il bâtit ses tableaux, pour canaliser la lumière entre arêtes, lignes et sillons noirs, comme d'autres l'ont fait pour l'eau et la pierre même.

Je persiste toutefois à croire que le professeur de géographie économique au Collège de France ne voit pas la même chose que le moraliste et philosophe Valéry. Ce dernier part des ombres et des lumières, et de leurs angles droits, lui aussi, pour aboutir à une réflexion sur le classicisme et sur la naissance d'une science, d'une politique, d'une métaphysique ; Siegfried, plus modestement, part du paysage construit pour réfléchir à la part du travail dans le destin de l'homme. Méditerranée de calviniste, paysage-capital ? Oui, sans doute. Les terrasses cévenoles, du Rhône à l'Hérault, n'ont-elles pas

24. Le mot cévenol servant à désigner une terrasse, la *faisse*, vient du latin *fascis*, le faisceau.

25. Cité dans *VGM*, p. 66. Je complète la phrase de Valéry selon Pléiade, I, p. 1095.

26. *Pierre levée* (ou *plantée*) : appellation traditionnelle des menhirs dans le Midi occitan.

été dévolues, du XVIIe au XIXe siècle, à la frénésie de la soie (mûriers, magnaneries, filatures, réseaux européens de commercialisation empruntant ceux du Refuge huguenot), et ne sont-elles pas devenues une de ces provinces d'Europe transformées par l'esprit du capitalisme, soucieuses non d'agriculture vivrière mais de valeur ajoutée, de marché et de profit [27] ? On a vu plus haut l'allusion de Siegfried à l'« accumulation de capital ». Il ne lui manque pas même une pointe morale, anti-méridionale, très significative : « À côté du travail patient de la pente, pourtant si proche, il y a l'à-peu-près de la côte, auquel les gens venus du Nord ont tant de peine à s'habituer » (*VGM*, p. 44). Et ceci, passablement révélateur aussi : « Ce n'est pas, en somme, l'atmosphère classique du paysan, mais quelque chose d'autre, qui fait ressembler le Méditerranéen à une sorte d'artisan de la terre » (*ibid.*, p. 89). Artisanat : on songe ici à Péguy, à la rempailleuse de chaises, aux « hussards noirs », artisans du savoir primaire.

Le chasseur de frontières

Articulation, contraste, compartiment, arêtes : Siegfried est sensible à l'extrême aux limites de l'espace méditerranéen. Toute son œuvre aura été consacrée à la quête des frontières ; rien d'étonnant à ce qu'il ait donné une préface au livre pionnier de Jacques Ancel, *Géographie des Frontières*, paru en 1938 [28]. Sa curiosité propre a consisté à chercher indéfiniment, en statisticien électoral, mais aussi en peintre et en poète, les points d'équilibre, fixes ou mouvants, où se rencontrent et s'annulent les courants descendants et ascendants. *Limes* climatique, végétal, économique, politique, sensuel aussi. Une bonne part de ses cours du mardi au Collège de France, dans la seconde moitié des années 1930, a été consacrée à délimiter les zones

27. Voir notamment deux récentes monographies familiales, bonnes études de ce capitalisme de la Réforme et de la soie : Jean-Paul CHABROL, *Les seigneurs de la soie. Trois siècles de la vie d'une famille cévenole (XVIe-XIXe)*, Presses du Languedoc, 1995, et Rémi TEISSIER DU CROS, *Chroniques cévenoles. Une famille de filateurs de soie à Valleraugue (1792-1904)*, Presses du Languedoc, 1996.

28. Gallimard. « Vous aboutissez à cette idée que la frontière est une « isobare politique », qui fixe, pour un temps, l'équilibre entre deux pressions. [...] Envisagé, non pas dans son sens de séparation politique mais dans son sens de séparation géographique entre deux zones différentes, le terme de frontière m'a toujours paru singulièrement évocateur. Rien de plus instructif, en matière géographique, que la recherche de ces limites. Je pars des côtes atlantiques, me dirigeant vers l'Est : où recontrerai-je la première impression d'Orient ? De Paris je descends vers la Méditerranée : où prendrai-je contact avec le pays, le climat méditerranéens ? Même question, infiniment diversifiée, dans le domaine de la géographie de l'opinion publique », Préface, Gallimard, p. VIII-IV.

de gauche et de droite, de conservatisme catholique et de républicanisme protestant, dans ce Midi dont il édifiait le *Tableau politique* : en Ardèche, en Lozère et dans le Gard, dans l'Hérault, le Tarn ou l'Aveyron. Ces zones, il les a vues quelquefois à l'américaine, en succession de *belts*, tel celui de l'esprit hérétique et charismatique : « Il est une zone de notre Midi où, depuis l'antiquité, l'esprit religieux paraît avoir traditionnellement jailli du sol. [...] Cette bande — les Américains diraient *belt* — qui prend en diagonale notre Midi méditerranéen et notre sud-est, couvre non seulement le domaine proprement dit de l'albigéisme, c'est-à-dire les Pyrénées orientales, l'Aude, la Montagne noire, mais les Cévennes protestantes et les Alpes occidentales, se continuant ensuite vers Lyon, Genève, le Piémont, l'Europe centrale [29] ».

Une des nombreuses cartes dessinées par le professeur montre le quasi-chevauchement, dans l'arrondissement lozérien de Florac, de trois lignes de rupture en apparence sans lien : la ligne de partage des eaux (versant atlantique/versant méditerranéen [30]), la limite géologique entre schistes cévenols et calcaires caussenards, la frontière, fixée depuis le XVIᵉ siècle, entre protestantisme et catholicisme. Une dernière démarcation coiffe ces courbes de niveau d'un nouveau genre, que les cartes IGN ignorent malheureusement : le vote est à gauche dans les Cévennes schisteuses (et plus rouge à mesure que l'on descend vers la Méditerranée), à droite dans les Causses calcaires ou dans la granitique Margeride, au climat continental. Lisons Siegfried en plein travail de géographie électorale : « Il est facile de voir, en conclusion, que les idées remontent le long des vallées, notamment quand il y a des routes fréquentées comme celle qui provient d'Alès, vers le Collet-de-Dèze et Florac. Les vecteurs de ces idées, nous le verrons plus loin, sont généralement des agitateurs exotiques, sortis des villes du Midi. Le contact est facilité par le fait qu'une grande partie de la population descend chaque année dans la plaine pour y prendre part à la vendange. Quant à la région au nord de la ligne de partage, elle est sensible encore à ces influences, mais beaucoup moins. Il y a débordement au-delà de la ligne de faîte, comme dans le cas des vents du midi qui déversent leurs pluies, mais l'influence décline et s'arrête, le milieu cessant d'être favorable : le protestant de Florac est encore vulnérable à ces tentations, le catholique des Causses ou de Marvejols ne l'est plus, ce qui marque d'une façon décisive

29. « Le groupe protestant cévenol sous la IIIᵉ République », *op. cit.*, p. 24.

30. L'étroitesse de cette ligne à certains endroits est célèbre, et propre à faire rêver : on cite des édifices, à Barre-des-Cévennes comme dans le massif de l'Aigoual, dont chaque moitié de toît est dans l'un des bassins versants, la pluie partant au Rhône par les Gardons ou à la Garonne par un affluent du Tarn.

une frontière extrême des pays méridionaux, dans ce domaine de l'opinion politique [31] ».

Ce n'est là qu'un exemple. Siegfried a ébauché une typologie des frontières qui comprend aussi bien des lois sur l'immigration [32] que des rencontres de vents [33] ! Qu'il les cherche du côté cévenol de la Méditerranée, et son texte revêt immédiatement une séduction, un plaisir tout particuliers, qui font songer, sur le même terrain, au Ponge de la *Petite suite vivaraise*. « Au-dessus de Thueyts, dans l'Ardèche, quand on a dépassé les derniers châtaigniers, on se trouve sur un plateau à grandes ondes, avec, au fond, à l'Ouest, de longues lignes peu accentuées, et au Nord-Est la crête hardie du Gerbier des Joncs et du Mézenc, vraies montagnes se profilant à l'horizon. L'impression est celle d'un changement de pays et de climat. Les couleurs sont autres, plus claires, très douces et comme atténuées ; le ciel plus pâle, parcouru de nuages venus de l'Ouest, annonce la présence lointaine de l'Océan. La Méditerranée, plus proche cependant, est oubliée. Les vents du Sud amènent encore la grande pluie, mais c'est la limite ; l'Ouest amène une petite pluie fine quotidienne, qui mouille mais ne détruit pas. Tout est délicieusement vert, avec un fond de couleur jaune. Les villages sont de tonalité crue, avec toits rouges, donnant une impression de plateau central et de montagne. Comme cultures, des céréales pauvres, et des prairies ; de belles races de bovins, beaucoup d'animaux attelés au joug. Voilà une des grandes limites françaises » (*VGM*, p. 64-65).

Impression, dit ce texte à deux reprises. Les moqueurs parleront d'impressionnisme à propos d'une approche insuffisamment scientifique : pourquoi ne pas reprendre ce mot au sens que lui donne

31. P. Cabanel, éd., « André Siegfried et la Lozère : Publication d'un cours inédit professé au Collège de France en février 1936 », *La vie politique en Lozère entre 1815 et 1939*, Conseil général de la Lozère, Mende, 1992, p. 225. La publication de l'ensemble des cours professés par Siegfried, dans le cadre de l'élaboration du *Tableau politique de la France du Midi sous la Troisième République*, est en préparation (à paraître aux Presses Universitaires du Mirail, Toulouse).

32. « J'ai souvent pensé que, dans cette partie du monde, la vraie frontière politique, la digue qui contient l'inondation jaune, c'est la structure de ces lois d'immigration qui ont permis, et elles seules, à l'Australie, à la Californie, à la Colombie britannique, de demeurer white man's country. Le barrage est dans ce cas entre deux genres de vie, deux étages de standard of living et, derrière la frontière politique, il y a quelque chose de plus profond, la frontière de race », Préface à Jacques Ancel, *Géographie des frontières, op. cit.*, p. IX-X.

33. « Quand il n'y a ni montagnes, ni déserts, ce peut être une rencontre de vents qui fixe la frontière : le vent dominant commande alors toute une suite de conséquences, allant jusqu'à la politique elle-même », *VGM*, p. 43. Siegfried estimait que la limite des vents était presque cartographiable entre Carcassonne et Castelnaudary (*Géographie poétique, op. cit.*).

l'histoire de l'art ? Siegfried possédait des toiles de Marquet et de Van Dongen ; un passage de *Vue générale* montre qu'il discutait des couleurs des paysages avec un ami, le peintre Bérény. Et toute son œuvre est emplie de notations sur la couleur. Le voici cherchant à distinguer les Cévennes des Causses : les premières, « avec leurs roches sombres, leurs châtaigniers, fournissent un fond d'atmosphère violet-vert sur je ne sais quel fond noir, dans l'éclat luisant et en même temps attristé d'un Midi déjà tempéré de Plateau central. Mais le Causse, avec sa coloration jaune rappelant l'Espagne castillane, offre un complexe jaune-vert, dont le jaune vif et le vert vif, bien différent du vert des Cévennes, évoquent une région nettement continentale [34] ». La Méditerranée dans son ensemble compose un tableau impressionniste, ou plus moderne encore, avec des touches de couleur accolées les unes aux autres — toujours le compartimentage de l'espace : « la blancheur éclatante des roches calcaires, le vieil ivoire des villes issues du passé, le lapis de la mer, les verts bouchés tirant sur le gris fer des feuilles, le bleu profond du ciel, le fond améthyste pailleté d'or des couchers de soleil » (*VGM*, p. 63) [35].

Au-delà même des couleurs, Siegfried dit rêver d'une géographie des odeurs. Je le cite une dernière fois : « Les frontières qu'on déterminerait ainsi n'auraient sans doute pas la netteté d'une frontière douanière : il y aurait de l'incertitude, des halos, des extensions temporaires comme des marées, peut-être même des enclaves ou des fusées lointaines, mais on obtiendrait la délimitation de quelque chose de réel et de géographiquement significatif [36] ». Voici, dans une phrase magnifique, la charte d'une possible géographie poétique. On ne saurait qu'être frappé, à cet égard, de ce que le poète d'origine écossaise Kenneth White, qui préfère parler de *géopoétique*, est venu naguère séjourner dans la même montagne ardéchoise que celle des Puaux, et qu'il a continué et épanoui dans les *Lettres de Gourgounel* [37] et dans toute son œuvre de passeur de frontières ces choses pressenties par un vieux monsieur du Collège de France. C'est cette part de Siegfried qui continue à irradier en nous, quand d'autres pans de l'œuvre ont si irrémédiablement vieilli. Cette géographie sensuelle et

34. Cf. note 23.

35. Ou encore cet atlas des couleurs du monde : « C'est ainsi que l'Écosse m'est apparue, pleine de reflets noirs, la Méditerranée d'améthyste et d'or au soleil couchant, le Bosphore bleu d'encre à la fin du jour, l'Afrique australe rose d'un rose fade », *Géographie poétique.., op. cit.*, p. 20

36. *VGM*, 66. Siegfried a consacré deux articles du *Temps*, en 1942, à la géographie des odeurs à travers le monde et à celle des sons, des accents, des intonations en France. Il donne également en 1952 une *Géographie poétique des cinq continents* (après une *Géographie humoristique de Paris*, 1951).

37. Grasset, Les cahiers rouges, 1986 [1966]

poétique ; cette chasse aux frontières, aux lignes de partage, aux points d'inversion ; cette façon, somme toute, de poursuivre dans le travail de recherche un dialogue avec soi, la couture de trois origines géographiques si différentes, métonymies des trois France mises à jour par Vidal de la Blache, l'Ouest atlantique, l'Est continental et le Midi méditerranéen ; tout cela continue de nous parler.

Pierre Milza signale avec raison la famille d'universitaires à laquelle on peut rattacher Siegfried : « Amoureux du pays qu'il décrit, [il] trouve, pour nous communiquer son sentiment, des accents qui sont ceux d'un Michelet, d'un Marc Bloch ou d'un Braudel [38] ». Est-il permis d'aller plus loin, et de voir dans Siegfried une authentique tension littéraire ? Son livre autobiographique *Mes souvenirs de la IIIe République* comprend quatre pages, « *Une journée du Havre en 1884* » qui semblent droit sorties de quelque *Scènes de la vie de province* : aucune imagination (la figure du père, Jules Siegfried, occupe tout l'espace), mais un talent certain à camper un paysage urbain et social, et à donner à voir le passage des heures. On songe également à ce que Siegfried nous dit de la villa familiale du « Bosphore », au Havre, véritable poste d'observation sur l'activité du port, les mouvements de la mer et l'évolution du monde, et à sa passion d'enfance pour les cartes [39] : le même type de curiosité a conduit Julien Gracq, professeur de géographie, lui aussi, à décrire la salle des cartes et à donner avec le *Rivage des Syrtes* ce que Yves Lacoste a défini dans la revue *Hérodote* comme un « roman géopolitique ». Quant à la *Géographie poétique des Cinq continents*, elle n'est pas sans rappeler quelquefois, dans ses itinéraires nonchalants et capricieux, les *Carnets du grand chemin*, du même Gracq. À moins que cette curiosité multiforme pour les frontières (songeons au *Désert des Tartares*, de Buzzatti) ne soit caractéristique d'un XXe siècle particulièrement marqué par les tracés, les cartes, les nations (qui dans une certaine acception ne sont rien d'autre que des dessins linguistiques ou ethniques), les *limes* en armes (Maginot, Rideau de fer, pour ne rien dire ici, évidemment, de la ligne... Siegfried !). La Méditerranée romaine, premier grand exemple de *limes* (mais Siegfried aurait pu s'intéresser à la Muraille de Chine, qui retint l'attention de Victor Ségalen ou d'Yves Bonnefoy), offrait à l'écrivain une bonne base à sa réflexion.

Le travail présenté ici n'est évidemment que la lecture d'une lecture : mais je crois légitime de conclure que Siegfried a retenu de la

38. Pierre MILZA, « Présentation », *op. cit.*, p. 30.

39. « La couleur dont on peignait les départements sur les atlas et leur reproduction par papier calque me passionnaient », André SIEGFRIED, *Souvenirs d'enfance*, Bourges, Tardy, 1957, p. 18.

Méditerranée deux grandes leçons, qui renvoient au secret de la formation de sa personnalité, comme chez chacun, mais aussi à des catégories beaucoup plus générales : ce seraient un regard « calviniste » sur le monde (si cette expression a un sens), et la fascination des frontières. Ces deux leçons tiennent à cette géopolitique, ou géopoétique, dont Siegfried est un essayiste qu'il convient de ne pas négliger ; et à la méditation d'un paysage-travail dont la spécificité cévenole et méditerranéenne n'en renvoie pas moins à l'universelle condition humaine, dans cette partie du monde où un récit de la création a fait du travail la marque même de cette condition.

Patrick CABANEL

POUR UN REMEMBREMENT INTELLECTUEL DES HÉRITAGES EN MÉDITERRANÉE, AU-DELÀ DES FRACTURES

C'est avec une certaine nostalgie que le chercheur contemporain écoute l'exposé des historiens lorsqu'ils restituent des tranches de vie du passé de la Méditerranée, comme viennent de le faire brillamment nos collègues.

Certes, ce passé ne fut pas un « long fleuve tranquille ». Certes, des fractures sont apparues d'une manière constante dans cette mer, enserrant ses terres d'une tendresse ronde et apaisée, même au moment de leur plus haute turbulence. Cet espace, qui enfanta les trois monothéismes, entretint leurs convergences et, plus nombreuses hélas, leurs divergences. Les conflits dogmatiques entre Judaïsme, Chrétienté et Islam furent multiples et parfois sanglants. La polémique chrétienne avec l'Islam, inaugurée, quelques décades après l'Hégire, avec saint Jean Damascène, culmina avec les Croisades et l'expansion coloniale, comme le rappelle Norman Daniel dans son essai « Islam et Occident » (Éditions du Cerf, Paris, 1993). À l'intérieur même de la Chrétienté, l'orthodoxie fit dresser Byzance contre la Rome catholique. De ces fractures, de ces incompréhensions et de ces conflits, la liste est hélas fort longue.

Et, pourtant, qui peut nier que l'espace méditerranéen s'impose à ses habitants comme à ses visiteurs par un certain nombre de traits communs partagés : son climat, son relief, ses paysages, sa flore, sa faune, ses parfums ; une sensibilité, un imaginaire, un code de l'honneur, une architecture et un urbanisme que les clivages idéologiques et les affrontements n'ont pas réussi à gravement différencier.

Qui peut douter que, dans cette aire culturelle traversée de tensions antagonistes, une force fortement centrifuge ait assuré, tout au long d'une histoire chahutée, un *continuum* culturel, une interculturalité vivante, un échange aussi permanent entre des cultures pourtant diverses. Plus que dans aucune autre zone géo-culturelle, l'identité culturelle méditerranéenne aura été façonnée par la transmission des héritages, fût-ce au prix de leurs adaptations, par la digestion des apports, fût-ce au prix de leurs reformulations, par l'hybridation, fût-ce au prix d'accomodations, jamais de rejets.

La Méditerranée fut, depuis les origines et jusqu'au XVIe siècle au moins, le lieu par excellence du métissage des cultures et de leur assimilation créatrice.

Comment oublier que, d'après la mythologie grecque, le Continent, dont la Méditerranée borde les rives sud, porte le nom « Europe » d'une princesse de Tyr (dans l'actuel Liban) ?

Comment minimiser le fait que la religion dominante de l'Europe ait été conçue aux abords du Lac de Tibériade, sur les rives du Jourdain ?

Comment occulter la part importante de l'apport méditerranéen dans la construction de l'identité et de la conscience européennes ?

C'est dans Prométhée que l'Europe a trouvé la figure dynamisante de l'Homme Révolté ; dans Sisyphe, celle du questionnement du sens ; dans Antigone, l'archétype d'une liberté individuelle distincte de la norme collective. Au conquérant de l'impossible, don Quichotte a prêté sa silhouette dégingandée, Œdipe préfigura l'Homme émietté et Don Juan fut le Séducteur jusqu'au vertige...

Comment séparer les strates qui façonnèrent, au-delà de la diversité, l'unité protéiforme de ce que l'on peut appeler un Être méditerranéen ?

Rome aurait-elle été « possible » sans l'apport grec ?

L'Europe renaissante aurait-elle été ce qu'elle fut, sans la médiation arabe ? Sans les Écoles de traduction de Tolède et de Beit al Hikma, sans les Écoles de médecine de Salerne et de Montpellier, sans Averroès et les averroistes latins, comment concevoir une chaîne sans interruption, ni maillon manquant, dans l'aventure intellectuelle continuée du savoir méditerranéo-européen ?

C'est à cause de cette mutuelle fécondation qu'un auteur, non méditerranéen par ses origines mais tellement imprégné de la « leçon méditerranéenne » dans ses œuvres, Marguerite Yourcenar, ne craint pas de soutenir : « Si l'humanité est destinée à survivre, la civilisation de demain, comme le fut celle d'hier, sera évidemment construite sur les lignes des grandes traditions humanistes et classiques (méditerranéennes)... Je crains même que ce mot méditerranéen, mot un peu étroitement géographique, n'enlève à cette conception son principal mérite, qui est celui de l'universalité » (Lettre à Jean Ballard, le 4 septembre 1946).

Et pourtant ! À l'aube du XXIe siècle, la Méditerranée se réfléchit, avec nostalgie, dans l'étendue bleue de son propre miroir et frissonne, de toutes ses vagues frangées d'écume, devant les défis de son devenir.

Depuis la montée, au XVe et au XVIe siècles, de ce que Fernand Braudel appelait « la civilisation matérielle », la splendeur passée s'est doucement fanée sur ses rives alanguies, à l'ombre de ses oliviers et de ses vignes, aux sons voilés de ses luths et ses bouzoukis. Elle a vu les villes de l'Atlantique Nord et de ses Ligues hanséatiques suppléer implacablement ses métropoles désertées, à la suite du décentrement des routes maritimes.

Elle a assisté, au dépérissement de ses rives sud et à l'appel d'air qui établit, sur elles, la nuit coloniale, faisant même d'une puissance non méditerranéenne, la Grande-Bretagne, un acteur humiliant de sa décadence.

Elle crut, un moment, que les « vigueurs nouvelles » du soubresaut libérateur de ses peuples colonisés annonçaient, pour l'ensemble de son espace, les prémices d'une renaissance. Las, les promesses furent bien vite avortées par le ratage des indépendances et l'agonie des illusions. C'est sur les crises identitaires et les conflits ethno-religieux que débouchèrent, vite, trop vite, les accomplissements dénaturés.

Mais il y a plus. La géostratégie mondiale actuelle n'est pas tendre pour cette zone qui fut, pourtant, pendant des millénaires, le nombril du monde. La fin du monde bipolaire qui, à sa façon, assurait une certaine fixité, même au prix d'une glaciation, n'annonçait pas l'euphorique « Fin de l'Histoire » que certains analystes quelque peu astigmates pronostiquaient. Elle inaugura, pour la Méditerranée et pour les zones périphérisées, le temps des incertitudes aggravées par la mondialisation des économies et des marchés et la marche conquérante des inforoutes de l'information dont la maîtrise est, c'est le moins qu'on puisse dire, inégalement maîtrisée.

Et voici que la Méditerranée se rend compte que, statistiquement parlant, elle ne représente que 3 % de la surface de l'Atlantique et à peine 1 % de celle du Pacifique. Elle constate qu'à son Ouest, la civilisation matérielle se raffermit dans son libéralisme triomphant et qu'à son Est se lèvent les nouveaux Dragons, petits et grands. Elle se découvre une périphérie d'imitation, de reproduction et d'importation d'une modernité peu amène pour elle, parce que ses fondements et son *modus operandi* ont été mis au point ailleurs, sans sa participation directe.

La Méditerranée fait cet amer constat mais ne se résoud pas, pour autant, à accepter une quelconque disqualification. Elle ne peut accepter, au nom même de son héritage, que soient confondus le quantifiable et le qualifiable. Elle sent confusément qu'elle a encore un rôle à jouer, à l'aube du millénaire qui s'annonce. La logique consumériste apporte autant de questions que de réponses. Poussée dans ses derniers retranchements, elle peut devenir ce que Vivianne Forrester appelle « l'horreur économique ».

Le co-développement, que certains esprits lucides prônent, n'est pas une vague formule destinée à se dédouaner d'une éventuelle mauvaise conscience. Il est la résultante obligée du fonctionnement du système libéral régulé par la loi de l'offre et de la demande. S'il était logique avec lui-même, le libéralisme ne saurait accepter que de potentiels marchés acheteurs de ses produits s'appauvrissent. Car comment, alors, écouler ses productions et assurer ainsi sa pérennité ?

Mais ce développement ne serait équilibré que si les peuples méditerranéens arrivaient à reprendre leur capacité d'innovation et de participation. C'est grâce, notamment, à un remembrement intellectuel de leurs héritages si longtemps partagés qu'ils pourraient espérer retrouver leur statut d'interlocuteurs écoutés et respectés dans les débats qui façonneront l'avenir commun.

C'est à l'édification de nouvelles Andalousies, de nouvelles Alexandries, creusets unificateurs des projets, que nous sommes tous, riverains du nord et du sud, de l'est et de l'ouest de notre mer commune, requis de nous atteler.

Sachons, tout d'abord, penser la Méditerranée, ensemble.

Nadir M. Aziza

LES PARTICIPANTS

Nadir M. AZIZA	Recteur de l'Université euro-arabe itinérante
Patrick CABANEL	Maître de conférences à l'Université de Toulouse-le-Mirail
François CHAMOUX	Membre de l'Académie des Inscriptions et Belles-Lettres, Professeur émérite à l'Université de Paris-Sorbonne
Jehan DESANGES	Directeur d'étude à l'École pratique des Hautes Études
Mh. Hassine FANTAR	Institut national d'Archéologie et d'Art de Tunis
Jean LECLANT	Secrétaire perpétuel de l'Académie des Inscriptions et Belles-Lettres, Conservateur de la Villa Kérylos, Professeur honoraire au Collège de France
Henry de LUMLEY	Directeur du Muséum d'Histoire naturelle
Michel MOLLAT DU JOURDIN	Membre de l'Académie des Inscriptions et Belles-Lettres, Professeur émérite à l'Université de Paris-Sorbonne
Jean-Robert PITTE	Professeur à l'Université de Paris-Sorbonne, Président du Comité national de géographie
Xavier de PLANHOL	Professeur émérite à l'Université de Paris-Sorbonne, membre de l'*Academia Europaea*
Patrice POMEY	Directeur de recherche au C.N.R.S.

Michel PROVOST	Professeur d'histoire romaine à l'Université d'Avignon, Responsable de la « Carte archéologique de la Gaule »
Michel REDDÉ	Directeur d'étude à l'École pratique des Hautes Études
Jean RICHARD	Membre de l'Académie des Inscriptions et Belles-Lettres, Doyen honoraire de la Faculté des Lettres de Dijon
Pierre TOUBERT	Membre de l'Académie des Inscriptions et Belles-Lettres, Professeur au Collège de France

TABLE DES MATIÈRES*

* Nous n'avons pu recevoir à temps le texte de l'exposé du Professeur Henry de Lumley « La Méditerranée, le regard d'un préhistorien ».

LES CAHIERS DE KÉRYLOS

N° 1. — Colloque du 27-30 septembre 1990, « Platonisme et Néoplatonisme — Antiquité et Temps Modernes » — Athènes 1991 — 85 Frs (épuisé)

N° 2. — Colloque de l'automne 1991, « Les Grecs et l'Occident » — Rome 1995 — 95 Frs

J. LECLANT, *In memoriam*

G. VALLET, Avant-propos

P. LÉVÊQUE, Les Grecs en Occident

V. TUSA, Greci e Punici

J. DE LA GENIÈRE, Les Grecs et les autres. Quelques aspects de leurs relations en Italie du Sud à l'époque archaïque

J.-P. MOREL, Les Grecs et la Gaule

E. SANMARTI-GRECO, La présence grecque en péninsule Ibérique à l'époque archaïque

E. GRECO, Sulle città coloniali dell'Occidente greco antico

P. ROUILLARD, Les *emporia* dans la Méditerranée occidentale aux époques archaïque et classique

M. GRAS, La Méditerranée occidentale, milieu d'échanges. Un regard historiographique

P. ORLANDINI, L'arte in Magna Grecia e in Sicilia. Aspetti e problemi

A. STAZIO, Monetazione dei Greci d'Occidente

G. VALLET, Quelques réflexions en guise de conclusion

N° 3. — Colloque du 29-30 octobre 1992, « Architecture du Rêve » — Paris 1994 — 95 Frs (épuisé)

M. QUERRIEN, Introduction : Pourquoi ce colloque ?

P. PINON, Vu de Kérylos : réappropriation des monuments et changement de signification

F. REINACH, Le Rêve de Théodore Reinach : la vie à Kérylos de la construction de la Villa à l'ouverture du Musée

A. GALL, Le Château enchanté de la Napoule

M. GALL, Un labyrinthe du Présent : la Fondation Mæght

M. SALTET, La villa Ephrussi de Rothschild : témoin d'une vision, d'un rêve et d'une imagination passionnée

A. ROUVERET, Le manifeste dans l'architecture antique et néo-classique de Délos à Kérylos

J.-Cl. DELORME, Maisons de rêves ou machines à habiter

B. LASSUS, Organisation du paysage et réutilisation d'éléments anciens

V. HARTMANN, La civilisation du Leurre

M. QUERRIEN, Synthèse et clôture du colloque

N° 4. — Colloque du 30 septembre-3 octobre 1993, « Le Romantisme et la Grèce » — Athènes 1994 — 95 Frs

E. Moutsopoulos, Fuite et nostalgie romantique de la Grèce

A. Thivel, Prométhée, personnage romantique

J.-M. Galy, Le romantisme des premiers lyriques grecs

A. Pigler-Rogers, La *Penthésilée* de Kleist

A.Villani, Hölderlin et la question du centre

J.-L. Vieillard-Baron, Hegel et la Grèce

A. Lang, Le pessimisme romantique et le pessimisme dionysiaque des Hellènes selon Nietzsche

R. Tschumi, Résurgences grecques au fil du romantisme anglais

Ph. Antoine, De l'*Itinéraire* à la *Note sur la Grèce*. Évolution et constantes de l'attitude de Chateaubriand face à la Grèce

R. Garguilo, D'Atala à Athéna. L'itinéraire poétique et politique de Chateaubriand

A. Santa, Stendhal et la Grèce

A. Court, Lamartine et la Grèce

J. Guichardet, Edgard Quinet, chantre de « La Grèce moderne »

J.-M. Gabaude, Le romantisme de M. de Guérin et la Grèce

X. Goula-Mitacou, Flaubert en Grèce

R. Richer, Le romantisme grec

E. Moutsopolos, Considérations rétrospectives

N° 5. — Colloque du 6-9 octobre 1994, « Entre Égypte et Grèce » — Paris 1995 — 95 Frs

N. Grimal, L'Égypte et le monde égéen préhellénique : entre commerce et histoire

A. Laronde, Mercenaires grecs en Égypte à l'époque saïte et à l'époque perse

F. Chamoux, L'Égypte d'après Diodore de Sicile

S. Amigues, Les plantes d'Égypte vues par les naturalistes grecs

J. Ducat, Grecs et Égyptiens dans l'Égypte lagide : hellénisation et résistance à l'Hellénisme

J. Sirinelli, Un regard sur la Bibliothèque d'Alexandrie

P. Arnaud, Naviguer entre Égypte et Grèce : les principales lignes de navigation d'après les données numériques des géographes anciens

V. Karageorghis, Chypre entre l'Égypte et l'Égée

M. DEWACHTER, Un Grec de Louqsor collaborateur de Champollion et Lepsius : Ouardi-Triantaphyllos

R. RICHER, La communauté grecque d'Alexandrie au XIXe et XXe siècles

N° 6 — Colloque du 6-7 octobre 1995, « L'Académie des Inscriptions et Belles-Lettres et l'Académie des Beaux-Arts face au message de la Grèce ancienne » — Paris 1996 — 95 Frs

J. LECLANT, Préambule

R. VIAN DES RIVES, Avant-propos

S. Excellence D. MACRIS, Ambassadeur de Grèce, La Grèce éternelle et la Grèce d'aujourd'hui : un survol de la diachronie grecque

J. DE ROMILLY, Des philologues au grand public : le renouveau des textes sur la Grèce antique

B. ZEHRFUSS, De Pergame à Kérylos, l'esprit grec

J. MARCADÉ, De Délos à Beaulieu

F. CHAMOUX, L'homme Socrate

J. IRIGOIN, Dom Bernard de Montfaucon

R. TURCAN, Le symbolisme funéraire à l'Académie des Inscriptions et Belles-Lettres

J. DE LA GENIÈRE, L'immortalité d'Héraclès : voyage d'un mythe grec

H. METZGER, Perspective nouvelles offertes à l'étude des vases grecs et de leurs images

J.-L. FLORENTZ, À l'écoute de la Grèce antique

P. CARRON, L'Omphalos, centre du monde

A. PONCET, L'influence de la Grèce antique sur la sculpture contemporaine

C. ABEILLE, La Grèce toujours recommencée

***

Pour recevoir les Cahiers des colloques :

envoyer un chèque du montant indiqué plus les frais d'envoi à : Fondation Théodore REINACH — Villa Grecque KÉRYLOS — 06310 — Beaulieu-sur-mer.

Pour d'autres renseignements :

tél : 04.93.01.01.44. fax : 04.93.01.23.36. — 04.93.01.61.70.

ACHEVÉ D'IMPRIMER
EN SEPTEMBRE 1997
SUR LES PRESSES
DE
L'IMPRIMERIE F. PAILLART
À ABBEVILLE

DÉPÔT LÉGAL : 3e TRIMESTRE 1997
N°. IMP. 10136